HISTOIRE

DE

SAINT AUGUSTIN.

Tout exemplaire non revêtu de la signature de l'auteur sera réputé contrefaçon et saisi.

Imprimerie DONDEY-DUPRÉ, rue Saint-Louis, 46, au Marais.

Peint par Murillo.   Imp: Jules Rigo et Cie   Dessiné par Grandchamps.

J'aurais plus tôt vidé l'Océan avec ma coquille, répondit l'Ange à Saint Augustin, que vous n'auriez expliqué le mystère d'un Dieu en trois personnes.

HISTOIRE

DE

SAINT AUGUSTIN,

SA VIE, SES ŒUVRES,

SON SIÈCLE, INFLUENCE DE SON GÉNIE,

PAR M. POUJOULAT,

L'un des deux auteurs de la Correspondance d'Orient, auteur de la Bédouine,
de Toscane et Rome, de l'Histoire de Jérusalem, etc., etc.

OUVRAGE APPROUVÉ

PAR MONSEIGNEUR L'ARCHEVÊQUE DE PARIS.

I

PARIS.

J. LABITTE, LIBRAIRE-ÉDITEUR,

QUAI VOLTAIRE, 3.

—

1845

LETTRE

DE MONSEIGNEUR L'ARCHEVÊQUE DE PARIS

A M. POUJOULAT.

Monsieur,

Vous désirez connaître mon opinion sur l'*Histoire de saint Augustin* que vous allez publier. Je m'empresse de vous répondre que cette opinion est favorable au choix du sujet, aux motifs que vous avez eus de le traiter, ainsi qu'aux sentiments que vous y manifestez.

Quelle vie plus riche en précieux enseignements que celle d'un puissant génie, objet du respect de tous les âges chrétiens, et illustré par tant de grandes et admirables conceptions! Soit qu'il s'élève jusqu'à Dieu pour contempler ses infinies perfections, ou qu'il descende aux plus profonds abîmes de la nature déchue pour en sonder les maux, et lui montrer, avec le privilége de sa liberté, la nécessité d'une grâce surnaturelle; soit qu'il nous révèle en quelques paroles le fond de ce polythéisme impur, si varié dans ses égarements, et n'ayant pourtant qu'un seul principe d'erreur, l'éternité et la divinité de la nature; soit qu'il lutte contre l'hérésie, ou qu'il réclame l'indulgence en faveur de ceux qu'elle égare, ou que sa répression lui paraisse nécessaire pour sauver de la tyrannie des sectaires les catholiques paisibles; soit qu'il se joue aux plus difficiles problèmes de la philosophie, et jette devant lui des pensées qui suffiront plus tard à l'immortelle renommée de Descartes; soit que, dans son immense érudition, il embrasse toute la suite des événements d'ici-bas, fasse voir le lien secret qui les unit selon l'ordre de la Providence, prépare ainsi la route à Bossuet, et ouvre à l'aigle un chemin dans les airs; toujours on voit dans ce grand docteur ce dont est capable le génie humain fécondé et soutenu par l'esprit de Dieu, et à quelle hauteur peut s'élever la raison éclairée par la foi.

Tel est, Monsieur, le sujet que vous avez traité

avec succès. Les esprits légers, qui parlent du christianisme sans le connaître, pourront recueillir du fruit de vos veilles une salutaire leçon, et les fidèles y trouveront de quoi s'édifier et s'instruire.

Votre œuvre sera d'autant plus utile que vous n'avez rien négligé pour vous rendre digne de la traiter convenablement. Après vous être enfermé dans la retraite pour lire d'un bout à l'autre tous les ouvrages de saint Augustin, pour consulter tout ce que les savants ont écrit sur ce grand homme aux divers âges, vous avez voulu franchir les mers, et vous transporter sur les lieux où saint Augustin a vécu, où il a enseigné, où il est mort, pour y recueillir jusqu'aux moindres vestiges de cette noble vie. Dans ces laborieux efforts, vous vous êtes animé, non d'une vaine ambition de succès, mais, par-dessus tout, de cette joie élevée qu'on ressent à servir la vérité, et à faire connaître la vertu dans un saint qui dut à ce double trésor de l'humanité la beauté de sa vie et la sublimité de ses écrits.

D'après le compte qui m'a été rendu, votre ouvrage se recommande non-seulement par la pureté de vos intentions, par une foi vive, par une sincère et entière soumission à l'Église, mais aussi par une érudition solide et variée, de grandes vues, la belle harmonie de l'ensemble, enfin par l'éclat du style, qui donne à votre œuvre un attrait de plus, sans nuire à l'exactitude de la doctrine. L'on m'assure que celle-ci a toujours été respectée.

Voilà, Monsieur, ce que j'ai un grand plaisir à vous écrire, en vous priant d'agréer l'assurance de ma considération très-distinguée et de mon entier dévouement.

† DENIS,
Archevêque de Paris.

Paris, le 25 septembre 1814.

M. Poujoulat a eu l'honneur d'adresser à monseigneur l'Archevêque de Paris la réponse suivante :

Monseigneur,

Votre approbation de l'*Histoire de saint Augustin*, d'après le rapport qui vous a été présenté, m'arrive comme un bienfait dont je sens tout le prix; la forme exceptionnelle que vous avez daigné lui donner ajoute à cette faveur une grâce infinie. Vous proclamez la pureté de mes intentions et l'orthodoxie de mes doctrines en des termes qui m'honorent et me rendent heureux. Me voilà magnifiquement payé des fatigues d'un très-long et très-difficile travail, et aussi des fatigues d'un pèlerinage aux pays d'Hippone, de Calame et de Constantine.

Laissez-moi vous dire, Monseigneur, que vous parlez de saint Augustin comme un homme qui a étudié ce beau génie et son œuvre sur la terre dans toutes leurs profondeurs. Déjà notre conversation à Saint-Germain, il y a un mois, m'avait permis d'apprécier l'admirable rectitude de votre esprit, la solidité de vos connaissances, l'étendue de vos lumières. Que n'ai-je pu, Monseigneur, vous soumettre mon livre page à page, m'inspirer de votre jugement, et corriger ainsi les fautes qui, malgré tous mes soins, doivent se rencontrer dans ce grand travail! J'ai cru qu'au temps où nous sommes, et en face de l'Afrique française, l'histoire de saint Augustin était une œuvre à faire; il me semblait y reconnaître à la fois un haut intérêt religieux et un intérêt national : je me suis dévoué à cette pensée comme écrivain chrétien et comme Français.

Votre indulgente lettre, Monseigneur, m'est d'un bon présage et me vaudra l'indulgence du public.

J'ai l'honneur d'être, Monseigneur, avec le plus profond respect, et la plus vive reconnaissance,

Votre très-humble et
très-dévoué serviteur,

POUJOULAT.

Ecouen, près Paris, 30 septembre 1844.

INTRODUCTION.

Le quatrième siècle et le commencement du cinquième sont les temps des plus grands hommes chrétiens et des plus grandes calamités. La Providence semblait avoir ménagé ces beaux génies religieux pour la consolation du monde dans ses plus mauvais jours. Les empereurs se poussent violemment dans la mort, de profondes commotions ébranlent les états, le corps des nations devient cadavre, et les barbares, pareils aux oiseaux rapaces qui sentent les funérailles, accourent pour s'en disputer les lambeaux. Les rapides progrès du christianisme paraissent se mesurer au nombre infini de souffrances qu'il faut soulager, à la largeur des plaies qu'il faut guérir. Tout l'univers connu gémissait; l'Évangile allait frapper à chaque porte comme pour embrasser et bénir toutes les douleurs.

Il n'est pas de plus intéressant spectacle que celui des Pères travaillant à l'édifice de l'Église au milieu d'un monde croulant. Ils élèvent, sous les ordres du Christ, les murs de la Jérusalem catholique dont l'enceinte doit être grande comme l'univers, et, de tous côtés, des cités s'écroulent, des empires tombent. J'imagine voir un torrent qui emporte mœurs et institutions, nations et royaumes, et, tandis que le torrent roule de vastes ruines, les Pères, debout sur ses bords, parlent d'avenir, fertilisent et fondent!

Quelle série de génies chrétiens dans ce quatrième siècle! Athanase à Alexandrie, Hilaire [1] dans les Gaules, Basile à Césarée en Cappadoce, Grégoire de Nazianze [2] et Chrysostome à Constantinople, Ambroise à Milan, Jérôme [3] en Palestine, et le der-

---

[1] Saint Hilaire, évêque de Poitiers.

[2] Nous avons sous les yeux une intéressante *Vie de saint Grégoire de Nazianze,* par J. B. Bauduer, curé de Peyrusse-Massas, diocèse d'Auch. Nous citons avec bonheur le nom de ce docte et vénérable prêtre, qui, plus que nonagénaire, a bien voulu nous écrire des lettres pleines de témoignages touchants et honorables.

[3] Au moment où cet ouvrage s'imprime, nous recevons une

nier par rang de date, Augustin en Afrique, Augustin, le plus doux, le plus pénétrant, le plus profond, après lequel descend la nuit des temps barbares!

Saint Augustin demeure comme l'expression complète et mémorable de l'intelligence humaine condamnée aux longs ennuis, aux inquiétudes, aux tourments, à tous les supplices de l'incertitude, jusqu'à ce que enfin, Dieu une fois trouvé, elle sorte du vide, du trouble et de la nuit. Nous nous sommes donc appliqué à l'histoire de saint Augustin[1] comme à une grande étude de l'homme et.

Histoire de saint Jérôme, par M. Collombet; c'est un livre religieux, exact et savant.

[1] Nous connaissons plusieurs vies de saint Augustin. Possidius, évêque de Calame, disciple de saint Augustin, fut son premier biographe. Ce pieux et précieux travail nous a été utile. Nous mentionnerons la vie de saint Augustin, par Georges Moringo, 1 vol. in-8°, 1533; *id.* par Lancilot, de l'ordre des ermites de Saint-Augustin; *id.* par Louis Des Anges, 1 vol. in-8°, 1614; *id.* par Ant. Sauderi, 1644; *id.* par Jordan de Sax. (Suppl. des Pères, p. 569, Paris, 1684); *id.* par Claude Maimbourg, 1 vol. in-8°, Paris, 1659; *id.* par Godeau, évêque de Grasse et de Vence, in-4°, 1652;—*Orationes de laudibus sanct.*

à une grande étude du christianisme. Depuis longtemps aussi notre esprit se sentait attiré vers le

August., voir le comment. d'Ambroise Coriolan sur la règle de saint Augustin, Rome 1629; — *Le grand saint Augustin, docteur de l'Église, converti, religieux, évêque*, par le P. Valentin, *Augustin déchaussé*, in-4°, Paris, 1656; — *Sancti August. Elogium*, par Gennade, prêtre de Marseille. — Dom Remy Ceillier a donné une Vie de saint Augustin en tête de ses deux vol. in-4°, qui contiennent une analyse des ouvrages du saint évêque d'Hippone; ces deux volumes font partie de l'*Histoire générale des auteurs sacrés et ecclésiastiques*. Le travail que nous avons consulté avec le plus de fruit est la Vie de saint Augustin, par Tillemont : vaste et savante compilation, qui forme le treizième volume des *Mémoires ecclésiastiques*. La Vie de saint Augustin, qui se trouve dans le onzième volume in-folio des œuvres de ce père (édit. des Bénédictins), n'est qu'une version latine du travail de Tillemont. Monseigneur Dagret, camerier secret de Sa Sainteté, vicaire général d'Alger, a publié en français, sous le titre de *Catéchisme du diocèse d'Alger expliqué par saint Augustin*, trois volumes de fragments, tirés des ouvrages du saint évêque d'Hippone; ces fragments sont coordonnés de manière à former un corps de doctrine.

M. Villemain, dans son beau travail sur *l'éloquence chrétienne au quatrième siècle*, a consacré de très-élégantes pages à saint Augustin, dont il a bien apprécié, bien senti le génie; *Mélanges*, tome III. M. Saint-Marc Girardin a publié de bril-

quatrième et le cinquième siècle, si pleins de choses fortes et décisives, et dont les pensées et les révolutions offrent plus d'un trait de ressemblance avec notre âge.

Chaque peuple a ses grands hommes qu'il révère, et dont la mémoire devient l'objet d'un culte patriotique ; ce qui n'empêche pas l'humanité tout entière d'avoir des hymnes pour les divers génies, quel que soit leur pays, dont les œuvres ont éclairé, protégé ou consolé les nations. Mais les différences de races et de contrées s'effacent lorsqu'il s'agit des grands hommes de l'Église, parce que l'Église est la société universelle qui ne connaît pas de frontières ; elle ouvre une tente immense sous laquelle peut prendre place chaque créature faite à l'image de Dieu. Nous pouvons dire que les saints ne sont d'aucun pays ; ils appartiennent à la grande société religieuse. Qu'un catholique, puissant par sa vertu, ses écrits ou sa parole, vienne réjouir l'Église, il est à nous, qu'il soit né aux bords du Nil ou du Gange, du Tibre ou de l'Éridan, de

lants morceaux sur l'immortel évêque africain dans la *Revue des Deux-Mondes.*

l'Ebre ou du Danube, sous le soleil d'Afrique ou sous les glaces du Nord. Quoique Tagaste[1] ait eu son berceau et Hippone sa tombe, saint Augustin

[1] Dans une note placée au bas de la page 2 de notre premier volume, nous avons annoncé la découverte de l'emplacement de Tagaste; nous ne savions alors que le nom arabe de ce lieu; depuis ce temps, quelques détails précis nous ont été transmis. Les ruines de Tagaste, aujourd'hui *Souk-aras*, sont situées à vingt-cinq lieues sud-sud-est de Bone, et à quinze lieues de Ghelma; elles couvrent un espace d'une demi-lieue carrée environ. La tribu des *Annechas*, qui nous fut si longtemps hostile, occupe le pays de Souk-aras. Nos bons rapports avec cette tribu nous permettront de fouiller le sol natal de saint Augustin. M. Rose, capitaine des tirailleurs indigènes, chef du bureau arabe, a trouvé sur une pierre de Tagaste une inscription dont il a bien voulu nous adresser le calque sur parchemin; M. le capitaine Rose, partant pour Souk-aras, a chargé son ami, M. de Charpal, lieutenant de vaisseau, directeur du port de Bone, de nous envoyer cette inscription : elle a quatre pieds de long, un pied et quart de large, et se compose de cinq lignes. L'extrémité droite de l'inscription est en mauvais état; le reste offre des mots lisibles, entremêlés de caractères qui semblent ne pas appartenir à la langue latine. A la première ligne, nous avons lu le nom de Tagaste; à la troisième, les mots : *conjugis meæ carissimæ*; à la quatrième, *dedicavi*. M. de Charpal nous écrit que la pierre chargée de

nous appartient, à nous catholiques français, comme si les rives de la Seine, de la Loire ou du Rhône étaient ses rives natales !

Il nous appartient surtout plus qu'à d'autres peuples du monde catholique depuis que le drapeau de la France flotte sur cette terre où le génie et la sainteté de ce grand homme jetèrent un si magnifique éclat. La gloire de l'évêque d'Hippone est devenue pour nous une gloire nationale. Parmi les villes d'Afrique dont les noms se sont retrouvés sous notre plume dans le cours de cet ouvrage, il en est qui subsistent encore et qui sont maintenant des villes françaises : c'est ainsi que le patriotisme est venu à notre aide pour une œuvre d'histoire religieuse !

Le cœur ne nous a point failli devant le poids

---

l'inscription paraît avoir appartenu à un édifice d'une certaine importance. Cet édifice était peut-être un monument élevé par un grand personnage de Tagaste à la mémoire de sa femme. Nous ne pouvons risquer ici que de vagues conjectures, faute d'avoir vu l'édifice et de pouvoir lire l'inscription en entier. Nous soumettrons l'inscription à d'habiles archéologues.

du fardeau; l'amour du bien, qui est notre passion, double nos forces et enflamme notre courage. Nous nous sommes souvenus d'une belle parole par laquelle saint Augustin ranimait ses jeunes amis dans la recherche des vérités sublimes : « Quand les pe- » tits s'appliquent à de grandes choses, elles les » font d'ordinaire devenir grands [1]. »

Les anciens ne connaissaient qu'une petite partie de l'Afrique, qui, même de nos jours, laisse encore tant à faire à la science géographique. Rien n'est plus obscur, plus incertain que la simple notion des peuples indigènes de l'Afrique; lorsqu'on a nommé, avec Salluste, les Numides et les Maures, les Gétules [2] et la race nègre, on est loin d'avoir satisfait à toutes les données de l'histoire. D'autres peuples, tels que les Maziques, les Musons, les Isafliens, les Jésaliens [3], ont résisté aux armées du

---

[1] *Contre les acad.* liv. 1, chap. II.

[2] On croit que les Kabyles actuels représentent les anciens Gétules, que Salluste appelle une race d'hommes féroces et grossiers : *Genus hominum ferum incultumque.* On prépare un dictionnaire de la langue kabyle.

[3] Lebeau, *Histoire du Bas-Empire,* liv. 18.

Tibre ou du Bosphore. En outre, sans parler des sept nations ou souches de la religion du Nil ni des Arabes et Osmanlis répandus plus tard dans ces fertiles contrées, les géographes comptent vingt-neuf nations éparses dans la région de l'Atlas et la Nigritie, dans l'Afrique australe et l'Afrique orientale[1]. Qui pourra jamais préciser les origines de tant de races dispersées sur le sol africain, depuis le détroit de Gibraltar jusqu'à l'Océan Austral, depuis l'Océan Atlantique jusqu'au golfe d'Aden et à l'Océan Indien ? Mais l'historien de saint Augustin n'a pas besoin de chercher à pénétrer dans tous les mystères de la géographie africaine ; sous ce rapport, sa tâche est de se mettre en possession de la partie de l'Afrique connue des Romains, car elle représente toute l'Afrique chrétienne ; et bien souvent encore nous serons condamnés à d'inutiles efforts pour fixer l'emplacement de beaucoup de villes dont les évêques assistaient à ces conciles fameux qui rendaient les oracles catholiques. Les armées françaises, qui, depuis 1830, nous ont valu des découvertes, continueront à nous faire retrou-

[1] Balbi, *Abrégé de géographie*.

ver des lieux importants, et la victoire achèvera de nous enseigner la géographie de ces contrées.

On sait que l'Afrique fut le principal grenier de la ville éternelle. Salvien l'appelle l'*âme* de la république ; les Romains l'avaient couverte de routes, de villes libres et de monuments. L'Afrique portait l'empreinte de leurs mœurs et de leur génie ; c'était comme une riche médaille frappée à l'image de Rome. Une loi impériale ferma la porte de l'Afrique aux exilés, *parce qu'ils y auraient trouvé les habitudes, les plaisirs et le langage de Rome.* Dans les premières époques de leur occupation, les dominateurs du bord du Tibre, inspirés par une politique habile et voulant créer peu à peu, en Afrique, des intérêts romains, confièrent à des rois indigènes le gouvernement du pays. C'est ainsi que régnèrent Massinissa dans les contrées carthaginoises, Jugurtha en Numidie, Bocchus en Mauritanie. Mais, plus tard, lorsque l'Afrique septentrionale devint toute romaine, un vicaire ou vice-roi la gouvernait pour le compte des empereurs.

Maxence laissa en Afrique d'effroyables vestiges de son pouvoir. Au lieu de s'en tenir à la punition du vieil Alexandre, coupable de s'être laissé couronner empereur par ses soldats, le tyran frappa le pays tout entier. Le pillage et l'incendie de Carthage et de Cirtha, la ruine, l'exil ou la mort des nobles et des riches, la spoliation de la province, marquèrent en traits lamentables l'année 312 dans les annales africaines. Constantin envoya en Afrique la tête de ce tyran qu'il avait vaincu ; il n'eut pas de peine à y faire accepter son autorité.

Quand saint Augustin entra dans la vie, il y avait cinq siècles et demi que la domination romaine, succédant à la domination carthaginoise, s'étendait sur l'Afrique. Constance, dont la meilleure part de gloire fut son titre de fils de Constantin, venait d'être débarrassé de trois tentatives d'usurpation. Un moment on avait vu cinq empereurs sur divers points de l'univers romain : d'abord Constance et Constant, les deux légitimes héritiers de Constantin; ensuite Magnence, Vétranion et Népotien. Celui-ci, neveu du vainqueur de Maxence, ne garda son fantôme d'autorité que vingt-huit jours, et paya de sa vie un mouvement d'ambition. Vétranion, vieux général d'infanterie en Illyrie, proclamé auguste par ses soldats, se hâta d'apprendre à lire en se voyant le diadème au front ; mais la fortune, qui se pressa de l'en dépouiller, lui laissa à peine le temps d'apprendre toutes les lettres de l'alphabet. Quant à Magnence, qui était venu d'au delà le Rhin, enfant, pauvre et captif, son usurpation avait été plus sérieuse. Commandant des deux légions des Joviens et des Herculiens, il s'était fait saluer empereur à Autun au milieu d'un grand festin ; il ne recula point devant le meurtre de Constant, qui lui avait sauvé la vie dans une émeute de soldats en le couvrant de la pourpre romaine. L'Afrique, entraînée par les exemples de la Gaule, de l'Italie et de la Sicile, s'était déclarée en faveur de Magnence ; mais l'armée de Constance vainquit la sienne dans les plaines de Murse, sur les bords de la Drave ; et, de déroute en déroute, Magnence, désespéré, se perça de son épée, à Lyon, après avoir porté trois ans et sept mois la dignité impériale. Constance, triomphant des guerres civiles, non point par son courage et son génie, mais par son bonheur, gardait l'empire romain dans sa force.

La possession du riche pays d'Afrique était fort importante au milieu des guerres de compétiteurs. Dans sa lutte avec Julien, dont il avait éveillé l'ambition en lui donnant mprudemment le titre de césar, Constance eut soin de défendre la contrée africaine des agressions de son jeune et ingrat ennemi ; il y fit organiser une vigilance vigoureuse et active, qui rendît impuissantes les menaces des troupes de Julien, postés sur les côtes de Sicile. Depuis que l'Afrique était soumise à Rome, elle recevait le contre-coup de toutes les commotions de l'empire.

Une rapide peinture de l'Église africaine achèvera de nous introduire à l'histoire de saint Augustin.

Nous aimerions à dégager de leurs ténèbres les commencements de la foi chrétienne dans ce pays; mais l'histoire et les traditions sont muettes ; notre curiosité ne rencontre que le silence et la nuit, et lorsque nous commençons à soulever le voile des origines, nous apercevons des pages écrites avec le sang des martyrs : la gloire de ces *témoins* intrépides ouvre bien l'histoire d'une église ! le sang des confesseurs est un solide ciment pour le naissant édifice de la foi! C'est au commencement du troisième siècle, et sous un empereur d'origine africaine, que des martyrs africains sont cités, pour la première fois, dans les annales catholiques; alors se présentent à notre admiration pieuse les noms de Révocat et de Félicité, de Saturnin et de Secondule, et le nom de la jeune et sublime Vivia-Perpétue, dont la touchante et dramatique histoire figurerait merveilleusement dans une épopée chrétienne. Avant cette époque, il y eut sans doute des martyrs aux pays de Carthage, d'Hippone ou de Césarée, mais leur mémoire n'a été conservée que dans le ciel.

L'Afrique, placée sous la domination et le souffle de Rome, ne fut certainement point oubliée par les premiers continuateurs de saint Pierre[1]; elle ne dut pas tarder à recevoir la bonne nouvelle, et deux

---

[1] Saint Augustin (lettre XLIII) dit que l'Évangile vint de Rome en Afrique. Salvien (livre VII *de la Providence*) parle de l'Église de Carthage comme ayant été établie par les apôtres. Tertullien, homme du pays, dit positivement (liv. *des Pères*) que l'Église d'Afrique n'est pas *apostolique*, c'est-à-dire fondée par les apôtres ou les compagnons des apôtres.

siècles ne pouvaient pas s'écouler sans que l'immolation des chrétiens fertilisât le sol africain. Les ardentes natures de ces contrées n'étaient pas faites pour reculer devant les redoutables extrémités de la vie évangélique : les cruautés du cirque souriaient à l'impétuosité de leur foi. Nous en avons pour garant l'*Apologétique* de Tertullien, qui clôt si magnifiquement le second siècle de notre ère. Le fils du Centurion, le premier, par ordre de date, des génies chrétiens de l'Afrique, nous montre les chrétiens, ses compatriotes, d'autant plus nombreux qu'ils sont plus fréquemment fauchés.

Quoiqu'il ait fini dans des erreurs misérables comme un beau fleuve se perd dans le sable ou les marais, Tertullien ne laisse pas d'apparaître à nos regards avec une imposante figure ; l'Église d'Afrique n'a pas perdu le droit de prononcer son nom avec orgueil : la postérité peut encore l'appeler *le maître*, comme l'appelait le grand Cyprien lui-même. Sa mâle et forte éloquence tonnant en face de l'univers païen, nous représente bien la jeune et puissante séve du christianisme au milieu d'un monde épuisé qui était à bout de toute espérance. Tertullien tomba des hauteurs de la vérité et de son génie dans les folies des montanistes ; mais les ombres de sa chute sont dominées par la gloire de tant d'ouvrages, trésors de l'antiquité chrétienne. Quand il mourut, vers la moitié du troisième siècle, le vieux Tertullien, quoique séparé de la communion catholique, combattait, au nom du christianisme, des erreurs qui voulaient s'ouvrir passage autour de lui.

L'Église d'Afrique s'inclinait devant l'autorité des successeurs de Pierre, et peut-être même fut-elle pendant un certain temps gouvernée par un délégué du pontife romain ; mais elle n'avait ni centre bien reconnu, ni lien commun, ni organisation hiérarchique. Elle était composée d'une multitude d'églises qui formaient autant de petites sociétés indépendantes ; de plus, l'intervention populaire dans les élections épiscopales, et même dans les affaires d'administration ecclésiastique, intervention mal dirigée, enfantait de perpétuelles divisions d'où trop souvent naissaient des schismes : L'Eglise d'Afrique avait besoin d'un organisateur : Cyprien parut.

Cyprien était jeune, professeur et avocat à Carthage, tandis que Tertulien vieillissait dans une vie sévère et sombre. La lettre qu'il écrivit peu de temps après sa conversion à son ami Donat, nouveau chrétien comme lui, a été plus d'une fois admirée ; on y sent une âme embrasée du feu divin du christianisme. Combien il est éloquent lorsqu'il s'écrie : « Le chrétien, rapproché de Dieu par l'es-
» prit, regarde comme au-dessous de sa dignité les
» grandeurs et les pompes de la terre ! Que reste-
» t-il à demander ou à regretter dans le monde
» quand on est plus grand que le monde ? Une fois
» que l'âme, en contemplant le ciel, y a lu le nom
» de son auteur, plus haute que le soleil, plus élevée
» que toute puissance humaine, elle commence déjà
» d'être ce qu'elle espère. » Porté par acclamation au gouvernement épiscopal de Carthage deux ans après sa conversion, Cyprien se mit à l'œuvre avec une énergique habileté ; rassemblant sous sa main les éléments épars, il fortifia, disciplina et régularisa selon les besoins divers. La persécution de Dèce traversa son épiscopat, qui fut un travail de création. Ne voulant pas que le martyre interrom-

pît trop tôt son œuvre, ce grand homme s'en alla de Carthage; mais, du fond de la solitude ignorée qui abritait ses jours, il dirigeait encore son église. Qui nous dira les ressources infinies à l'aide desquelles son génie continuait à présider à tout ?

Quand, sous Valérien, la guerre aux chrétiens se réveilla terrible, Cyprien avait utilement travaillé pour la constitution de son église, et ne songea point à se dérober à la mort. Le 14 septembre 258, il livra sa tête à la hache après avoir gratifié le bourreau de vingt-cinq écus d'or, et toute la grandeur de son âme éclata dans son martyre. En périssant ainsi, cet admirable et saint évêque effaçait le souvenir de sa lutte contre le pape Etienne et d'une erreur soutenue avec quelque tenacité[1]. Au com-

---

[1] Saint Cyprien soutint à tort la nécessité de rebaptiser ceux qui avaient été baptisés par des hérétiques. Nous verrons plus tard les donatistes s'armer de son nom; mais saint Augustin saura bien leur arracher cette autorité. Il est un passage de saint Jérôme dont les donatistes auraient pu s'armer aussi, mais qui apparemment ne leur fut pas connu. Ce passage, d'une hardiesse inexacte, est tiré des commentaires de saint Jérôme sur Sophonias; le voici : « Les prêtres qui ser-

mencement du neuvième siècle, la terre de France, si on en croit des traditions fortement accréditées, hérita de ses restes vénérés, qui furent tour à tour déposés à Arles, à Lyon, et enfin dans la royale abbaye de Saint-Corneille à Compiègne.

Ce fut Charles le Chauve qui, en 877, fit transférer de Lyon à Compiègne les restes de saint Cyprien et en enrichit l'église magnifique de Saint-Corneille qu'il venait de fonder. Ce monument, brûlé aux premières années du dixième siècle, et relevé par Charles le Simple, brûlé de nouveau en 1300, et rebâti cent ans après, subsistait en-

» vent l'Eucharistie et partagent le sang du Seigneur à ses
» peuples agissent avec impiété contre la loi du Christ, QUAND
» ILS CROIENT QUE CE SONT LEURS PAROLES DE DÉPRÉCA-
» TION ET NON PAS LEUR VIE QUI FONT L'EUCHARISTIE, ET
» QUE L'ORAISON SOLENNELLE EST SEULE NÉCESSAIRE, ET
» NON PAS LES MÉRITES DES PRÊTRES. » Sacerdotes qui Eucharistiæ serviunt, et sanguinem Domini populis ejus dividunt; impie agunt in legem Christi, putantes Εὐχαριστίαν imprecatus facere verba, non vitam; et necessariam esse tantùm solemnem orationem, et non sacerdotum merita.

La doctrine de l'Église, c'est que le sacrement demeure indépendant du mérite du prêtre.

core au moment de la révolution française, et offrait à la piété chrétienne les reliques du grand évêque de Carthage renfermées dans une splendide châsse d'argent; mais la tempête politique détruisit l'antique abbaye et dispersa les pieux trésors qu'elle possédait [1].

A l'époque où la tête de Cyprien roulait sous le fer à Carthage, d'autres chrétiens, à soixante-dix lieues de là, sur les bords du Rummel, livraient leur vie pour la cause de l'Évangile; Constantine, l'ancienne Cirta, tombée au pouvoir de la France le 13 octobre 1837, eut ses martyrs catholiques en 258 ou 259. Entre le plateau de Mansourah et les derniers penchants du Koudit-Ati, le Rummel

---

[1] L'église de Saint-Pierre de Moissac, diocèse de Montauban, a recueilli, dit-on, quelques reliques de saint Cyprien. On trouve des renseignements sur la fondation de l'abbaye de Saint-Corneille et sur les reliques de saint Cyprien dans deux ouvrages sans nom d'auteur, publiés, l'un en 1765, sous le titre de *Description ou abrégé historique de Compiègne;* l'autre, en 1770, sous le titre de *Description historique des reliques et des monuments remarquables qui sont dans l'abbaye royale de Saint-Corneille de Compiègne.* L'abbaye de Saint-Corneille porta aussi le nom de Saint-Cyprien.

roule ses eaux rapides et disparaît tout à coup dans un étroit passage formé par d'immenses rochers ouverts. L'espace escarpé qui s'élève sur la rive droite de la rivière fut arrosé du sang de plusieurs confesseurs de la foi de Jésus-Christ, et nous y avons arrêté nos pas avec une respectueuse émotion ; une inscription [1] gravée sur le roc en témoignage de cette *passion* nous a offert les noms de Marien et de Jacques, de Rusticus et de Crispus. Rien de plus touchant et de plus beau que ce souvenir des vieux temps de l'Église d'Afrique, souvenir monumental qui a survécu depuis douze siècles à la ruine

---

[1] Cette inscription a été le sujet d'un intéressant mémoire de M. Carette, membre de la commission scientifique de l'Algérie. On la trouvera à la fin de ce volume. Le 12 mai 1844, lorsque je visitai, accompagné de M. l'abbé Suchet, l'inscription chrétienne de Constantine, la mine menaçait de la faire sauter ; encore quelques coups, et cette vénérable et glorieuse page de l'ancienne Église d'Afrique allait disparaître! Les Français étaient près de détruire ce que treize cents ans de barbarie avaient respecté. A notre retour à Alger, j'ai supplié M. le maréchal Bugeaud, gouverneur général, de donner des ordres pour sauver l'inscription chrétienne, et des ordres ont été donnés.

du catholicisme africain! Dans ce pays si longtemps livré à la nuit musulmane, quelques lignes confiées à la pierre en mémoire de la mort donnaient au christianisme une sorte d'immortalité!

Le grand Cyprien laissa l'Église de Carthage et aussi l'Église d'Afrique dans un état meilleur qu'auparavant; mais que de maux encore dont la peinture se rencontre particulièrement dans la correspondance de l'illustre évêque de Carthage! Le schisme était la terrible et perpétuelle plaie de l'Église d'Afrique. Saint Cyprien avait éprouvé les maux des discordes intestines en voyant les schismatiques élever autel contre autel et lui disputer le siége de Carthage par l'ordination de Maxime. La couronne épiscopale de Carthage devait être, un demi-siècle plus tard, l'occasion d'un plus vaste déchirement religieux : nous voulons parler du schisme des donatistes.

Les païens, durant les persécutions, avaient imaginé un moyen nouveau d'arriver à la destruction du christianisme : c'était de rechercher de tous côtés nos livres saints, de les obtenir par ruse ou violence et de les brûler. Comme les Ecritures sont un des fondements de la foi, ils espéraient effacer la foi de la terre en anéantissant les Écritures. Il y eut des évêques assez faibles pour racheter leur vie ou leur liberté au prix de complaisances impies; mais la plupart opposèrent à ces demandes sacriléges une indomptable fermeté. Cécilien, évêque de Carthage, avait été injustement accusé de cette lâcheté criminelle par ceux-là même qui s'en étaient rendus coupables; soixante-dix évêques mal informés ou de mauvaise foi condamnèrent Cécilien dans une assemblée tenue à Carthage; ils ordonnèrent à sa place Majorin. Leur jugement frappa aussi Félix, évêque d'Aptonge, cité voisine de Carthage, qui avait consacré Cécilien. Or, Secundus de Tigisy, ville de la Mauritanie Césarienne, ce primat de Numidie, qui présida l'assemblée des soixante-dix évêques, avait dans une assemblée précédente pardonné aux évêques qui s'étaient reconnus coupables du crime dont on accusait Cécilien et Félix. Une confusion déplorable régnait dans l'Église de Carthage. Les donatistes, ainsi appelés du nom de leur premier chef, Donat, évêque des Cases-Noires, proposèrent de porter la question devant l'empereur Constantin; Cécilien et ses amis y consentirent. Constantin pria le pape Melchiade de juger l'affaire; les principaux représentants des deux partis comparurent devant le pontife romain. Les ennemis de Cécilien n'ayant pu rien prouver contre lui, le pape le maintint dans sa dignité. Mécontents de l'arrêt de Melchiade, les donatistes demandèrent à être jugés une seconde fois; Constantin leur donna pour tribunal un concile tenu à Arles en 314. Le concile jugea comme Melchiade; les donatistes voulurent encore en appeler à Constantin, qui, en présence des deux parties, proclama l'innocence de Cécilien. Félix, évêque d'Aptonge, ne fut pas oublié; renvoyé au proconsul par ordre de l'empereur, il obtint une pleine et entière réhabilitation.

Quatre arrêts ne suffirent pas pour arracher les donatistes à une opiniâtre rébellion. Les actes ecclésiastiques et les actes proconsulaires parlaient haut; les schismatiques n'en tenaient aucun compte. Ils niaient l'évidence des faits [1]. Telle fut l'origine

---

[1] Saint Augustin, lettre XLIII, à Glorius, Eleusius, etc.

du schisme des donatistes, sur lequel nous aurons à revenir à mesure que saint Augustin les combattra. Ainsi fut rompue l'unité de l'Église catholique en Afrique ; ce schisme sera la grande calamité de ce pays. Le mal, né à Carthage, se répandit rapidement dans les différentes régions africaines.

Les donatistes soumettaient à un nouveau baptême ceux des catholiques qu'ils parvenaient à attirer dans leurs rangs ; ils faisaient dépendre de la sainteté des ministres la validité des sacrements, et tandis qu'ils se donnaient pour les seuls représentants de la véritable Église, ils étaient séparés de communion avec le monde entier. Les donatistes regardaient les catholiques comme souillés ; ils purifiaient les lieux par où les chrétiens de la foi romaine avaient passé, grattaient leurs autels, brisaient leurs calices, et trempaient dans de l'eau salée les robes et les cheveux des vierges catholiques qui allaient à leur communion [1].

Le schisme des donatistes était accompagné de

---

[1] Optat de Milève, livre 6, édit. d'Ellies Dupin, 1 vol. in-fol. 1700. Beausobre a fait une dissertation sur les livres d'Optat

sanglants excès. Les circoncellions[1], ramas de paysans et de moines furieux, imbus de manichéisme, s'étaient faits les exécuteurs des colères des donatistes, et quelquefois n'épargnaient pas les donatistes eux-mêmes; armés de flèches, poussés par une farouche audace et un brutal orgueil, ils se répandaient en troupes et marquaient leur passage par le pillage et les massacres. Les bandits de l'Atlas, les tribus de l'intérieur de l'Afrique, dont le brigandage a toujours été l'unique industrie, se joignaient aux circoncellions. Cette jacquerie africaine, hostile à tout ce qui était debout, nourrissait d'effroyables passions; l'embrasement des têtes produisait souvent le délire et la folie. Il n'était pas rare de voir des circoncellions se tuer de leurs propres mains : les donatistes les mettaient au rang des martyrs. Comme les puissances légitimes se déclaraient constamment pour les catholiques d'Afrique, les donatistes favorisaient toute tentative d'usurpation, afin

---

[1] Circumcelliones dicti quia circum cellas vagantur. Saint Augustin, in Ps. 132.

de s'en servir contre les fidèles. C'est ainsi que Julien l'apostat, le maure Firmus [1], son frère Gildon [2] qui fut le tyran de l'Afrique pendant douze ans, payèrent par l'oppression des catholiques les services des donatistes. Ceux-ci haïssaient à la fois l'autorité religieuse et l'autorité politique des Romains; toute révolte, toute révolution pouvait compter sur eux. Ils formaient sur les divers points de l'Afrique un foyer permanent d'insurrection. Leur acharnement contre les catholiques africains était mille fois plus terrible que ne l'avaient été les persécutions des païens.

[1] Un évêque donatiste livra à Firmus la ville de Rucate, dont tous les habitants catholiques furent maltraités. Année 373.

[2] Nous avons une lettre de saint Jérôme, adressée à une fille de Gildon. Cette fille, appelée Salvina, avait épousé le jeune Nébridius, neveu de l'impératrice Aélia Flacilla. Théodose arrangea ce mariage pour mieux s'assurer la soumission de Gildon. Salvina fut veuve de bonne heure, se voua à une chaste vie, et le but de la lettre de saint Jérôme fut de l'exhorter à persévérer dans ses résolutions chrétiennes. « Nous par- » lons à une personne, disait Jérôme, dont nous ne connais- » sons pas le visage, mais dont nous connaissons les vertus. » La lettre à Salvina est la quatre-vingt-cinquième du recueil.

D'autres ennemis, les manichéens, attaquaient le catholicisme et retardaient le règne évangélique dans ces contrées où le génie et les vertus du fils de Monique devaient l'élever à son plus haut point de gloire. Ils poursuivaient la foi chrétienne autant avec la calomnie et les artifices qu'avec leurs doctrines.

L'existence du mal sous un Dieu bon est un problème qui préoccupa l'esprit humain dans les âges les plus reculés et chez les nations les plus diverses. Aussi, pour résoudre cette difficulté, il n'y a pas d'extravagance qui n'ait traversé l'imagination des peuples. L'antique philosophie orientale, rêvant pour la suprême divinité une neutralité éternelle, avait supposé des génies subalternes qui se disputaient l'empire de l'univers. Scythien, marchand du pays d'Arabie, Égyptien selon quelques auteurs, formula dans le premier siècle de notre ère la doctrine de la coéternité des deux principes de la lumière et des ténèbres. Dans la première moitié du troisième siècle, Manès [1], jeune esclave de la veuve

[1] La vie de Manès est entourée de ténèbres. Ferdoucy, Mirkoud et Aboul-Farrdj en ont parlé.

d'un disciple de Scythien, reçut d'elle en héritage les livres du maître arabe ou égyptien en même temps que la liberté. Ce fut ainsi que vint à Manès l'idée de se faire apôtre de la doctrine des deux principes, déjà prêchée au milieu des chrétiens par Basilide et Marcion.

Manès ou Manichée, appelé tour à tour par les Orientaux Zendik (l'impie), Al-Thaniki (l'apôtre des deux principes), Al-Nakasch (le peintre), originaire du pays de Zoroastre, dont il voulut concilier les doctrines [1] avec le christianisme, essaya une révolution religieuse avec la parole, comme Mahomet, trois siècles plus tard, sut en accomplir une avec les armes. Ni le novateur persan ni le prophète de la Mecque n'opérèrent des miracles ; mais appelant au secours de sa prétendue mission son talent d'artiste, Manès feignit d'avoir reçu du ciel des tableaux composés dans le secret d'une solitude, comme Mahomet attribua une céleste origine au livre sorti

---

[1] Le docteur Hyde a compté chez les Mages soixante-dix sectes, qui professaient des croyances diverses sur la nature et la propriété du mauvais principe. *Veterum Persarum et Magorum religionis historia.*

de son poétique cerveau. Là s'arrête toute similitude possible entre ces deux hommes.

Génie adroit et souple, Manès s'occupa de faire marcher de front l'Évangile et le dualisme quand il vit les chrétiens armés contre son enseignement. Ses titres de *disciple du Christ*, d'*apôtre de Jésus*, de *Paraclet*, ne le sauvèrent point de la dialectique de l'évêque Archelaüs dans la conférence publique de Cascar [1], aujourd'hui Charres ou Harren en Méso-

---

[1] Beausobre, dans son *Histoire critique de Manichée et du manichéisme*, a traité fort longuement la question de la fameuse conférence de Cascar entre Archelaüs et Manès. Il a élevé des doutes contre l'authenticité des actes de cette conférence; mais ces doutes ne peuvent pas résister à un examen plus sincère et approfondi. On trouve les actes de la conférence dans les *Monuments de l'Église grecque et latine* de Zacagni; dans la *Bibliothèque des auteurs ecclés.*, tome III de D. Ceillier, dans la *Biblioth. grecque* de Fabricius, tom. II. Beausobre, homme d'esprit et d'un savoir étendu, n'a pas toute l'impartialité désirable. Laurent Alticozi a publié à Rome, en 1767, une dissertation sur les *mensonges et les fraudes*, de Beausobre. Nous connaissons de Laurent Alticozi une dissertation sur les anciens et les nouveaux manichéens, et une *somme* de saint Augustin, en 6 vol. in-4°.

potamie; ce lieu, déjà célèbre par la défaite de Crassus, fut aussi témoin de la défaite du réformateur persan.

Les rois de Perse se montraient gardiens jaloux de leurs croyances et de celles de leurs peuples. Manès avait nié la résurrection des morts, l'un des principaux dogmes de la religion de Zoroastre. Il chercha dans l'Hindoustan, la Chine et le Turkestan un abri contre les menaces de Sapor Ier. La faveur passagère d'Hormisdas ou d'Hormouz Ier lui rouvrit les chemins de la Perse; mais ce fut pour y mourir peu de temps après par l'ordre de Behram Ier. Un trépas cruel termina la carrière de Manès à Gandi-Sapor ou Djoudis-Chaour, cité bâtie sur les ruines de Persépolis; selon quelques auteurs, on le crucifia; selon d'autres, on l'écorcha vif. Son corps fut abandoné aux bêtes et aux oiseaux de proie *pour qu'il ne souillât point la terre.* Comme les doctrines des chrétiens et celles des mages se trouvaient corrompues dans le système de Manès, toutes les opinions religieuses établies sur les bords de l'Euphrate et du Tibre s'étaient liguées contre lui. En périssant, il aurait pu croire qu'il emportait dans la tombe son entreprise avortée; mais l'origine du mal est une de ces questions dont la solution philosophique occupera toujours les hommes. Manès ou Manichée personnifie la doctrine du dualisme, qui n'est pas morte encore après avoir été terrassée par saint Augustin, après avoir subi les formes les plus diverses, ainsi que nous le verrons plus tard.

Comment et à quelle époque précise le manichéisme pénétra-t-il en Afrique? c'est ce que nous ignorons. L'orage qui frappa Manès dispersa ses disciples dans l'empire romain, et c'est ainsi que la doctrine des deux principes se fit jour à travers les régions africaines.

Les disciples de Manès, chargés de faire revivre sa pensée, la modifièrent à leur guise et aussi selon les temps et les lieux. Mais ce qui domine dans leur système, c'est la croyance à deux principes éternels et nécessaires : le principe du bien et le principe du mal; l'un représenté par la lumière, l'autre par les ténèbres. Le monde était né du choc de ces deux puissances. Tout ce qui a la vie et la séve, depuis l'homme jusqu'au brin d'herbe, subsistait par la force de la céleste lumière. Le mariage était proscrit, parce que la génération, qui, selon les manichéens, unissait à la matière un rayon de lumière, ne faisait qu'entretenir l'esclavage de l'esprit. Les arbres des forêts, les fleurs des jardins, l'herbe des prairies, toute plante qui sort de la terre avait des joies ou des souffrances comme les créatures animées; les occupations agricoles devenaient ainsi une effroyable succession de meurtres, et les manichéens s'en abstenaient.

Quant à la nature de l'homme, les disciples de Manès la proclamaient excellente, puisqu'ils considéraient son âme comme une émanation de la substance du bon principe; seulement l'âme humaine se trouvant engagée dans la matière ténébreuse, c'est-à-dire dans la substance du principe du mal par l'effet du mélange primitif et impétueux des deux puissances dans la création de l'univers, elle avait besoin qu'une force supérieure vînt à son aide. Les manichéens révéraient dans Jésus-Christ une portion de la céleste lumière qui avait révélé aux hommes une loi plus parfaite que les institutions de Moïse; ils ne reconnaissaient rien de réel dans les événements de la vie mortelle du

Verbe divin. Leur croyance à la transmigration des âmes, à une série successive de purifications ou d'expiations, avait fait disparaître le dogme de l'enfer éternel. L'apparente sévérité de leurs mœurs en imposait à la multitude, et même à des esprits réfléchis ; leur attitude vis-à-vis de la foi catholique était une petite guerre incessante, guerre sourde et perfide. Les manichéens se partageaient en auditeurs et en élus : les auditeurs étaient comme les catéchumènes du manichéisme ; les élus en étaient les prêtres et les saints. Tandis que tous les hommes et même les auditeurs ne pouvaient rien manger impunément, les élus, en prenant leur nourriture, avaient le privilége de dégager les parties de la substance du bon principe mêlée aux choses bonnes à manger ; ces parties ainsi dégagées remontaient au sein de la céleste lumière. La faim des élus servait donc au principe éternel du bien, pour échapper aux étreintes du principe éternel du mal !

Nous ne dirons rien de plus ici des manichéens ; nous y reviendrons souvent par l'étude et l'analyse des travaux de saint Augustin.

Telles étaient les deux erreurs (le donatisme et le manichéisme) qui, à l'entrée d'Augustin dans le sanctuaire, multipliaient autour de l'église africaine les obstacles et les périls et menaçaient l'intérêt général de la vérité. Mais la victoire de la foi chrétienne habite éternellement dans les conseils de la Providence; Augustin était tenu en réserve comme une des meilleures flèches du carquois divin. Quand, plus tard, le pélagianisme leva la tête parmi les hommes, Augustin, théologien sans égal, se dressa contre lui comme un marteau vivant.

En indiquant les maux qui, au quatrième siècle, arrêtaient le progrès de la foi catholique en Afrique, nous n'avons pas nommé le paganisme; c'est que le paganisme, à cette époque, n'était plus une force, mais un impuissant assemblage de souvenirs. Les anciennes idées achevaient de mourir; leurs représentants les plus illustres se consolaient de la défaite par des injures contre le christianisme vainqueur. Le génie du passé était comme une coupe vide qui ne peut plus rien pour la soif de l'homme; tout ce qui datait de loin se trouvait frappé de mort; il n'y avait rien de jeune et de vigoureux que la religion de Jésus-Christ : dans le craquement universel, l'avenir du monde ne pouvait plus appartenir qu'aux deux bras attachés sur le calvaire. Il faut voir dans les biographies d'Eunape [1] les inutiles efforts des philosophes, des rhéteurs, des grammairiens, pour ressaisir l'influence qui leur échappait et retenir une société poussée dans des voies nouvelles. Lorsque la chute de Rome sera pour les polythéistes une occasion de murmurer et de blasphémer, saint Augustin leur répondra.

L'évêque d'Hippone est le grand homme de prédilection de toutes les âmes tendres et vives, et aussi de tous les esprits curieux qui cherchent par la voie philosophique le mot des énigmes de la vie humaine et de l'univers. « Si j'avais à croire quel- » que philosophe sur la réputation, dit Fénélon, » je croirais bien plutôt Platon et Aristote, qui ont » été pendant tant de siècles en possession de dé-

---

[1] Eunapii Sardiani vitas sophistarum et fragmenta historiarum recensuit notisque illustravit J. F. Boissonade; accedit annotatio Dan. Wyttenbachii. Amstelodami, 1822, 2 vol. in-8°.

» cider : je croirais même saint Augustin bien plus
» que Descartes, sur les matières de pure philoso-
» phie; car, outre qu'il a beaucoup mieux su les
» concilier avec la religion, on trouve d'ailleurs
» dans ce Père un bien plus grand effort de génie
» sur toutes les vérités de métaphysique, quoiqu'il
» ne les ait jamais touchées que par occasion et
» sans ordre. Si un homme éclairé rassemblait dans
» les livres de saint Augustin toutes les vérités su-
» blimes que ce Père y a répandues comme par ha-
» sard, cet extrait fait avec choix serait très-supé-
» rieur aux *Méditations* de Descartes, quoique ces
» *Méditations* soient le plus grand effort de l'esprit
» de ce philosophe [1]. »

L'appréciation des œuvres de saint Augustin nous a conduit à réaliser jusqu'à un certain point la pensée de Fénélon.

Pour une intelligence douée de quelque élévation et de quelque amour pour la vérité, l'âge où

---

[1] Lettres sur la Religion; lett. IV. Ce travail de Fénélon et son *Traité de l'existence de Dieu* sont remplis des idées de saint Augustin.

nous sommes n'a rien qui mérite l'enthousiasme. Des ruines pas encore assez vieilles pour qu'on puisse y rêver avec charme, pour que les fleurs y croissent et que la mousse y verdisse, des ruines d'hier et des ruines d'aujourd'hui sur lesquelles s'entrechoquent des hommes agités ; un fracas de paroles à travers de vastes débris, paroles qui toutes ont l'ambition de saisir l'empire de l'avenir et qui meurent sans effet comme les vains bruits de la solitude ; voilà ce qu'on voit, ce qu'on entend ; et tout est si déplacé, si confondu dans le champ de bataille des partis, et la poussière soulevée par les combattants a tellement obscurci les positions diverses, qu'on ne sait plus vers quel point marcher en parfaite sûreté de conscience ! L'âme alors se replie sur elle-même, et, grâce au dédain des choses d'ici-bas, plus prompte, plus légère dans son vol vers les régions supérieures, elle se livre avec ravissement à la contemplation de ces hauteurs divines qui ne connaissent ni ruines ni tempêtes, à ces recueillements mystérieux d'où nous sortons plus forts et meilleurs.

Cette situation n'est pas seulement le partage de

quelques hommes choisis; tous ceux que n'embrase pas la fièvre des intérêts de la terre ont senti s'éveiller au fond de leur cœur le goût du christianisme. La religion, il y a dix-huit siècles, dans son envahissement du monde, commença de bas en haut; les rôles sont changés aujourd'hui; dans le nouveau travail qui s'accomplit, la foi visite les jeunes hommes instruits, les jeunes intelligences placées aux sommets, et, par la puissance de l'exemple, elle descendra sur les rangs inférieurs et ramènera l'ignorance du peuple au pied de la croix. L'histoire de saint Augustin, grand et fécond sujet d'étude morale, religieuse et philosophique, peut ranimer les intelligences affaissées, purifier et élever les imaginations, favoriser les meilleurs instincts de nos contemporains. Il ne fait pas bon dans la caverne de Platon[1]; et l'évêque d'Hippone a des bras puissants pour vous aider à sortir de l'épaisseur des ombres.

Nous voulons aller au devant d'un reproche que ne manqueront pas de nous adresser certains es-

---

[1] *République*, liv. VII.

prits. Comme cet ouvrage est écrit par un homme de foi, ils jugeront que l'ouvrage manque de critique ; c'est ce que des appréciateurs peu croyants ont dit de l'*Histoire de Jérusalem*[1]. Il est bon de s'entendre sur ce point. Ce que nous appelons, nous, de la critique, ce n'est pas l'exercice d'un contrôle plus ou moins philosophique sur les croyances chrétiennes, ce n'est pas un système d'insinuation contre la vérité des dogmes, un soin constant d'assembler des nuages en face de la lumière catholique, une habitude de dénigrement ou de blâme appliquée aux institutions ou aux traditions chrétiennes ; nous laissons cette tâche à ceux qui, selon nous, comprenant mal la dignité de l'intelligence humaine, se refusent à plier sous le joug de la révélation. Notre critique à nous, c'est de montrer chaque événement avec son caractère, et chaque fait avec sa couleur ; c'est de juger les différents systèmes philosophiques, de ne rien intro-

---

[1] Gudin de la Brenellerie avait jugé que le *Discours sur l'Histoire universelle* manquait de critique. Il y a de la gloire à être condamné avec Bossuet.

duire qui soit contestable aux points de vue de l'histoire et du bon sens, d'établir une exactitude rigoureuse à la place des fantaisies humaines, quels qu'en soient l'intention et le but; enfin c'est de chercher à apprécier dans leur vérité les temps, les œuvres et les hommes. Voilà la critique à laquelle nous aspirons, et toute autre nous tenterait en vain. L'homme dont on va lire l'histoire appliqua son discernement à la recherche de la vérité religieuse et n'abdiqua point sa raison lorsqu'il eut embrassé le christianisme; en marchant avec un génie si accoutumé à creuser toute chose, nous ne courrons pas risque de déshonorer notre intelligence par un excès de crédulité.

M. de Maistre, en tête de son livre *du Pape*, disait : « Il pourra paraître surprenant qu'un homme » du monde s'attribue le droit de traiter des ques- » tions qui, jusqu'à ce jour, ont semblé exclusive- » ment dévolues au zèle et à la science de l'ordre » sacerdotal. » Pour se faire absoudre *de toute tache d'usurpation*, l'auteur exposait ensuite les raisons qui l'avaient déterminé à se jeter dans cette lice honorable. Il paraîtra assez surprenant aussi qu'un

homme du monde se fasse l'historien de saint Augustin. Les excuses par lesquelles M. de Maistre justifiait son œuvre gardent une entière vérité ; je les invoque toutes à l'appui de mon audace ; que ne puis-je, comme M. de Maistre, légitimer mon entreprise par une raison qui seule répond à tout : c'est le génie ! A défaut de supériorité, j'apporte le zèle, et je répète avec l'auteur *du Pape* : « Nous tou-
» chons à la plus grande des époques religieuses,
» où tout homme est tenu d'apporter, s'il en a la
» force, une pierre pour l'édifice auguste, dont les
» plans sont visiblement arrêtés[1]. »

L'*Histoire de saint Augustin* n'a pas été un caprice de mon esprit, une œuvre née d'une impression fortuite et sans que de longs précédents l'aient préparée. Les belles-lettres n'ont pas seules rempli ma vie ; la science religieuse m'a beaucoup occupé ; à l'âge de dix-sept ans, j'étais élève de théologie, et les divines Écritures et les Pères de l'Église ont tenu une grande place dans les études de ma jeunesse. Vingt ans de travaux sérieux, la contempla-

---

[1] *Du Pape*, discours préliminaire.

tion des choses chrétiennes à Jérusalem et à Rome, m'ont amené à écrire l'*Histoire de saint Augustin.* Si j'ose parler de ces précédents, c'est que je désire ardemment obtenir du lecteur quelque confiance. J'ai lu dans leurs textes tous les ouvrages de l'évêque d'Hippone dont je présente l'analyse; ceux qui ont ouvert les dix volumes in-folio des œuvres de saint Augustin m'accorderont peut-être un peu d'indulgence, en songeant à un aussi énorme travail. La littérature contemporaine ne fait pas tant de façons; la conscience et l'amour du vrai sont, à ses yeux, un bagage incommode dont on ne doit pas trop s'embarrasser. Je n'ai rien à dire de la forme de ce livre; quelque sérieuse que soit la nature de mon nouvel ouvrage, elle ne m'a pas fait oublier le caractère de mes précédents travaux; j'ai voulu, selon la nature de mes forces, que l'*Histoire de saint Augustin* fût à la fois une œuvre complète et une œuvre littéraire. J'ai cherché à mettre à la portée de tout entendement la fleur du génie de ce grand homme : pour atteindre un tel but, il a fallu vaincre des difficultés dont les juges compétents sentiront l'étendue.

Les lieux font partie de l'histoire ; ils complètent, animent et colorent les récits. Je savais par expérience tout ce qu'il y a de lumière et de puissance dans la vue des lieux, et de même que j'avais mieux compris les livres et les événements du peuple hébreu en les étudiant en Palestine, de même j'espérais mieux comprendre saint Augustin et les peuples avec lesquels il vécut, en interrogeant les pays d'Hippone, de Calame et de Constantine. Au printemps de 1844, je quittai les plus doux trésors de mon âme pour franchir les mers et recommencer au milieu des solitudes africaines ma vie de voyageur, dans le but de perfectionner une œuvre d'histoire [1]. On visite avec un empressement pieux

---

[1] Je dois ici des remercîments à M. le maréchal Soult, ministre de la guerre, dont les lettres bienveillantes m'ont ouvert en quelque sorte les portes de l'Afrique. Je veux témoigner aussi ma gratitude à M. le maréchal Bugeaud, cet infatigable Métellus de l'Algérie française, qui a si merveilleusement compris la grande question africaine ; il m'a fait le plus obligeant accueil et m'a donné toutes les facilités désirables pour mes explorations. J'aimerais encore à citer les noms des braves officiers, de terre ou de mer, que j'ai rencontrés dans mes courses en Afrique, et dont l'empresse-

la demeure, la chambre d'un grand homme; on touche respectueusement ce qu'on croit lui avoir appartenu : nous cherchons ainsi dans les objets extérieurs, dans les images même de la vie quelque chose comme l'explication de l'homme que nous voulons connaître. Pourquoi donc ne demanderait-on pas à sa terre natale, aux lieux où s'écoulèrent ses jours, à la nature et aux horizons, les secrets de son génie? L'homme ne se sépare pas plus de la nature que du corps même qu'il habite; il s'inspire des lieux, et la physionomie de son intelligence et de sa vie s'empreint du climat, des col-

---

ment et les lumières m'ont été précieux. Puissent ces lignes tomber sous leurs yeux et leur offrir mon souvenir reconnaissant!

La renaissante Église d'Afrique a daigné recevoir avec une grande bonté l'historien de saint Augustin. Je n'ai que des grâces à rendre à monseigneur Dupuch; à son grand vicaire, monseigneur Dagret, camérier secret du pape; à M. le chanoine Montera, que j'ai retrouvé avec bonheur, après une séparation de dix-neuf ans; à MM. les curés de Philippeville, de Bone et de Constantine. J'ai cité dans mon livre l'excellent abbé Suchet, qui a fait avec moi, en Afrique, soixante-quinze lieues à cheval.

lines, des cieux dont il est entouré. De plus, des noms de cités retentissent dans le récit; il faut marquer leur position et les reconstruire par la pensée; il faut prêter l'oreille aux débris pour entendre les bruits du passé. Je n'ai reculé devant aucune fatigue, devant aucun sacrifice pour rendre mon livre moins indigne de la bienveillance du public.

Qu'on me permette de finir par des réflexions qui ne seront point exprimées sans tristesse.

La société française, découpée en partis et en coteries, accueille mal l'homme qui marche dans l'indépendance de ses sentiments et de ses pensées. Il est difficile de se donner tout entier à un parti sans qu'on y laisse quelque chose de sa dignité, de son amour pour le vrai, et les partis ne manquent jamais de faire expier les réserves honorables. Le morcellement des opinions rend plus difficile de satisfaire des contemporains : mille tyrans sont là qui demandent à être flattés ou obéis; les innombrables dominations du moyen âge féodal se présentent de nouveau sous la forme de systèmes et d'idées. Comment poursuivre son chemin à travers tant de bannières diverses? et combien de fois ne sera-t-on pas arrêté par le qui vive des sentinelles postées au pied des tours! L'uniforme de l'indépendance fait de vous un étranger dont on se défie et contre lequel on est toujours près de s'armer!

Si la France politique nous offre ces regrettables images, pourquoi au moins la France religieuse ne se montre-t-elle pas comme une douce et fraternelle association ? Pourquoi les hommes de foi ne se donnent-ils point la main dans leurs luttes en faveur de la vérité? Tandis qu'avec Jésus-Christ il n'y a plus ni Scythe ni Barbare, à quoi bon l'indifférence glacée ou les rivalités jalouses sous l'empire d'une loi divine où tout est amour? L'énergie humaine n'est pas inépuisable; l'espoir d'accomplir un peu de bien la soutiendra longtemps, mais ne pourra suffire à la soutenir toujours; il lui faut d'encourageantes paroles, le sourire de l'amitié, l'appui d'une pensée commune. L'homme n'est pas plus fait pour vivre seul dans son intelligence que seul dans l'univers ; l'association est le principal besoin de sa destinée. La France religieuse, mutilée, brisée par cinquante ans de révolutions, a subi une désorganisation funeste qui se retrouve dans les moindres détails de son existence; elle nous présente des individus mais pas de corps, des efforts isolés mais pas d'ensemble; elle nous présente une sorte de dispersion morale. Les hommes qui concourent à la défense des idées chrétiennes sont trop souvent réduits à ne prendre conseil que de leur zèle. Des jours mauvais pour la foi peuvent se lever sur notre pays; il faut prendre garde à ne pas diminuer par le découragement le nombre des combattants religieux!

Quant à celui qui écrit ces lignes, la paternelle bienveillance du pontife suprême [1] de l'univers catholique lui a fait oublier les dégoûts qu'il a parfois rencontrés sur sa route; des évêques dont les suffrages font sa gloire, de douces et d'illustres amitiés, suffisent à son ambition dans ce monde: il se souvient du Psalmiste, qui dit que le sépulcre et la poussière ne loueront point Dieu, ne raconteront point ses grandeurs, et, tant qu'il vivra, sa

---

[1] Sa sainteté le pape Grégoire XVI.

plume restera dévouée aux sublimes intérêts du christianisme, inséparables des intérêts du genre humain !

Un mot encore.

Au premier abord, il semble qu'on ait besoin d'une sorte d'intrépidité d'esprit pour livrer au public une grande étude, dans un temps où l'audace de tout dire obtient seule d'infaillibles succès. Et pourtant, en y songeant bien, nous cessons de nous étonner qu'il faille à la populace des lecteurs quelque chose comme les joies du cirque. Aujourd'hui le feuilleton a ses gladiateurs, avec cette différence qu'ici ce ne sont point les gladiateurs qui reçoivent les coups, mais c'est la vérité, le bon goût, la langue et l'art lui-même. Les grossières félicités de l'amphithéâtre ne sauraient empêcher les esprits choisis de s'élever à des spectacles plus nobles et plus purs. D'ailleurs, lors même que l'*Histoire de saint Augustin* ne rencontrerait pas un seul lecteur, je n'aurais pas moins senti des voluptés sublimes dans la contemplation assidue d'un beau génie. A Balbeck, il y a quatorze ans, quand je m'arrêtais saisi d'admiration devant le temple du Soleil, j'aurais voulu voir là tous les hommes dont le cœur bat au spectacle des choses magnifiques ; mais la stupide indifférence du Druse ou du Motuali qui passait à côté de moi n'ôtait rien aux douces émotions de mon enthousiasme.

———

L'auteur de l'*Histoire de saint Augustin*, dans ses courses en Algérie, ne s'est pas borné à l'étude des lieux et des temps chrétiens qui l'intéressaient particulièrement ; l'état moral du pays soumis par nos armes, l'œuvre de la colonisation française, la renaissante Église d'Afrique, tout ce qui touche à la magnifique et immense mission que nous accomplissons au delà des mers l'a très-vivement occupé. Durant ses deux mois d'exploration en Afrique, l'auteur ne s'est jamais couché sans avoir écrit les pensées ou les observations de la journée. Des correspondants intelligents qu'il a laissés dans nos possessions d'outre-mer lui font en quelque sorte continuer son ouvrage. M. Poujoulat peut donc, dès ce moment, prendre avec le public l'engagement de lui donner un livre sur l'Afrique française.

———

HISTOIRE
DE
SAINT AUGUSTIN.

HISTOIRE
DE SAINT AUGUSTIN.

CHAPITRE PREMIER.

L'enfance et la jeunesse de saint Augustin jusqu'à son voyage à Rome.

(354-383)

Augustin naquit à Tagaste, le 13 novembre 354; le surnom d'Aurèle lui est donné par Orose et par Mamert Claudien, frère de saint Mamert de Vienne. D'anciens auteurs n'ont pas manqué de faire observer qu'Aurèle veut dire à la fois *or* et *soleil*, et qu'Augustin était bien digne de ce surnom; ses écrits et sa vie ont eu l'éclat de l'*or*, et les hommes reçoivent la lumière du *soleil* de son génie, comme les étoiles reçoivent de l'astre du jour leurs propres clartés. Lancilot a trouvé dans la signification du nom d'*Augustin* une prophétique annonce des grandes choses accomplies par l'évêque d'Hippone; le fils de Monique *augmenta* l'Église catholique, la chose chrétienne [1]. Tagaste, que Pline [2] cite au nombre des villes libres, était d'une assez faible importance, mais l'honneur d'avoir été le berceau d'Augustin lui donne une renommée immortelle ; d'abord livrée au schisme des donatistes, elle revint à l'unité catholique en 348 ou 349, à la suite des redoutables décrets de l'empereur Constant. *Souk-Aras* [3] nous représente le lieu où s'élevait Tagaste, à l'est de Guelma, l'ancienne Calame. Le monde chrétien révère sainte Monique, qui fut mère d'Augustin ; le nom de cette illustre femme reviendra plus d'une fois sous notre plume. Augustin eut pour père un homme de condition modeste, Patrice, qui mit au rang de ses premiers devoirs l'instruction de son fils. Il avait dix-sept ans lorsqu'il le perdit. Patrice mourut chrétien.

L'évêque d'Hippone s'est fait l'historien de sa jeunesse ; tout le monde a lu les *Confessions* ; à quoi bon répéter des détails que nul n'ignore ? Ce que nous avons à faire dans la première partie de notre travail, c'est de reproduire assez

---

[1] Rem christianam *auxit*.
[2] Pline, livre V, chap. V.
[3] L'emplacement de Tagaste avait été ignoré jusqu'à ce jour ; il a été découvert au mois de mai 1844, pendant que la colonne du général Randon parcourait ce pays pour assurer le recouvrement des impôts. J'étais alors à Guelma ; M. Neveu, capitaine d'état-major, a levé le plan des lieux où fut Tagaste.

de traits et de couleurs pour que le tableau des jeunes années d'Augustin ne manque point à cette Histoire.

Augustin, enfant, apprit aux écoles de Tagaste les premiers éléments des lettres; il y rencontra des hommes qui invoquaient le nom de Dieu, et se mit à bégayer des prières à l'Être grand et éternel dont il entendait parler. Tout petit, il suppliait Dieu qu'on ne lui donnât pas le fouet, châtiment ordinaire de l'école. La passion du jeu le dominait; son caractère, enclin à la rébellion, pliait difficilement sous la volonté de ses parents et de ses maîtres. Les victoires remportées sur ses compagnons l'enivraient de jouissances; comme les contes et les récits fabuleux le charmaient, Augustin se sentit violemment attiré vers les spectacles du théâtre. Il avait, en naissant, reçu de sa mère chrétienne le sel mystérieux des catéchumènes, mais n'avait pas été baptisé; dans une maladie dangereuse survenue à l'âge le plus tendre, il demanda le baptême; tout était prêt pour laver Augustin dans les eaux salutaires; le jeune malade s'étant tout à coup trouvé mieux, on remit la cérémonie à un autre temps. Il était alors d'usage qu'on différât le baptême; on attribuait aux fautes commises après la régénération sainte plus de gravité. Par quelles révolutions morales devra passer Augustin avant d'arriver à la régénération baptismale!

On sait l'aversion d'Augustin pour l'étude dans le premier âge de sa vie, sa violente aversion surtout pour l'étude du grec; il a expliqué cette dernière répugnance par l'extrême difficulté d'apprendre une langue étrangère; mais il aimait le latin, qu'il avait appris sans méthode ni tourment, insensiblement, par une expérience de tous les moments, au milieu des caresses de ses nourrices, au milieu des jeux et des passe-temps de l'enfance. Ceux qu'on appelait alors des *grammairiens* initiaient Augustin dans les plus secrètes beautés de la langue de Virgile, et plus tard, ce souvenir devint pour lui un remords : « Il lui fallait occuper son esprit des courses vagabondes de je ne sais quel Énée, tandis qu'il oubliait ses propres égarements; il s'attendrissait sur la mort de Didon qui avait péri pour avoir trop aimé ce Troyen, et ne pleurait pas sur lui-même déjà mort, puisqu'il manquait d'amour pour Dieu [1]! » Augustin met le simple avantage de savoir lire et écrire bien au-dessus des aventures d'Énée. Les voiles qui flottaient à la porte des écoles des grammairiens étaient comme un emblème des prétendus mystères ren-

---

[1]. *Confessions*, livre Ier, chap. XIII.

fermés dans les fables anciennes; mais ces voiles allégoriques, dit saint Augustin, indiquaient plutôt que les grammairiens cherchaient à cacher leurs erreurs; il les appelle des *vendeurs de grammaire, des acheteurs*, et leur science ne lui inspire que dédains.

Les *Confessions* nous racontent que le fils de Patrice dérobait beaucoup de choses au logis, soit sur la table paternelle, soit dans le meuble où l'on enfermait les provisions; il lui arrivait de n'être vainqueur dans ses jeux que par supercherie; ainsi la corruption, observe saint Augustin, entre de bonne heure dans le cœur des enfants; « tels ils sont alors au sujet de leurs noix,
» de leurs balles, de leurs oiseaux, avec les
» maîtres et les surveillants, tels ils deviennent
» par la suite à l'égard des rois et des magistrats
» pour de l'argent, des terres, des esclaves; c'est
» le même fonds de corruption dont les années
» changent seulement les effets, de même qu'aux
» légers châtiments des écoles succèdent les
» supplices et les bourreaux. C'est donc seule-
» ment la petite stature des enfants que vous avez
» considérée, ô mon sauveur et mon roi, comme
» un symbole d'humilité, lorsque vous avez dit
» en les montrant: *Le royaume des cieux est à qui*
» *leur ressemble* [1]. »

[1] *Confessions*, livre Ier, chap. XIX.

Madaure[1], cité voisine de Tagaste, plus importante que la ville natale d'Augustin, offrait des ressources pour l'étude des lettres humaines. Augustin y fut conduit à seize ans; les écoles de Madaure ne suffisaient plus à son savoir et à son intelligence; son père songea à le conduire à Carthage. Le voyage était long, le séjour et les études dans la métropole africaine coûtaient beaucoup d'argent; Patrice était pauvre et s'occupa vivement de réunir la somme dont Augustin avait besoin. La postérité doit bénir la mémoire de ces pères généreux qui frappés du naissant génie d'un fils, n'ont pas craint de tirer de leur pauvreté tout ce qu'il fallait pour ouvrir les portes de l'avenir à une jeune destinée !

Durant son séjour dans la maison paternelle, avant le départ pour Carthage, à cet âge où le sang bouillonne et emporte un adolescent, Augustin ne put maîtriser ses penchants. Les *Confessions* nous parlent avec l'expression d'un violent repentir d'un vol de poires que commit alors le fils de Monique, avec une troupe de jeunes amis; les poires n'étaient ni belles ni bonnes; Augustin en avait de meilleures chez lui, ce qui ne l'empêcha pas d'aller secouer, dans une belle

---

[1] Ptolémée écrit *Maduros*; on écrit aussi *Mataure*. On trouve dans la notice de Numid. *Episcopus Metaurensis*.

nuit le poirier du voisin, et d'en emporter les fruits qu'on jeta ensuite aux pourceaux. Cette espièglerie d'écoliers revint avec une affreuse amertume dans le souvenir du saint évêque d'Hippone.

A la fin de l'année 370, Augustin prenait place au premier rang dans les écoles de rhétorique à Carthage; les séductions d'une grande cité ne manquèrent pas d'avoir prise sur ce cœur si ardent; les joies du théâtre entrèrent pour beaucoup dans la vie du jeune étudiant [1]. La coupable liaison d'Augustin avec une femme nous rappelle ses pleurs pénitents; il lui demeura fidèle quatorze ans; cette constance ne diminue point la faute, mais elle révèle le cœur et enlève au désordre le caractère de la brutalité. L'auteur des *Confessions* ne s'est pas épargné dans le récit de son séjour à Carthage, mais Vincent-le-Rogatiste nous apprend que le fils de Monique passait pour un jeune homme *ennemi du trouble et aimant l'honnêteté*. Saint Augustin nous a dit lui-même qu'il ne se mêlait point aux excès des écoliers de Carthage, tout fiers de leur surnom de *ravageurs* [2]. Augustin était logé chez un ami,

---

[1] Le deuxième chapitre du troisième livre des *Confessions* explique parfaitement les sources du plaisir et de l'intérêt qu'on trouve aux spectacles.

[2] *Eversores*.

Romanien de Tagaste, qui, après la mort de Patrice, devint son principal appui, et l'affranchit de tous les soucis temporels. Les libéralités du riche Romanien envers le jeune Augustin ont jeté sur son nom une sorte d'éclat : les grands hommes donnent à leurs amis une immortelle renommée en échange du bien qu'ils en reçoivent !

A dix-neuf ans, l'étude de l'éloquence ayant amené Augustin à la lecture de l'*Hortensius* de Cicéron, ouvrage que nous avons perdu dans le naufrage des siècles, le jeune homme en reçut une impression profonde; il se sentit saisi d'un violent mépris pour les espérances du siècle, et d'un ardent amour pour l'immortelle beauté de la sagesse. Nous regardons comme une gloire de Cicéron d'avoir le premier éveillé dans l'âme d'Augustin le goût des biens invisibles et de la beauté impérissable. Quelque chose venait refroidir son enthousiasme pour l'ouvrage de l'orateur romain; c'était l'absence du nom de Jésus-Christ. Le fils de Monique avait appris à aimer ce nom dès ses plus tendres années; il l'avait sucé avec le lait; à travers les tempêtes de son jeune cœur, le nom de Jésus-Christ y était resté au fond comme un parfum divin; les plus magnifiques traités de philosophie lui semblaient incomplets et perdaient à ses yeux de leur puissance et de leur charme, du moment que le nom de Jésus-Christ ne s'y trouvait point. Ce fut alors qu'Augustin commença à lire les saintes Écritures, auxquelles il ne comprit rien d'abord; la seule impression qu'il en garda, ce fut que rien dans les livres sacrés ne pouvait se comparer à l'éloquence majestueuse de l'orateur romain [1]; la simplicité biblique n'allait pas à l'orgueil de son esprit.

A cette époque, Augustin rencontra pour la première fois des manichéens, grands parleurs, qui répétaient toujours *vérité*, *vérité*, et dont le cœur était vide de toute vérité [2]. Il se laissa enchaîner dans les ténèbres d'une opinion insensée! Ce génie, pris aux piéges des sectaires, aiglon garrotté dans les liens de l'erreur, en était venu au point de croire qu'une figue détachée de l'arbre pleurait, que le figuier pleurait aussi, et que les gouttes de lait de la figue détachée étaient les larmes [3]! Mais l'élu de la Providence pour la défense du monde catholique n'était pas destiné à se coucher dans ces erreurs comme dans un lit de repos; les larmes d'une pieuse mère ne

---

[1] *Confessions*, livre III, chap. v.

[2] *Confessions*, livre III, chap. vi.

[3] Dans cette partie de ses *Confessions*, saint Augustin fait une admirable peinture de Dieu, du mal, de la variété des lois humaines et religieuses selon les temps et les lieux, de l'harmonie universelle qui naît de la diversité. Livre III, chap. vii.

tombaient point en vain aux pieds de Jésus-Christ : Monique pleurait son fils plus amèrement *qu'une autre mère ne pleure son enfant qu'on va porter en terre.* Toutefois, Augustin ne fut que simple auditeur parmi les manichéens; il ne figura jamais parmi leurs prêtres et leurs élus. Son esprit, qui avait faim et soif de vérité, ne trouvait point dans le manichéisme une complète réponse aux doutes dont il était travaillé; mais rien de mieux ne s'offrait alors à sa sincérité : il se pratiquait chez les manichéens des choses infâmes connues seulement des initiés et qui étaient ignorées d'Augustin; le jeune auditeur n'avait aucune idée de leur eucharistie; tout ce qu'il savait de leurs cérémonies, c'était la prière à laquelle il assistait quelquefois; dans cette prière, qui n'avait rien de mauvais, les assistants se tournaient toujours vers le soleil.

En 375, Augustin avait achevé ses études à Carthage; revenu à Tagaste, il y enseignait la grammaire; la demeure de Romanien, son appui et son ami, était devenue la sienne. Ce fut alors que Monique eut le songe prophétique d'après lequel elle permit à son fils de demeurer dans sa maison et de s'asseoir à sa table, ce qu'elle lui avait interdit depuis quelque temps, à cause de ses détestables erreurs. On connaît ce songe; Monique, debout sur une pièce de bois dans l'attitude d'une profonde tristesse, vit s'avancer vers elle un jeune homme brillant de lumière qui, instruit de la cause de son chagrin, lui ordonna de ne plus s'inquiéter, de regarder attentivement, et lui dit que *là où elle était, elle verrait aussi son fils.* En effet, la pieuse mère, ayant jeté les yeux autour d'elle, reconnut le jeune Augustin sur cette même pièce de bois. Saint Augustin nous raconte qu'il chercha à interpréter le rêve en faveur de ses propres doctrines, comme si ce rêve eût signifié qu'un jour sa mère adopterait ses croyances et non pas qu'il dût revenir aux siennes : « Non, » lui répondit Monique sans la moindre hésitation; « il ne m'a » pas été dit : *vous êtes où il est,* mais *il est où vous* » *êtes.* » Cette prompte réponse de sa mère fit sur l'esprit d'Augustin une plus profonde impression que le songe lui-même.

Il se passa cependant encore neuf ans durant lesquels Augustin suivit les voies mauvaises. Un saint évêque que Monique avait supplié de s'occuper de son fils, s'en excusa en disant qu'il le trouvait trop indocile; il fit espérer à la pauvre mère qu'Augustin finirait par quitter de lui-même le manichéisme, et se donna pour exemple, car lui aussi avait été livré à ces rêveries impies. Pressé par les instances et les gémissements de Monique, l'évêque lui fit entendre ces

touchantes paroles : « Allez et continuez de faire
» ce que vous avez fait; il est impossible qu'un
» fils pleuré avec tant de larmes périsse ja-
» mais. » Monique reçut ces paroles comme si
elles étaient descendues du ciel même.

O mystérieuse puissance des larmes d'une pieuse mère! un ange les recueille dans une coupe d'or, et les porte au pied du trône divin comme l'offrande du plus grand prix; les pleurs d'une sainte mère pour son fils se changent en bouclier de diamant qui le défend à travers la vie. Si ce fils est enseveli dans la nuit du mensonge, les larmes maternelles ont une force inexprimable pour l'arracher du gouffre, quelle qu'en soit la profondeur; elles disent au jeune homme couché dans le cercueil de l'erreur, comme autrefois le divin Maître au fils de la veuve de Naïm : *Lève-toi, je te le commande!* Orages de l'Océan, bêtes du désert, vous ne pourrez rien contre le fils protégé par les larmes d'une mère priant sans cesse au pied de la croix! vous ne pourrez rien contre lui, périls de tout genre dont la carrière de l'homme est semée : et quand la mère qui prie et qui pleure se sera envolée sur un rayon de lumière, vers l'invisible patrie où l'œil ne connaît plus les larmes, sa prière gardera encore le fils qu'elle aura laissé orphelin !

De dix-neuf ans à vingt-huit ans, la vie d'Augustin fut tour à tour consacrée à la défense du manichéisme et à l'enseignement des belles-lettres. Il demeura peu de temps à Tagaste; la perte d'un ami avec lequel l'avait étroitement lié une conformité de goût, d'âge et d'étude, lui rendit intolérable le séjour de sa ville natale. Augustin sentit dans toute son amertume la douleur de ne plus retrouver autour de lui celui qui remplissait sa vie et son cœur. Comme l'idée qu'il se faisait de l'Être éternel restait encore vague et incertaine, ses angoisses, ses larmes, son dégoût du monde ne le ramenaient point à Dieu. Privé de tout soutien au milieu d'un vide immense, et retombant toujours sur lui-même, il était devenu pour son âme comme une habitation funeste qu'elle voulait fuir et d'où elle ne pouvait sortir. Augustin quitta Tagaste pour chercher un peu moins son ami aux lieux où ses regards n'avaient pas coutume de le rencontrer. En reprenant le chemin de Carthage, il pouvait aussi s'abandonner à la pensée d'y trouver une scène plus vaste et plus digne de son talent. Son ami Romanien le vit partir de Tagaste avec regret; après avoir inutilement combattu la résolution d'Augustin, il ne continua pas moins envers lui ses libéralités.

Augustin enseigna la rhétorique à Carthage; l'attention publique ne tarda pas à être frappée de ce jeune maître. Il nous faut citer parmi ses disciples un fils de Romanien, Licentius, que nous retrouverons un peu plus tard, et Alype, qui déjà avait reçu à Tagaste les leçons d'Augustin : le nom d'Alype est demeuré à jamais attaché à celui du grand homme dont nous avons entrepris l'histoire. Le nouveau professeur de rhétorique, vivement épris de la gloire, s'enivrait des applaudissements de son école, et, poursuivant les triomphes partout où on pouvait en obtenir, il disputa le prix de poésie qui se proclamait au théâtre au milieu des acclamations d'une nombreuse assemblée. Un devin lui proposa de lui faire remporter la couronne. Ces devins, sorte de charlatans mystérieux, offraient des sacrifices d'animaux pour appeler les démons à l'aide de celui en faveur de qui s'accomplissaient les détestables cérémonies. Augustin, plein d'horreur pour ces abominations, fit répondre au personnage que, quand même la couronne serait d'or et immortelle, il refuserait de l'obtenir au prix de la mort même d'*une mouche*. Il n'eut besoin que de son talent pour remporter le prix. Le proconsul de Carthage qui posa la couronne sur la tête d'Augustin était un médecin célèbre appelé Vindicien. Il admit le jeune vainqueur dans sa familiarité ; s'étant aperçu de sa passion pour les livres qui traitaient de l'astrologie judiciaire, le proconsul le détourna de cette étude comme d'une occupation indigne de son esprit. Le vieux proconsul s'y était jadis appliqué; il avait ensuite repoussé l'astrologie avec dégoût parce qu'elle ne lui avait offert qu'un amas d'impostures. Il attribuait le succès de quelques-unes des prédictions des astrologues à la puissance du hasard, puissance qu'il supposait répandue dans toutes les parties de la nature. Une comparaison ingénieuse lui servait à mieux expliquer sa pensée.

« Puisqu'il arrive souvent, disait Vindicien, qu'en ouvrant à l'aventure le livre d'un poëte avec l'intention d'y trouver quelque lumière dont on a besoin, on tombe sur tel vers qui s'accorde merveilleusement avec ce que l'on y cherche, bien qu'en le composant ce poëte eût, sans doute, toute autre chose dans l'esprit; il ne faut pas s'étonner si, poussé par quelque instinct secret qui le maîtrise et sans même savoir ce qui se passe en lui, par pur hasard enfin et non par sa propre science, les réponses d'un homme s'accordent quelquefois avec les actions et les aventures d'un autre homme qui vient l'interroger. »

L'opinion de Vindicien donna beaucoup à penser à Augustin. Mais ce qui acheva de discréditer l'astrologie dans son esprit, ce fut un entretien avec un de ses amis appelé Firmin, dont le père avait été fort enclin à cette étude.

Firmin lui apprit que lui et le fils d'une servante d'un ami de son père étaient nés dans le même moment, et, par conséquent, sous le regard des mêmes planètes; l'horoscope des deux nouveau-nés ne pouvait qu'être absolument le même; et pourtant l'un, Firmin, avait été appelé aux charges les plus honorables, et l'autre traînait péniblement ses jours dans la plus grossière condition! Ce trait parut à Augustin un argument sans réplique contre l'astrologie. Il y avait à Carthage un devin nommé Albicère, dont les réponses, pleines d'une surprenante vérité, confondaient l'intelligence d'Augustin. Celui-ci ayant perdu une cuiller, s'amusa à faire consulter Albicère, qui découvrit aussitôt à qui appartenait la cuiller et en quel endroit elle était cachée. « Dites-moi à quoi je pense? » demanda un jour au devin un disciple de notre professeur. « A un vers de Virgile, » répondit Albicère, qui récita le vers. Il ne s'était pas trompé.

En 380 ou 381, de longues réflexions sur l'union harmonieuse des parties et sur l'accord qui s'établit entre un corps et un autre corps, amenèrent Augustin à composer *deux* ou *trois* livres sur la Beauté et la Convenance. « Vous en savez » au juste le nombre, ô mon Dieu! s'écrie saint » Augustin dans ses *Confessions*[1]; pour moi,

---

[1] Livre IV, chap. XIII.

» je l'ai oublié, n'ayant plus cet ouvrage, et ne
» sachant plus même comment je l'ai perdu. »
Cet ouvrage était dédié à Hiérius, orateur établi
à Rome et originaire de Syrie, qu'il n'avait jamais vu.

Ce qui prolongea les erreurs d'Augustin, ce fut l'absence d'hommes supérieurs qui pussent parler fortement à son esprit et lui montrer, avec la double autorité de la science et du génie, de quel côté se trouvait la vérité. Personne à Carthage ne l'égalait en pénétration. Ce jeune homme qui à vingt ans avait compris tout seul et à la simple lecture les catégories d'Aristote, qui, sans le secours d'aucun maître, avait appris la géométrie, l'arithmétique, la musique, et avait deviné l'art de l'éloquence[1], triomphait sans peine chaque fois qu'une dispute philosophique ou religieuse s'engageait; de faciles victoires enflaient son cœur au lieu de l'éclairer; Augustin, dans les derniers temps de son séjour à Carthage, nous apparaît comme un jeune mendiant affamé de vérité, et nul n'est assez riche en Afrique pour faire magnifiquement l'aumône à son intelligence. S'il eût vécu dans le siècle précédent, au temps

---

[1] Les sciences manquaient à son esprit, plutôt que son esprit aux sciences; et dans la facilité qu'il avait à les apprendre, on eût dit qu'il les inventait. Fléchier, *Panég. de saint Augustin.*

du grand Cyprien, les jours mauvais de sa vie eussent été abrégés; mais plus le détour fut laborieux et long, plus l'arrivée à la foi fut éclatante, et c'est précisément parce que l'Église d'Afrique manquait alors de grandes lumières, que Dieu lui réservait Augustin.

D'un autre côté, le manichéisme n'était représenté par aucun homme fort; cette circonstance, qui laissait aux doctrines persanes toute leur vanité, devait favoriser le retour d'Augustin à la vérité religieuse. Les plus mauvaises doctrines reçoivent un certain prestige de la puissance du talent qui s'attache à leur défense; ce prestige manquait alors au manichéisme. On avait beaucoup vanté à Augustin un *certain évêque* manichéen, Fauste de Milève, en Numidie; à chaque doute qui traversait l'esprit du professeur de rhétorique de Carthage, à chaque difficulté qu'il élevait contre leur système, les sectaires le renvoyaient à Fauste, comme à l'oracle à qui rien n'était caché, et devant lequel tout argument tombait en poussière. En 383, Fauste étant venu à Carthage, Augustin se présenta à ce pontife du manichéisme, qu'il avait tant souhaité de voir et d'entendre. Or, il se trouva que Fauste n'était qu'un parleur agréable; il disait mieux, mais ne disait pas plus que les autres manichéens. Sa parole facile et brillante avait seule pu lui faire une renommée. Après quelques objections sérieuses restées sans réponse, Augustin ne tarda pas à reconnaître que, de toutes les sciences, Fauste ne savait que la grammaire, et encore assez médiocrement. Quelques harangues de Cicéron, quelques ouvrages de Sénèque, divers passages des poëtes et les livres manichéens les mieux écrits, voilà de quoi se composait le savoir de ce génie tant vanté, et cette étude avait donné une grâce élégante et de la séduction à son langage. Comme les manichéens mêlaient à leurs doctrines les hautes sciences, et qu'ils avaient la prétention d'expliquer les phénomènes du ciel et la marche des astres, Augustin pensait trouver dans Fauste un grand astronome; il ne trouva qu'un ignorant, mais un ignorant de bonne foi et qui avouait son insuffisance. Ce mécompte refroidit beaucoup Augustin à l'endroit des manichéens; en voyant le peu que savait le plus célèbre d'entre eux, il désespéra de rencontrer la vérité dans leurs rangs.

L'Afrique, qu'Augustin était appelé à élever au rang des plus illustres pays catholiques, n'avait point été choisie pour être l'instrument de la conversion de cet ardent chercheur de la vérité, qui fuyait sans cesse à ses regards avides. D'autres contrées devaient l'enfanter à la vie. Rome, qui un jour le proclamera docteur sublime à la face de l'univers, sera auparavant le témoin des inquiétudes de son âme errante, et Milan aura l'insigne honneur de voir Augustin entrer dans l'eau baptismale.

CHAPITRE II.

Saint Augustin à Rome, à Milan; les préliminaires de sa conversion. — Il est converti.

(383-386)

Les étudiants de Carthage étaient fort indociles et fort turbulents; ils faisaient invasion dans les écoles de la ville, et telle était la puissance de cette détestable coutume, que les maîtres ne venaient jamais à bout de maintenir contre les écoliers étrangers la discipline de leur classe. Ces violences avaient fini par fatiguer Augustin. On lui disait qu'à Rome la jeunesse des écoles était plus soumise; le professeur résolut de s'en aller vers l'antique capitale de l'univers; les magnifiques souvenirs de Rome, le génie de ses grands hommes, la majesté de son histoire, donnaient, sans doute, du charme à ce projet d'Augustin. Sa jeune ambition souriait aussi à la perspective d'une scène plus haute, d'un plus large horizon. Ainsi se poursuivaient les desseins providentiels sur le fils de Monique, sans que lui-même reconnût la main de Dieu.

Monique, dont le cœur se brisait à la seule pensée d'une longue séparation, ne voulait pas laisser partir son fils ou voulait partir avec lui. Elle s'avança jusque sur le rivage de la mer où devait s'embarquer Augustin. Celui-ci feignit de ne monter sur un navire que pour prolonger ses adieux à un ami et rester avec lui jusqu'au moment où serait donné le signal du départ; trompant l'amour de sa mère et voulant se dérober à ses larmes, il lui persuada de passer la nuit sur le rivage dans une chapelle consacrée à l'illustre Cyprien. Dès que le vent se fut levé, on mit à la voile; et tandis que la pauvre mère, retirée dans l'oratoire de Saint-Cyprien, offrait à Dieu pour son fils ses prières et ses pleurs, le navire s'éloignait. Oh! que de gémissements et de sanglots lorsque Monique vit les flots déserts et reconnut le départ de son fils! Tout ce qu'elle put faire dans sa douleur, ce fut de le recommander de nouveau à la Providence; puis elle regagna tristement son foyer.

Saint Augustin, dans ses *Confessions*, n'a pas songé à nous dire quel était l'état de Rome quand il y parut pour la première fois en 383. De quel prix eût été la peinture de la ville éternelle à cette époque, tracée par un tel maître! A défaut du témoignage de notre professeur africain, nous interrogerons Ammien Marcellin et Olympiodore, qui écrivaient sur Rome une vingtaine d'années après le premier passage d'Augustin aux bords du Tibre.

D'après les évaluations les plus probables, Rome, bâtie en forme circulaire et d'une circonférence de vingt-un milles, renfermait alors environ douze cent mille habitants. On y comptait près de dix-huit cents palais ou maisons opulentes, et près de quarante-sept mille habitations à plusieurs étages, où le peuple était misérablement entassé[1]; l'inégalité des fortunes offrait d'étranges disproportions. La société romaine ne présentait point ce milieu que nous trouvons dans les sociétés de l'Europe moderne; la classe moyenne n'y existait pas; il y avait à Rome la base et le faîte; mais rien d'intermédiaire ne s'y rencontrait. On voyait d'un côté l'esclavage, la misère laborieuse livrée aux métiers ou à l'exploitation de la terre; de l'autre, de très-riches existences, et même des fortunes si prodigieusement élevées, qu'on serait tenté d'accuser d'invention fabuleuse les auteurs de ce temps. Que dire de ces sénateurs qui tiraient de leurs patrimoines un revenu annuel de la valeur de quinze cent mille francs de notre monnaie, sans compter les provisions de blé et de vins? Les domaines

---

[1] Nardini, *Roma antica*, livre III.

des grandes familles romaines s'étendaient non-seulement en Italie, mais aussi dans l'Archipel, le Péloponèse et l'Afrique. Les peintures d'Ammien Marcellin sont quelquefois des satires, et l'histoire ne doit pas les accepter tout entières; mais il est certain que les nobles, descendus de ces anciens Romains si pauvres, si désintéressés, si sobres, étalaient un luxe fastueux qui resterait bien au-dessus de toute description. Leur indolente vie s'écoulait dans des palais splendides, au milieu des festins et des chants; les orgues hydrauliques, les flûtes et les lyres les occupaient plus fréquemment que les livres; des centaines de serviteurs et d'esclaves obéissaient à leur moindre signal, et environnaient leur demeure de respect et de vigilance; lorsque ces nobles opulents sortaient, les rues de Rome retentissaient du bruit de leurs chars d'argent massif; l'or brillait sur les harnais de leurs chevaux ou de leurs mules; une suite nombreuse les suivait. Ils se montraient dans leurs longues robes de pourpre et de soie, avec leurs riches bagues, leurs bijoux, les insignes de leur dignité, et du haut de leurs chars rapides, ils dédaignaient de laisser tomber leurs regards sur la foule.

Aux années dont nous parlons, de temps en temps on entendait dire que telle ou telle de ces illustres familles qui remplissaient Rome de leur magnificence et de leur orgueil, venait tout à coup d'embrasser la pauvreté de Jésus-Christ, et que leurs trésors avaient servi à des églises, des fondations pieuses, des aumônes. Rome offrait un curieux spectacle dont Augustin fut assurément frappé, mais dont il n'a rien dit pour la postérité. Quand il visita l'ancienne maîtresse des nations, l'empereur Gratien, obéissant à l'instinct chrétien, venait de porter un grand coup à ce paganisme qui avait onze cents ans de durée. Il avait dépouillé de leurs revenus les prêtres et les vestales au profit de l'Église ou de l'empire, et aboli leurs priviléges. Les quatre cent vingt sanctuaires païens de Rome étaient presque tous déserts, et si les statues des dieux subsistaient encore, on pouvait les prendre pour des suppliants implorant de la pitié du monde un peu de vie et d'honneur.

Au milieu de l'agonie des dieux, le génie chrétien s'était fait sentir aux pauvres de la ville éternelle, par une œuvre qui avait honoré Valentinien, en 368[1]. Un habile médecin, établi dans chacun des quatorze quartiers de Rome, et entretenu aux dépens du trésor public, était chargé de secourir les indigents malades. Le décret impérial permettait aux médecins d'accepter des

---

[1] Lebeau, *Histoire du Bas-Empire*, livre XVII.

malades guéris un témoignage de reconnaissance, mais défendait d'exiger ce que la peur avait pu promettre avant la guérison. On donnait au concours les places de médecins qui venaient à vaquer, et le mérite seul décidait de l'élection.

Telle était Rome en 383.

Augustin, logé chez un auditeur des manichéens, tomba malade en arrivant. Alype, son ami et son disciple, l'avait suivi; son tendre dévouement contribua, sans doute, à la prompte guérison du fils de Monique. En attendant d'autres lumières, Augustin tenait encore à certains points du manichéisme; il fréquentait à Rome les Auditeurs, les Saints et les Élus de la secte. Dans l'état où l'avaient laissé ses mécomptes avec les manichéens, son désespoir le ramenait parfois à l'opinion des philosophes *académiciens*, qui refusaient à l'homme le pouvoir de s'élever à la connaissance d'aucune vérité. La principale cause des erreurs d'Augustin, c'est qu'il ne pouvait pas concevoir qu'il existât quelque chose hors des corps. Les manichéens attaquaient dans les saintes Écritures des passages dont la défense lui paraissait impossible; quelquefois il éprouvait le désir d'en conférer avec quelque chrétien versé dans l'étude des livres saints. A Carthage, Augustin entendit sur ce point un certain Helpidius, dont les discours n'avaient pas laissé de faire quelque impression sur son esprit. Pour échapper aux réponses d'Helpidius, les sectaires disaient que les livres du Nouveau Testament avaient subi des altérations; mais ils ne pouvaient pas produire un exemplaire de ces livres tels qu'ils devaient être avant cette prétendue falsification.

Les élèves de rhétorique ne manquèrent pas à Augustin. Les désordres des écoles de Carthage ne se montraient point dans les écoles de Rome[1]; toutefois la bassesse remplaçait ici la turbulence. Souvent il arrivait que les écoliers romains se concertassent entre eux pour priver leur maître de son salaire, et déserter en masse ses leçons. Augustin sentait un profond mépris pour ces façons d'agir; il passa vite du mépris au dégoût, et lorsqu'il sut que la ville de Milan avait demandé à Symmaque, préfet de Rome, un professeur de rhétorique, il sollicita et obtint cet emploi. Symmaque, pour s'assurer de la capacité d'Augustin, lui proposa le sujet d'un discours, que le candidat prononça devant lui. A la fois préfet de Rome, pontife et augure, il devait, peu de temps après, demander aux empereurs le rétablissement de la statue et de l'autel de la Victoire; le défenseur des vieilles

---

[1] Les traditions de Rome n'ont pas oublié le lieu où saint Augustin enseigna la rhétorique; la place présumée est marquée par l'église de Santa Maria della scuola græca.

divinités romaines ne se doutait pas que ce jeune professeur de rhétorique dont il savait à peine le nom, porterait le dernier coup aux dieux, clouerait dans le sépulcre l'ancien monde païen, et, par-dessus cette immense tombe, ferait resplendir la croix, symbole prophétique des plus belles destinées !

Augustin arriva à Milan avec son cher Alype à la fin de l'année 384. Il se présenta à l'évêque, dont la renommée remplissait le monde. Ambroise dispensait alors cette parole divine, « pur » froment qui nourrit et fortifie l'homme, par» fum qui l'embellit et lui donne la joie ; vin qui » l'enivre sans altérer sa raison[1]. » Saint Ambroise reçut Augustin avec une paternelle bonté; le professeur de rhétorique[2] aima tout d'abord le grand évêque. Il se montrait assidu à écouter ses discours au peuple, non point dans l'intention de profiter des enseignements chrétiens, mais pour juger l'éloquence du prélat. Le souvenir de Fauste lui revint à l'esprit comme point de comparaison avec saint Ambroise; le célèbre discoureur manichéen possédait plus que l'évêque de Milan la grâce du langage, mais entre les deux

---

[1] *Ps.* 103, v. 15, 16.
[2] Le lieu où l'on croit que saint Augustin enseigna la rhétorique à Milan se nomme *Cathedra S. Augustini.*

hommes nulle comparaison n'était possible pour la solidité du raisonnement, la profondeur des idées et l'étendue du savoir.

Saint Ambroise avait été choisi pour ouvrir à Augustin la voie qui mène à Dieu. Une sorte de curiosité littéraire, le seul désir d'entendre une éloquente parole, conduisait Augustin aux discours du grand évêque; peu à peu le charme de la forme faisait accepter le fond des choses, et la vérité pénétrait dans ce cœur qui n'espérait plus la découvrir. Le professeur de rhétorique de Milan rompit tout reste de pacte et de rapport avec le manichéisme, et se mit au rang des catéchumènes. C'est dans cette situation nouvelle que Monique trouva son cher Augustin, lorsque après l'avoir longtemps suivi de loin depuis son départ d'Afrique, elle le joignit enfin à Milan. De quel triste poids Monique sentit son âme délivrée! elle n'avait cessé de pleurer Augustin nuit et jour comme s'il eût été mort, mais cependant comme un mort que Dieu devait ressusciter, le portant dans le fond de sa pensée ainsi que dans un cercueil, jusqu'à ce qu'il plût à Dieu de rendre à la vie le fils de la veuve. Elle dit au catéchumène bien-aimé qu'elle espérait le voir fidèle enfant de l'Église, avant qu'elle sortît de ce monde. La pieuse mère écoutait avec ravissement les discours de saint Ambroise, et l'aimait en songeant que la situation meilleure de son fils était l'œuvre de sa parole. Il fallut toute l'affectueuse vénération qu'elle portait à saint Ambroise pour renoncer à la pieuse coutume d'apporter aux tombeaux des saints, du pain, du vin, des viandes apprêtées, offrandes destinées aux pauvres. Cette coutume avait été supprimée à Milan à cause de sa ressemblance avec les pratiques superstitieuses des païens.

Tandis qu'il se faisait dans l'âme d'Augustin un heureux travail de vérité, avec quelle joie il se serait entretenu avec l'homme dont la parole l'avait remué! Combien eussent été précieuses des réponses aux questions que le nouveau catéchumène s'adressait nuit et jour à lui-même! Mais le mouvement des affaires épiscopales rendait saint Ambroise inaccessible aux désirs secrets d'Augustin. Ne pouvant répandre ses inquiétudes dans le sein de l'évêque, il était réduit à l'entendre seulement le dimanche, lorsqu'il expliquait à son peuple la foi chrétienne. Augustin le trouvait souvent dans sa chambre (car elle était ouverte à tout le monde), occupé à de sérieuses lectures; les yeux de l'évêque parcouraient les pages du livre; sa langue était muette, sa bouche fermée : son cœur seul s'ouvrait pour comprendre et retenir. Augustin, en entrant dans la chambre de saint Ambroise, s'asseyait en silence; après l'avoir longtemps contemplé sans oser l'interrompre, il se retirait sans rien dire. Il n'est pas de scène plus curieuse, plus intéressante, plus touchante, que la vue du jeune Augustin, le futur docteur de l'Église, encore livré aux agitations du doute, entrant à pas discrets et la bouche close dans la chambre de saint Ambroise, attachant de respectueux regards sur le grand évêque, absorbé par une lecture grave, et bientôt après sortant en silence sans avoir osé troubler d'un mot le recueillement du pontife.

Les manichéens avaient souvent répété à Augustin que le Dieu des catholiques, créateur éternel, avait des formes humaines, puisqu'il avait fait l'homme à son image. Il apprit avec joie que l'Église, dans laquelle le nom de Jésus lui avait été révélé dès son enfance, ne prêchait rien de pareil. Il connut alors que la lettre tue et que l'esprit vivifie. Dans la crainte d'admettre de fausses croyances, le catéchumène africain hésitait à accepter la foi; cependant il inclinait à donner la préférence à l'Église catholique. Le principe chrétien qui ordonne d'abord de croire, lui paraissait conforme à beaucoup de choses humaines universellement acceptées.

Un jour, qu'il se préparait à prononcer un panégyrique de l'empereur, qui devait être pour lui une occasion de débiter beaucoup de mensonges ; l'esprit tourmenté d'une fièvre brûlante, il traversait avec quelques amis une rue de Milan ; il aperçut un pauvre mendiant qui, après avoir bu plus qu'il ne fallait, s'égayait et se divertissait de manière à paraître l'homme le plus heureux du monde. Augustin faisait observer à ses amis que le but de tant de pénibles travaux auxquels il se livrait, c'était d'arriver à une joie sans mélange comme celle de ce mendiant qui avait acheté une félicité passagère au prix de quelques petites pièces de monnaie obtenues de la charité publique. Augustin répétait à ses amis qu'il ne trouvait que trouble, fatigue, déception et misère dans son état ; il aimait surtout à verser son ennui dans les cœurs d'Alype et de Nébride ; ce dernier, originaire de Carthage, avait quitté son pays, ses biens et sa mère, pour aller à Milan vivre avec Augustin, et chercher avec lui la vérité et la sagesse.

Augustin et ses amis, au nombre de neuf, formèrent le projet d'une vie commune, afin de mieux s'adonner à la philosophie. Le riche Romanien était entré dans ce dessein ; mais plusieurs de ces jeunes gens étaient mariés, les autres désiraient prendre femme, et la difficulté de placer les femmes dans l'association philosophique fit évanouir ce plan.

En 385, au milieu de ses derniers efforts pour atteindre à la vérité, Augustin aimait encore la terre; son penchant pour le mariage et pour la gloire du monde lui restait au cœur; il voulait arriver à ces deux choses, et après cela il aurait vogué à pleines voiles et de toute l'étendue de ses forces vers le port assuré pour s'y tenir en repos[1]. Le mariage et l'étude de la sagesse ne lui semblaient pas incompatibles. Il songea donc à se marier; on éloigna la femme à laquelle il demeurait attaché depuis plusieurs années, et qui était un obstacle à l'union projetée avec une jeune fille non encore nubile. L'ancienne amie d'Augustin reprit le chemin de l'Afrique, laissant auprès de lui Adéodat, le fils né d'un commerce illégitime; elle se consacra à Dieu et fit vœu de passer dans la continence le reste de ses jours. Quant à Augustin, il avait encore deux ans à attendre pour que sa fiancée fût en âge de se marier; ce temps lui parut long; il forma avec une autre femme une liaison nouvelle : c'était le dernier triomphe de la terre dans ce cœur où Dieu allait bientôt établir définitivement son empire!

Son esprit avait accepté les principales vérités de la religion catholique; mais la question de l'origine du mal était un abîme où il se perdait

---

[1] Livre de la *Vie bienheureuse.*

toujours. Il ne tenait plus compte des deux principes des manichéens, et disait avec Nébride : Si Dieu est incorruptible et inviolable, c'est-à-dire s'il est Dieu, le *mauvais principe* ne peut rien contre lui, ne peut pas lui nuire ; et si le mauvais principe est impuissant à nuire à Dieu, il est absurde de supposer un combat, un duel éternel. — L'argument était sans réplique. Le manichéisme n'avait plus prise sur Augustin ; mais convaincre de fausseté le manichéisme, ce n'était pas encore trouver la vérité. Son intelligence souffrait d'horribles tourments dans l'enfantement du vrai ; les angoisses qu'il laissait entrevoir à ses plus intimes amis étaient à peine comme l'ombre des réalités désolantes qui le déchiraient. Son âme roulait en de sombres tempêtes.

Le cours de rhétorique lui prenait ses matinées ; il n'avait ni le temps de lire ce qu'il croyait devoir éclairer son entendement, ni argent pour acheter les livres, ni amis qui pussent les lui prêter. Enfin il lut Platon dans une traduction latine de Victorin, professeur de rhétorique à Rome, et, sur les ailes de ce beau génie, il s'élança vers les régions purement spirituelles qu'il avait tant de peine à comprendre, et dans ces hauteurs éternelles où se déploie la nature infinie de Dieu. Le spiritualisme lui était enseigné en même temps dans les sermons de saint Ambroise et dans les discours de Manlius Theodorus qui fut consul en 399. Les livres des platoniciens préparaient Augustin à la connaissance de l'Évangile.

Enfin, de degré en degré il arrive à la vérité, à ce qui est. Il reconnaît que tout ce que Dieu a fait est bon. Il n'y a rien dans l'univers qui soit mauvais de sa nature. Le faux n'existe pas. Le faux n'est autre chose que notre ignorance, ou plutôt le faux c'est la chose dont nous disons qu'elle est lorsqu'elle n'est pas. Le péché n'est pas une substance, mais la volonté déréglée d'une âme qui s'éloigne de Dieu. Toutes ces vérités saisirent fortement l'esprit d'Augustin. Il reconnut et aima les invisibles beautés du Créateur dans les beautés de ses ouvrages. Il apprit à connaître le Verbe (*logos*) de Platon, mais il ne connaissait pas encore le Verbe fait chair, le Verbe fait humble et pauvre, et attaché à une croix. Augustin ne comprenait pas Jésus-Christ, parce qu'il ne comprenait pas l'humilité. Les livres des platoniciens, quoiqu'ils fussent plus avancés que Platon lui-même, ne la lui avaient point apprise. Ils lui avaient enseigné où il fallait aller, mais non point par quelle voie[1]. La philosophie profane, dans ce qu'elle

[1] .... Discernerem atque distinguerem quid interesset inter præ-

eut de plus parfait, fut comme une hauteur sublime d'où l'on apercevait la lointaine patrie de la paix et de la lumière, mais d'où l'on ne découvrait pas un chemin pour y parvenir. C'est Jésus-Christ qui est la *voie*; Augustin l'ignorait encore. Il vit pour la première fois, dans les Épîtres de saint Paul, que la lumière divine nous aide à connaître la vérité, et que l'homme précipité dans la mort par une primitive déchéance ne peut en sortir que par le secours divin. Saint Paul semble emporter Augustin dans un nouveau voyage aux cieux pour lui montrer l'éternelle demeure du vrai.

L'effet produit sur Augustin par saint Paul fut autrement complet et décisif que la lecture de Platon. « Le plus savant des Pères de l'Église, » dit Fléchier[1], devait être la conquête du plus » savant d'entre les apôtres. »

L'âme d'Augustin était trop pleine; il fallait que la charité du prêtre chrétien en recueillît les débordements sacrés. Augustin s'ouvrit à Simplicien, le Père spirituel d'Ambroise, et plus tard son successeur dans le siége épiscopal de Milan. Le saint vieillard lui raconta la conver-

---

sumptionem et confessionem; inter videntes quo eundum sit nec videntes qua, et viam ducentem ad beatificam patriam, non tantum cernendam sed et habitandam. *Confess.*, livre VII, chap. xx.

[1] Panég. de saint Augustin.

sion du professeur Victorin; rien n'était plus propre à l'intéresser. Pontitien, personnage considérable, fort en crédit à la cour de l'empereur, et déjà chrétien, visitant un jour son compatriote Augustin, trouva sur sa table les Épîtres de saint Paul, et en fut joyeux. Pontitien raconta à Augustin et à ses amis la vie de saint Antoine qui leur était inconnue, et le trait de deux officiers de l'empereur qui, ayant lu par hasard les saintes merveilles du solitaire du mont Colzim, résolurent tout à coup de se donner exclusivement à Dieu. Ces deux officiers étaient jeunes et sur le point de se marier; leurs fiancées, touchées de leur exemple, consacrèrent à Dieu leur virginité. Ces récits frappèrent beaucoup Augustin. Un combat terrible s'engage dans son âme, entre sa volonté spirituelle et sa volonté charnelle, entre cette portion de lui-même qui s'élevait en haut, et cette autre portion de lui qui retombait constamment sur la terre.

L'abîme du cœur humain se montre à nous dans les étonnantes peintures qu'Augustin trace de lui-même à cet endroit de ses *Confessions*[1]. Le spectacle d'Augustin se débattant dans sa chaîne est une des plus belles et des plus profondes études qui aient été faites. Augustin dé-

---

[1] Livre VIII, chap. ix et suiv.

meure attaché aux bords de l'abîme de ses anciennes misères, et y reprend haleine; puis, peu à peu, il se rapproche du bien vers lequel il tend péniblement les bras. A mesure qu'il est près d'atteindre le but, il se sent comme saisi de terreur par la pensée qu'il faut mourir à l'ancienne vie pour renaître dans l'amour du bien. Cette pensée ne le faisait pas reculer, mais il demeurait en suspens. Les folles vanités, ses amies d'autrefois, le tirant, pour ainsi parler, par le vêtement de sa chair, semblaient lui dire : « Vous nous abandonnez donc? » Les furtives attaques des petites choses humaines parvenaient ainsi à ralentir la marche d'Augustin ; il traînait les derniers anneaux d'une chaîne qui allait se briser enfin !

Quelles saintes et solennelles heures que celles d'Augustin, passées dans le jardin de la maison qui était sa demeure à Milan, heures d'angoisses profondes où il n'avait pour témoin que son ami Alype! Celui-ci attendait en silence le dénoûment de ce grand drame du cœur d'un homme de génie. Le violent orage intérieur amena une pluie abondante de larmes. Pour pleurer en liberté, Augustin se leva et s'éloigna d'Alype; il alla se jeter à terre sous un figuier, et se mit à fondre en larmes et à pousser des gémissements religieux. Tout à coup d'une maison voisine sort comme la voix d'une jeune fille ou d'un jeune garçon, qui disait en chantant et répétait ces paroles : « *Prenez et lisez, prenez et lisez.* »

« Je changeai soudain de visage, dit Augus-
» tin[1], et je me mis à chercher attentivement
» en moi-même si, dans certains jeux, les en-
» fants n'avaient pas coutume de chanter quelque
» chose de semblable; il ne me souvenait pas
» de l'avoir jamais entendu. Arrêtant alors le
» cours de mes pleurs, je me levai, ne pouvant
» expliquer autrement ces paroles que comme
» un ordre divin d'ouvrir le livre des Écritures,
» et d'y lire le premier chapitre que je trouve-
» rais. J'avais entendu qu'Antoine étant entré
» dans une église au moment où on y lisait ces
» paroles de l'Évangile : *Allez, vendez tout ce que*
» *vous avez et donnez-le aux pauvres, et vous aurez*
» *un trésor dans le ciel, et après cela, venez et suivez-*
» *moi,* les reçut comme un avertissement parti-
» culier du ciel, et se convertit à lui. Je retour-
» nai donc précipitamment au lieu où Alype était
» demeuré assis. C'est là que j'avais laissé le livre
» de l'Apôtre, lorsque je m'étais éloigné de cette
» place. Je le pris, je l'ouvris, et je lus en si-
» lence le chapitre sur lequel mes regards se
» portèrent d'abord : *Ne vivez ni dans les excès du*
» *vin, ni dans ceux de la bonne chère, ni dans l'impu-*

---

[1] *Confess.*, livre VIII, chap. XII.

» reté et la débauche, ni dans un esprit de contention
» et de jalousie; mais revêtez-vous de Notre-Seigneur
» Jésus-Christ, et n'ayez pas l'amour de votre chair
» jusqu'à la livrer aux sensualités. Je n'en voulus
» pas lire davantage; il n'en était pas besoin;
» car à peine eus-je achevé ce passage, qu'il se
» répandit dans mon cœur comme une lumière
» qui lui rendit la paix, et qu'à l'instant même
» se dissipèrent les ténèbres de mes doutes. Puis
» ayant marqué cet endroit du livre du doigt ou
» de je ne sais quel autre signe, je le fermai, et
» avec un visage paisible, j'appris à Alype ce qui
» m'était arrivé. Je ne savais pas ce qui se passait
» en lui dans ce moment, et voici comment il me
» le découvrit. Il désira voir ce que je venais de
» lire, je le lui montrai; il porta ensuite son at-
» tention au delà de ce passage, et j'ignorais ce
» qui suivait. Or, on lisait ces paroles : *Recevez*
» *celui qui est faible dans la foi;* il se les appliqua
» et s'en ouvrit à moi. Il se trouva tellement for-
» tifié par ces avertissements, que, sans trouble
» ni hésitation, il s'associa à moi dans un tran-
» quille et pieux dessein si bien conforme à ses
» mœurs, depuis longtemps plus pures que les
» miennes. Nous allons trouver ma mère; nous
» lui apprenons l'événement, elle se réjouit;
» nous racontons comment il s'est passé, elle
» tressaille et triomphe, etc. »

La scène sous le figuier[1] achève merveilleusement la transformation orageuse de l'âme d'Augustin : l'imagination ne conçoit rien de plus frappant dans l'histoire des sentiments humains et des révolutions du cœur.

Augustin venait de rompre avec toutes les espérances du siècle, et sa mère qui recevait le prix de ses larmes et de ses oraisons, obtenait plus qu'elle n'avait souhaité. Le prophétique songe de Monique s'était accompli.

Le voilà donc en possession de la vérité, cet admirable jeune homme, qui l'avait si longtemps et si ardemment cherchée! Le voilà au port, ce hardi navigateur sans boussole, après avoir inutilement exploré tant de plages, doublé tant de caps, subi le choc de tant de vagues orageuses! Il a traversé la mer de l'erreur qui, tranquille un jour, sort bientôt de son repos pour laisser voir d'effrayants abîmes; ensuite la mer du doute, la plus féconde en horribles tempêtes; il entre

---

[1] De pieux auteurs se sont demandé pourquoi ce fut sous un figuier plutôt que sous tout autre arbre que Dieu se fit entendre à Augustin. Nous ne nous arrêterons pas à d'inutiles dissertations. Lancilot parle de litanies composées par saint Ambroise, où l'on disait avant la conversion du fils de Monique : *A logica Augustini, libera nos, Domine. Seigneur, délivrez-nous de la logique d'Augustin.* Nul contemporain, nul témoignage grave ne fait mention de ces litanies. Saint Ambroise, du reste, ne connut Augustin qu'au moment où celui-ci inclinait vers le christianisme.

enfin dans la mer de la vérité, dont les flots bleus et purs n'ont jamais connu ni agitation ni naufrage ; Dieu lui-même se peint dans la radieuse et calme immensité de cet océan du vrai, et toute intelligence qui aborde ce rivage est inondée de félicités inconnues à la terre.

CHAPITRE III.

Retraite d'Augustin à Cassiciacum[1], aux environs de Milan; peinture de sa vie avec sa famille et ses amis; les trois livres contre les académiciens.

(Du mois d'août 386 à la fin de décembre de la même année.)

La conversion d'Augustin[2] avait eu lieu au commencement du mois d'août; il était alors âgé de trente-deux ans moins deux mois. Le temps des vacances approchait. Augustin ne voulant plus *se mettre en vente, après avoir été racheté par Jésus-Christ*[3], résolut de renoncer à sa profession de rhéteur; il décida qu'il se séparerait de ses élèves à la prochaine clôture des écoles. D'ailleurs le travail excessif de ses leçons publiques durant l'été avait beaucoup affaibli sa poitrine; il ne respirait qu'avec une grande difficulté; il éprouvait des douleurs qui lui faisaient craindre une atteinte aux poumons. L'état

---

[1] In rure Cassiciaco.
[2] La conversion de saint Augustin et celle de saint Paul sont les deux seules conversions dont l'Église célèbre la mémoire.
[3] *Confess.* liv. IX, ch. II.

de sa santé devenait une excuse légitime pour abandonner le professorat à Milan. Verecundus, de Milan, ami d'Augustin, s'était affligé d'une détermination qui lui offrait en perspective une séparation cruelle; sa femme était chrétienne, mais lui-même ne l'était point encore, et, dans la situation nouvelle d'Augustin, il ne voyait que la douleur de perdre un tel ami. Cependant Verecundus désira mêler quelque douceur au dernier séjour d'Augustin en Lombardie; il avait une maison de campagne à Cassiciacum, aux environs de Milan; il la mit à la disposition d'Augustin et de ses amis, pour l'automne et tout le temps que le fils de Monique passerait encore dans le pays de Milan. Verecundus mourut chrétien quelque temps après; saint Augustin, dans ses *Confessions*, espère que Dieu, pour payer Verecundus du paisible asile offert avec une amitié si généreuse, l'aura fait jouir des joies et du printemps éternel de son paradis[1].

Lorsque les vacances, qui arrivaient au temps des vendanges, furent passées, Augustin fit savoir à la jeunesse de Milan qu'il ne lui était plus possible de continuer l'enseignement de la rhé-

---

[1] Fidelis promissor, reddes verecundo, pro rure illo ejus Cassiciaco, ubi ab æstu seculi requievimus in te; amœnitatem sempiterne virentis paradisi tui, etc. *Confess.*, liv. IX, ch. III.

torique, et commença dans la solitude de Cassiciacum une vie de paix et de contemplation. Il réalisait pour quelques mois le rêve d'une vie commune avec des amis de son choix, rêve philosophique et tendre qu'il avait fallu abandonner. Augustin avait pour compagnon de solitude sa mère, son fils Adéodat, son frère Navigius, ses parents Lastidien, Rustique et Severin, ses amis Alype, Licentius et Trigetius. Il ne se levait qu'au jour, selon la coutume d'Italie, faisait sa prière, et ensuite se promenait avec ses amis. La petite troupe, qui formait comme une jeune académie, allait fréquemment s'asseoir au pied d'un arbre, dans un pré voisin. Quand le temps ne permettait point la promenade ni la station accoutumée dans la prairie, Augustin et ses amis se réunissaient aux bains; ils y trouvaient une salle, et s'y livraient librement aux entretiens philosophiques. Ces entretiens, dont Augustin était l'âme et l'inspiration, se prolongeaient jusqu'à la nuit. La jeune académie quittait les bains pour aller souper. Midi était l'heure du dîner. La sobriété régnait dans les repas; on apaisait la faim sans diminuer la liberté de l'esprit. Augustin ne se couchait qu'après avoir prié Dieu; des réflexions, des méditations longues et profondes précédaient presque toujours son sommeil. Ses disciples, Licentius et Trigetius, avaient leur lit dans sa chambre ; il veillait sur eux avec une vive affection ; leur gaieté de vingt ans lui plaisait ; elle était pour lui une distraction et une joie. Il semble que Licentius, le fils de Romanien, ait été l'objet de la prédilection particulière d'Augustin ; il était alors catéchumène. « Augustin, dit saint Paulin, l'avait porté dans » son sein et l'avait nourri dès son enfance du » lait de la science des lettres. » Licentius aimait passionnément la poésie et faisait des vers. Augustin accordait chaque jour aux deux jeunes disciples la lecture de la moitié d'un chant de Virgile. Monique, qui était non-seulement une sainte mère, mais une femme d'un esprit pénétrant, se mêlait parfois aux réunions philosophiques de la prairie ou des bains. Il y avait quelque chose d'infiniment doux et tranquille, quelque chose de véritablement antique dans cette société de Cassiciacum. Tout s'écrivait dans les entretiens, chacun payait de son esprit, et apportait le produit instantané ou réfléchi de sa pensée. De jeunes et ardentes intelligences s'essayaient à déployer leurs ailes pour monter à Dieu, et Augustin les soutenait ou les dirigeait dans leur vol ; pour leur apprendre à fendre l'air, il s'élevait devant eux, comme l'aigle avec ses aiglons.

Avant d'aller plus loin, il nous faut tenir compte

d'un fait qui frappa très-vivement l'esprit d'Augustin. Dans le premier temps de son séjour à Cassiciacum, il fut saisi d'un mal de dents si violent, qu'il lui était impossible de parler. Augustin écrivit sur des tablettes une prière à ses amis, pour qu'ils voulussent bien demander au Seigneur de le délivrer de ses horribles souffrances. A peine eurent-ils mis le genou à terre, que les douleurs d'Augustin disparurent. Celui-ci fut épouvanté du prodige.

Des conférences de Cassiciacum naquirent des ouvrages qu'on lit encore avec beaucoup de fruit et de ravissement : les discours d'Augustin et d'Alype sont reproduits tels qu'ils sortirent de leur bouche ; quant aux paroles des autres interlocuteurs, Augustin s'est borné à la seule expression du sens. Nous devons nous arrêter en détail à ces livres, qui sont comme les mémoires philosophiques d'Augustin après sa conversion ; il est là, en scène avec ses amis, et nous le voyons, nous l'entendons, nous le comprenons dans tout le naturel de son génie. Cette époque de la vie de saint Augustin présente un très-grand charme, un inexprimable intérêt. Une appréciation des ouvrages composés à Cassiciacum nous fera, du reste, mieux pénétrer dans son âme ; nous révélera plus parfaitement sa situation morale un peu avant et après sa conversion, et, enfin, nous introduira au sein des régions philosophiques, où il a jeté tant de flots de lumière.

Nous tomberions dans une confusion extrême, si, en rendant compte de ces ouvrages, nous nous soumettions à l'ordre rigoureux de leur composition. Ce fut dans le court intervalle du premier au second livre contre les philosophes *académiciens* qu'Augustin composa le *Traité de la Vie bienheureuse;* Alype se trouvait en ce moment à Milan. Les deux livres de *l'Ordre* suivirent immédiatement le *Traité de la Vie bienheureuse.* Nous parlerons donc successivement de ces divers ouvrages.

Expliquons d'un mot la dénomination d'*académicien*. C'est ainsi qu'on appelait les philosophes, espèce de faux platoniciens, qui niaient la possibilité d'arriver à la vérité. Ces philosophes du désespoir avaient été combattus par Cicéron, et, quatre siècles après, Augustin entrait dans la voie chrétienne en démolissant un système si contraire à la nature de l'homme et si injurieux au Créateur.

Les *trois livres contre les académiciens* sont adressés à ce Romanien qui nous est déjà bien connu.

Dans le commencement du premier livre, nous trouvons ces pensées :

Peut-être ce qu'on appelle communément la

fortune n'est que le gouvernement de je ne sais quel ordre secret, et ce qui porte le nom de hasard.[1] dans les choses humaines, ce sont des événements dont on ne découvre ni la cause ni la raison, car il est certain qu'il n'arrive rien de bien ou de mal à chaque partie de l'univers, qui ne trouve son harmonie dans le tout.

L'esprit attaché aux choses mortelles ne pénétrera point dans le port de la sagesse, à moins que le vent du malheur ou quelque coup favorable de la fortune ne l'y pousse.

Augustin rappelle à Romanien que les piéges humains auraient eu le pouvoir de le retenir encore, sans la douleur de poitrine qui le contraignit de quitter son école d'éloquence à Milan; cette douleur fut le *coup de la fortune* qui le conduisit dans le sein de la vraie philosophie. « C'est *elle*, dit Augustin à son ami » de Tagaste, qui, dans le loisir où je me » trouve et que nous avons tant souhaité, me » nourrit et me réchauffe; c'est elle qui m'a tiré » de la superstition (le manichéisme) dans la» quelle je vous avais précipité avec moi. Elle » enseigne et avec raison que tout ce qui est vi-

---

[1] Cette pensée nous fait souvenir de ce mot d'un homme d'esprit : *Le hasard n'est que l'incognito de la Providence*. Saint Augustin, dans la *Revue de ses ouvrages* (livre I, n° 4), s'est reproché le mot de *fortune* comme une expression peu chrétienne.

» sible à des yeux mortels, que tout ce qui frappe
» les sens (extérieurs[1]) ne mérite pas le moindre
» culte, et n'est digne que du mépris; elle pro-
» met de montrer clairement le Dieu véritable et
» inconnu, et déjà, au travers de quelques nuées
» lumineuses, elle daigne nous le faire entre-
» voir. »

Augustin propose pour modèle à Romanien, son fils Licentius lui-même; à tout âge on peut sucer les mamelles de la philosophie, et puiser dans le fleuve profond de la sagesse qui coule toujours.

La discussion va mettre aux prises les uns avec les autres les disciples d'Augustin. Trigetius, dont nous avons prononcé à peine le nom, avait passé quelque temps dans les emplois militaires, comme pour y laisser les manières incultes et sauvages que donnent les premiers éléments de l'école. Il avait été ensuite rendu à ses amis, plus ardent que jamais dans le goût des sciences humaines. La lecture de l'*Hortensius* de Cicéron, qui frappa si vivement l'esprit d'Augustin à Carthage, avait préparé ses disciples à l'étude de la sagesse.

Augustin leur pose cette question: Sommes-nous obligés de connaître la vérité?

---

[1] Saint Augustin, dans la *Revue de ses ouvrages*, distingue, au sujet de ce passage, des *sens intérieurs*.

Tous répondent affirmativement.

Augustin ajoute : Si nous pouvions être heureux sans la vérité, serait-il nécessaire de la connaître?

Alype ne se mêlera point à la dispute; il sera un des juges. Trigentius, répondant à la seconde question d'Augustin, dit que si nous pouvons parvenir au bonheur sans la vérité, nous n'avons pas besoin de la chercher. Licentius pense que nous pouvons être heureux en cherchant la vérité. Navigius, frère d'Augustin, est de l'avis de Licentius; peut-être, ajoute-t-il, que vivre heureusement, c'est passer la vie à chercher la vérité.

Augustin définit la vie heureuse, « la vie conforme à ce qu'il y a de meilleur et de plus parfait dans l'homme; » or, il n'est rien de plus excellent dans l'homme que cette partie de l'âme à laquelle il est si juste que tout le reste obéisse; cette partie de l'âme, c'est la raison.

La question se réduit à deux opinions parmi les jeunes disciples d'Augustin : d'après les uns, la découverte de la vérité est une condition pour le bonheur; d'après les autres, il suffit de la chercher. — C'est là une importante question philosophique, leur dit le maître. — Si le sujet est important, répond Licentius, il demande donc des hommes importants pour le discuter.

— Quand les petits s'appliquent à de grandes choses, reprend Augustin, elles les font d'ordinaire devenir grands. —

Licentius, défenseur des académiciens, invoque à l'appui de sa cause cette parole de Cicéron : « Celui qui cherche la vérité est heureux, » quand même il ne parviendrait pas à la découvrir. » Nous trouvons dans la bouche du fils de Romanien cette belle pensée : La vertu dans l'homme est quelque chose de divin. Trigetius soutient l'opinion contraire aux académiciens ; pour être heureux, il faut être sage et parfait ; or, chercher ce n'est pas un état de perfection.

Augustin résume les diverses raisonnements des deux disciples en qui s'étaient personnifiées les deux opinions philosophiques, et conclut logiquement contre les académiciens. Puisque la félicité de la vie, d'après la définition d'Augustin, est une exacte conformité à la raison humaine, à ses instincts, à ses vœux, à ses besoins, il n'y aurait plus de bonheur possible si la raison affamée de vérité n'était pas faite pour s'en rassasier. Proclamer notre impuissance à découvrir la vérité, c'est proclamer l'inutilité des facultés qui nous séparent de la bête, c'est anéantir la plus haute, la meilleure partie de nous-mêmes. Toutefois, on ne parvient à la vérité qu'après de longs efforts et de pénibles investigations, et cette recherche n'est pas sans charme pour l'intelligence. Le vrai souffre une sorte de violence de la part de l'homme qui le poursuit. La sagesse, dit Augustin, est un astre qui ne vient pas éclairer notre âme aussi facilement que la lumière du soleil éclaire nos yeux.

Dans le deuxième chapitre du second livre contre les académiciens, Augustin repasse les bienfaits dont Romanien l'a comblé, et raconte les mouvements de son âme qui ont précédé et accompagné sa conversion. Les *Confessions* ne furent écrites que quatorze ans après. Ce morceau est le premier récit qu'Augustin ait fait de sa transformation religieuse; il y règne une émotion produite par la vivacité de récents souvenirs. Dans le récit net et détaillé de la conversion d'Augustin que renferment les *Confessions*, nous reconnaissons un homme qui s'était paisiblement rendu compte de la révolution morale par laquelle Dieu l'avait fait passer; le morceau du deuxième livre contre les académiciens est l'épanchement rapide, ardent et familier, du cœur d'Augustin dans le cœur d'un ami. Nous le traduisons en entier.

« Pauvre enfant que j'étais, dit Augustin à Romanien, lorsqu'il me fallut continuer mes études, vous me reçûtes dans votre maison, et, ce qui vaut mieux, dans votre cœur. Privé de mon père, votre amitié me consola, vos discours me ranimèrent, votre fortune vint à mon aide. Dans notre ville même, votre affection et vos bienfaits avaient fait de moi un personnage presque aussi considérable que vous. Lorsque, sans avoir confié mon dessein ni à vous ni à aucun des miens, je voulus regagner Carthage pour trouver un plus illustre professorat, l'amour de notre patrie commune (Tagaste) où j'enseignais, vous fit hésiter à m'approuver ; cependant, dès que vous comprîtes qu'il n'était plus possible de vaincre le violent désir d'un jeune homme marchant vers ce qui lui paraissait meilleur, votre merveilleuse bienveillance changea l'avertissement en appui. Vous fournîtes à mon voyage tout ce qui était nécessaire; vous qui aviez protégé le berceau et comme le nid de mes études, vous soutîntes l'audace de mon premier vol. Quand je me mis en mer en votre absence et sans vous prévenir, vous ne vous offensâtes point d'un silence qui n'était point dans mes habitudes à votre égard, et vous demeurâtes inébranlable dans votre amitié; vous songeâtes moins aux disciples abandonnés par leur maître qu'à la secrète pureté de mes intentions.

» Enfin, toutes les joies du repos où je suis,

mon affranchissement heureux des désirs superflus, des choses périssables, la liberté de mon souffle et de ma vie et mon retour à moi-même, le plaisir de chercher la vérité, le bonheur de la trouver; tout est le fruit de vos soins, tout est votre œuvre. La foi, mieux que la raison, m'a appris de qui vous étiez le ministre. Après vous avoir exposé les sentiments intérieurs de mon âme, et vous avoir répété que je regardais comme le sort le plus doux, le loisir de se livrer à l'étude de la sagesse, et comme la plus heureuse vie, celle qui s'écoulait dans la philosophie; après vous avoir fait entendre que mon existence dépendait de mon emploi de professeur, que des nécessités et des craintes vaines me retenaient, le désir d'une vie semblable à celle que je souhaitais enflamma votre cœur; vous disiez que si vous veniez à briser les liens de ces procès importuns, vous vous hâteriez de briser mes propres chaînes en me faisant participer à vos biens.

» Vous partîtes avec le feu qui brûlait déjà dans mon cœur; nous ne cessâmes point de soupirer après la philosophie et de penser au genre de vie qui nous plaisait tant : il y avait pourtant plus de constance que de vivacité dans nos désirs. Nous imaginions faire assez. Comme la flamme qui devait nous dévorer n'était pas encore allumée, nous trouvions excessives les faibles atteintes que nous sentions. Mais voilà que certains livres vinrent répandre sur nous les bons parfums d'Arabie, comme dit Celsinus; aux premières gouttes de ces parfums précieux, à ces premières étincelles, il est incroyable, Romanien (la réalité est ici bien au-dessus de toutes vos obligeantes pensées), il est incroyable, dis-je, à quel incendie je fus livré tout à coup! Honneur, grandeur humaine, désir de la renommée, nul intérêt de la vie, plus rien ne me touchait; c'est en moi que je revenais sans cesse, en moi que mes courses recommençaient toujours. Je regardais en chemin, je l'avoue, cette religion qui nous fut plantée et profondément imprimée au cœur dès notre enfance: c'est elle-même qui, à mon insu, m'entraînait à elle; chancelant et tristement incertain, je saisis donc le livre de l'apôtre Paul : ces hommes-là, me disais-je, n'auraient pas accompli d'aussi grandes choses, et n'auraient pas vécu comme ils ont vécu, si leurs écrits et leurs sentiments avaient été contraires à ce grand bien. Je lus Paul tout entier, très-attentivement et avec une grande application.

» Alors, à la faveur d'un faible rayon de lumière, la philosophie se découvrit à moi, sous une forme telle que j'aurais voulu la montrer non-seulement à vous, qui avez ardemment désiré voir cette inconnue, mais à votre ennemi même, à cet ennemi dont les poursuites sont peut-être pour vous d'utiles épreuves, plutôt que des empêchements. Certainement, il aurait aussitôt dédaigné, quitté les charmants jardins, les délicats et brillants banquets, les histrions domestiques, tout ce qui, jusque-là, l'avait séduit, et, pieux et doux amant, il aurait volé tout ravi vers cette beauté, etc. »

Une semaine après les entretiens renfermés dans le premier livre, la dispute recommença. Le ciel était serein et promettait un beau jour; on se leva de meilleure heure, la matinée fut employée à lire, pour le compte d'Alype, la séance philosophique qui avait eu lieu en son absence, et puis la jeune troupe retourna au logis.

Licentius, chargé de la défense des académiciens, prie Augustin de lui expliquer, avant le dîner, tout le système de ces philosophes, afin que rien d'important dans sa cause ne lui échappe. Le maître lui répond en riant, qu'il est d'autant plus disposé à satisfaire son désir que Licentius en dînera un peu moins. « Ne vous fiez pas à
» cela, répond le fils de Romanien, car j'ai re-
» marqué plusieurs personnes, et particulière-
» ment mon père, qui ne mangeaient jamais

» mieux que quand leur esprit était rempli de
» soins et d'affaires; et, de plus, n'avez-vous
» pas déjà fait l'expérience que, lorsque j'ai la
» tête bien pleine de poésie, mon application ne
» met pas votre table en sûreté ? »

Les académiciens, d'après l'exposition d'Augustin, croyaient que l'homme était impuissant à connaître les choses qui ont rapport à la sagesse; que l'homme, cependant, pouvait être sage; que tout son devoir consistait à chercher la vérité, d'où il fallait conclure que le sage ne devait donner créance à rien. Zénon, fondateur des stoïciens, avait établi que rien n'est plus heureux que de s'en tenir à des opinions incertaines. Les philosophes décidèrent alors que, puisqu'on ne pouvait rien connaître, et que le doute serait une honte, le sage ne devait jamais rien croire. Le soin de retenir et de suspendre son adhésion paraissait une assez grande occupation pour le sage.

Après dîner, Augustin reviendra sur ces questions.

La douceur et la magnifique sérénité de la journée invitaient à se rendre à la prairie; la place accoutumée réunit les jeunes amis; les entretiens prirent une tournure plus forte et plus haute.

---

1 Livre II, chap. IV, *Contre les académiciens.*

avec Augustin et Alype, l'un chargé de combattre les académiciens, l'autre de les défendre.

Alype compare la vérité à Protée, qu'on veut saisir et qui échappe sans cesse; il pense aussi que la vérité ne peut être montrée à l'homme que par une certaine divinité.

Alype prie Augustin de ne plus procéder par interrogation, mais de parler en un discours suivi. Augustin y consent; sa poitrine ne suffisait point à la fatigue de l'école de rhétorique; mais il ne s'agit en ce moment que de se faire entendre de quelques amis; sa santé n'en souffrira pas. La plume du secrétaire conduit et règle d'ailleurs la discussion; elle oblige de ne pas parler avec trop d'impétuosité et de chaleur, et vient ainsi au secours de la poitrine d'Augustin.

Zénon avait dit : « On ne doit accepter que ce qui ne peut avoir aucun signe commun avec la fausseté. » Là-dessus, Arcésilas soutint qu'on était incapable de rien connaître; la proposition de Zénon devint sa règle. Mais, de deux choses l'une, ou la proposition de Zénon est vraie, et alors il existe quelque chose de vrai; ou elle est fausse, et pourquoi alors la nouvelle académie s'appuie-t-elle sur une opinion fausse? De plus, si la proposition de Zénon est fausse, on peut donc connaître des choses vraies, quoiqu'elles aient des signes communs avec la fausseté,

Augustin met en présence les opinions philosophiques de Zénon, de Chrysipe et d'Épicure, passe en revue les subtilités par lesquelles l'esprit humain peut s'abuser, et démontre de cent façons qu'il est en notre pouvoir de concevoir quelque chose et de nous élever à la connaissance de la sagesse. Il montre quelles absurdités, quels périls et quels crimes naîtraient d'une doctrine tendant à ravir à l'homme le sentiment de toute réalité. Arrivé à Platon, Augustin lui donne des louanges qu'il trouva plus tard exagérées[1], car le disciple de Socrate s'est trompé sur des points très-importants. Le fils de Monique indique les deux mondes de Platon, le monde intelligible où la vérité fait sa demeure, le monde visible aux yeux, accessible aux sens; le premier est le monde véritable, le second le monde vraisemblable, tracé sur l'image du premier. Des hauteurs radieuses du premier, descend la lumière qui éclaire l'âme humaine; du second naissent les opinions qui troublent l'esprit des insensés. Ce qu'il y a de bon dans les actions humaines, n'est qu'une imitation des vertus du monde supérieur. Voilà les enseignements que les successeurs de Platon s'étaient fait une loi de croire et même de cacher, comme

---

[1] *Revue des ouvrages*, livre I, n° 4.

des mystères importants. Arcésilas, voyant l'école du maître livrée aux doctrines de Zénon, cacha le sentiment véritable des académiciens, et l'ensevelit comme un trésor que la postérité trouverait un jour. Il aima mieux soustraire la science à des gens dont il souffrait avec peine les mauvaises doctrines, que d'instruire des hommes indociles. De là, les extravagances attribuées à la nouvelle académie, dont Arcésilas fut le chef. La troisième académie, qui eut pour chef Carnéades, appelait du nom de *vraisemblable* toute œuvre d'ici-bas. C'était une suite de la doctrine de Platon. On considérait les choses humaines comme une imitation des choses véritables ; mais Carnéades gardait tout ce qui avait trait au monde invisible ou ne le révélait qu'à de rares amis assez élevés pour le comprendre. Cicéron, et plus tard Plotin, firent revivre Platon dans toute sa vérité. La raison humaine ne suffisait pas pour nous délivrer de toutes nos ténèbres. Dieu abaissa l'autorité de sa divine intelligence dans un corps humain, et, par ses préceptes et ses exemples, excita les âmes et leur donna le pouvoir de regarder la céleste patrie [1].

---

[1] Cujus non solum præceptis, sed etiam factis excitatæ animæ redire in semetipsas, et respicere patriam, etiam sine disputationum concertatione potuissent. *Contra acad.*, lib. III.

En terminant son discours, Augustin disait :
« De quelque manière que se possède la sagesse,
» je vois bien que je n'y suis pas parvenu. Ce-
» pendant, n'étant encore qu'à ma trente-troi-
» sième année, je ne dois pas désespérer de l'ac-
» quérir un jour; aussi suis-je résolu de m'ap-
» pliquer à la chercher par un mépris général
» de tout ce que les hommes regardent ici-bas
» comme des biens. J'avoue que les raisons des
» académiciens m'effrayaient beaucoup dans cette
» entreprise; mais je me suis, ce me semble,
» assez armé contre elles dans les discours que
» nous venons d'agiter. Tout le monde sait qu'il
» y a deux motifs qui portent à croire et à con-
» naître quelque chose : l'autorité et la raison.
» Pour moi, je suis persuadé qu'on ne doit, par
» aucun détour, s'écarter en rien de l'autorité de
» Jésus-Christ, et que nulle autorité n'est plus
» puissante. Quant à ce qu'il faut examiner par
» la subtilité de la raison (car, du caractère dont
» je suis, je désire avec impatience ne pas croire
» seulement la vérité, mais l'apercevoir par l'in-
» telligence[1]), j'espère pouvoir trouver chez les
» platoniciens ce qui ne sera point opposé à nos
» saints mystères[2]. »

[1] Ita enim jam sum affectus, ut quid sit verum, non credendo solum sed etiam intelligendo apprehendere impatienter desiderem.
[2] Livre III, chap. xx, *Contre les acad.*

Il était nuit ; la fin du discours d'Augustin avait même été recueillie à la lueur d'un flambeau. Les jeunes amis attendaient ce qu'Alype allait répondre ; mais Alype déclara tout son bonheur d'avoir été vaincu de la sorte ; il vanta avec toute l'effusion de l'enthousiasme et de l'amitié, le charme du langage, la justesse des pensées, l'étendue de la science. « Je ne saurais, disait-il, admirer assez dignement comment Augustin a traité en souriant des questions aussi épineuses, avec quelle force il a triomphé du désespoir, avec quelle modération il a exposé ses convictions, avec quelle clarté il a résolu d'aussi obscurs problèmes. O mes amis ! vous attendez ma réponse, mais ne soyez prêts qu'à écouter le maître. Nous avons un chef pour nous conduire dans les secrets de la vérité, sous l'inspiration de Dieu lui-même. »

Nous dirons, nous aussi, qui avons entendu le maître comme si nous avions été assis dans la prairie, à côté d'Alype ou de Licentius, que ce discours d'Augustin, à peine indiqué par notre courte analyse, nous a ravi. Nous y avons senti une vivacité qui laisse voir la sainte chaleur de l'âme, une éloquence douce et forte, et déjà cette dialectique puissante qui l'aidera plus tard à triompher des ennemis de la foi. Augustin descend tour à tour à la portée des jeunes gens qui l'écoutent, plonge dans les profondeurs philosophiques et s'élève aux plus hautes cimes de la pensée. Il est là comme un homme tenant en main la clef du sanctuaire de la vérité, qu'il ouvre, qu'il ferme ou qu'il entr'ouvre à son gré. Le génie d'Augustin semble se jouer avec ces sujets si difficiles, parce qu'il les a creusés dans tous les sens. Le futur docteur de l'Église se révèle dans cet entretien au pied de l'arbre du pré de Cassiciacum.

CHAPITRE IV.

Les deux livres de *l'Ordre*.

Nous allons continuer à vivre avec les hôtes de Cassiciacum en nous associant à leurs études philosophiques.

Augustin, au début des deux livres de *l'Ordre*, regarde comme une chose bien difficile de discerner et de faire apercevoir l'ordre immuable dans le gouvernement de l'univers. Quand même, dit-il, un homme étendrait jusque-là son intelligence, il lui serait impossible de rencontrer un disciple qui, par l'innocence de ses mœurs et la pureté de ses lumières, méritât d'entendre des vérités si divines et si profondes.

Le maître poursuit ainsi, avec des comparaisons ingénieuses :

Un homme qui aurait la vue si courte que, sur un parquet de marqueterie, il ne pourrait l'étendre au delà des petites bornes d'un seul carreau, blâmerait, sans doute, l'ignorance de l'ouvrier dans la disposition et l'arrangement de son ouvrage, parce qu'il n'apercevrait que de la confusion dans la variété de ces petits compartiments, et qu'il ne pourrait parcourir d'un seul regard les divers ornements assortis ensemble, qui composent un tout d'une admirable beauté. C'est précisément ce qui arrive aux mortels, dont les lumières sont bornées ; la faiblesse de leur intelligence les empêche de remarquer et de comprendre l'arrangement et l'harmonie de tant d'objets et de tant d'événements différents. Si quelqu'un de ces objets ou de ces événements vient à leur déplaire, ils s'imaginent aussitôt qu'il y a beaucoup de difformité dans l'univers. L'homme ne tombe dans ces erreurs que parce qu'il ne se connaît pas assez lui-même.

Une âme trop répandue dans la multiplicité des objets ne peut rien comprendre à l'univers, dont la beauté est l'*unité* d'où il emprunte son nom. L'avide curiosité de cette âme la conduit à la pauvreté sans qu'elle y pense; plus on a de désirs, plus on est pauvre et misérable. Comme dans un cercle, si grand qu'il puisse être, dit Augustin, toutes les lignes aboutissent à un seul point que les géomètres appellent le centre, et comme, bien que la circonférence puisse être divisée en une infinité de parties, il n'y a néanmoins que ce point avec lequel on mesure également toutes les lignes, et qui, par un certain droit que lui donne l'égalité où il les soutient, les domine au point de faire tout perdre à qui voudrait quitter le centre et l'unité; de même l'âme, frappée par un nombre infini d'objets, se voit réduite à une véritable indigence, parce que, de sa nature, elle se trouve contrainte à chercher partout cette unité que la multiplicité lui cache.

Voici maintenant comment naquirent les deux livres de l'*Ordre*.

Augustin, dans sa retraite de Cassiciacum, avait l'habitude, ainsi que nous l'avons dit plus haut, de donner régulièrement à la réflexion philosophique la première moitié ou la seconde moitié de la nuit; il ne souffrait pas que ses jeunes disciples vinssent l'arracher aux méditations silencieuses dans son lit. Augustin était donc éveillé, lorsque tout à coup l'eau qui coulait derrière les bains se fit entendre et le rendit plus attentif; le bruit de l'eau qui se précipitait parmi les cailloux était tantôt doux, tantôt éclatant, et l'inégalité de ce murmure le surprenait; il s'en demanda la cause à lui-même, et rien ne s'offrit alors à son esprit. A ce moment, Licentius frappa son lit d'un bâton pour faire peur à des souris qui l'importunaient; Augustin apprit de la sorte que le fils de Romanien ne dormait pas. « A ce
» qu'il paraît, dit Augustin à Licentius, vous veil-
» lez à la lueur du flambeau que votre muse a pris
» soin de vous allumer. Remarquez-vous le cours
» inégal de ce ruisseau? — Cela ne m'est pas nou-
» veau, répondit Licentius; parfois, en me ré-

» veillant, le désir du beau temps m'y a fait prê-
» ter l'oreille, prenant d'abord ce bruit pour celui
» de la pluie, et ce ruisseau murmurait comme
» à présent. »

Trigétius, qui couchait dans la même chambre que Licentius, veillait aussi; il parla comme son jeune ami. Aucune lampe, aucun flambeau ne le tirait de l'obscurité. Augustin nous fait observer que ce manque de flambeau la nuit était une nécessité en Italie, même pour les gens les plus riches; il ne nous dit pas pourquoi. Voyant donc à cette heure de la nuit toute la jeune académie éveillée (Alype et Navigius étaient allés à Milan), Augustin crut que le bruit du ruisseau l'avertissait de ne pas le laisser couler sans rien dire sur ce sujet. « D'où pensez-vous, dit-il à ses disciples, que provienne l'inégalité des murmures de cette eau? vous ne pouvez pas croire qu'à l'heure qu'il est on trouble son cours, soit en passant, soit en lavant quelque chose. — Qu'en penserions-nous, répond Licentius, sinon que les feuilles épaisses de l'automne, tombées sur un point du ruisseau, sont quelquefois pressées avec violence? Après l'écoulement de l'eau qui voulait passer, elles se rassemblent et s'amassent encore; ou bien, par la diversité de la chute de ces feuilles qui surnagent, il arrive quelque autre chose qui peut retenir ou précipiter le cours de l'eau. » Cela parut vraisemblable à Augustin; il avoua à Licentius, dont il loua l'esprit, qu'il avait rêvé là-dessus sans rien découvrir. Après un moment de silence : « Vous aviez raison, dit-il à Licentius, de ne pas vous étonner et de vous tenir secrètement attaché à votre muse.

— Sans doute, reprit Romanien, j'avais raison de n'être pas étonné, mais je n'en ai pas moins de l'être maintenant, après le sujet que vous m'en donnez. — Quel est-il donc ? — Je m'étonne que vous ayez pu vous étonner de si peu de chose. — Mais d'où pensez-vous donc que la surprise prenne naissance? quelle est l'origine de ce *défaut*[1], sinon une chose extraordinaire, une chose qui arrive contre l'ordre évident des causes? — Contre l'ordre évident, j'en demeure d'accord, car, pour ce qui est d'une chose absolument contre l'ordre, je ne crois pas qu'elle puisse arriver. »

« Je me sentis en cet instant, dit Augustin, animé d'une plus vive espérance que je n'ai coutume de l'être quand je leur fais quelques questions; et je prenais plaisir à voir que l'esprit de ce jeune homme eût soudainement compris une chose si sublime dont à peine il avait commencé la veille à s'entretenir et à s'occuper, et sans que jusque-

---

[1] Saint Augustin a rétracté ce mot comme manquant de justesse : la surprise n'est pas un défaut.

là nous eussions encore rien proposé sur ce point.

« Fort bien, fort bien! dit Augustin à Licentius; ce que vous dites est solidement pensé; mais vous devenez bien hardi; croyez-moi, cette matière est beaucoup plus élevée que le sommet du Parnasse où vous vous efforcez d'atteindre et que vous regardez comme le ciel. Je voudrais de tout mon cœur que vous fussiez bien affermi dans l'opinion que vous avez exprimée tout à l'heure, car je vous avertis que j'essayerai de vous ébranler. — Je vous en conjure, laissez-moi maintenant, j'ai l'esprit appliqué à toute autre chose. »

Augustin, craignant que trop d'amour pour la poésie ne détournât Licentius de la philosophie, lui reprocha d'un ton sévère de poursuivre des vers de toutes mesures qui élevaient entre lui et la vérité un mur plus cruel que celui qui séparait les amants fabuleux dont il était en train de chanter les aventures : du moins y avait-il une fente imperceptible qui servait de passage à leurs soupirs. (La verve de Licentius s'exerçait en ce moment sur les aventures de Pyrame et de Tysbé.) Licentius se tut quelques instants, puis il dit à Augustin qu'il se trouvait aussi malheureux que la souris dont parle Térence[1] ; le poëte fait dire à la souris : *Aujourd'hui, je suis perdue.* — Moi, peut-

---

[1] *Eunuch.*, act. 5, scène 6.

être, ajoute Licentius, je serai aujourd'hui retrouvé. Si vous ne méprisez pas les présages que tirent des souris les gens superstitieux, celle qui vous a appris que je veillais et que j'ai avertie, par mon bruit, de retourner dans son trou et de s'y tenir en repos, ne semble-t-elle pas me déclarer à moi-même que le bruit de vos paroles m'avertit de ne plus m'égarer dans les routes du Parnasse et de rentrer dans l'asile de la philosophie? Cette philosophie est, comme vous nous le montrez chaque jour, et comme j'ai commencé de le croire, notre véritable patrie, notre demeure inébranlable. C'est pourquoi, si cela ne vous importune point et si vous croyez devoir le faire, proposez-moi tout ce que vous voudrez. Je défendrai l'ordre universel des choses le mieux que je pourrai, et je vous soutiendrai hardiment que rien ne peut arriver contre l'ordre. J'ai mis ce sentiment si avant dans mon esprit, il y a fait une impression si profonde, que, quand on me vaincrait dans cette dispute, je n'attribuerais nullement ma défaite à ma témérité, mais à l'ordre même dont je soutiens les intérêts, et ce ne sera pas sur cette vérité invincible, mais sur Licentius seulement qu'on aura la victoire. —

Augustin interroge Trigetius, qui incline beaucoup pour l'ordre, mais dont l'opinion rencontre des incertitudes.

Pourquoi Licentius reconnaît-il l'ordre et non pas le désordre dans le bruit irrégulier du ruisseau qui a été l'occasion de l'entretien? C'est ce qu'Augustin lui demande d'abord. Licentius répond que les feuilles des arbres n'ont pas dû ni pu tomber autrement dans le courant d'eau : la situation des arbres, la disposition des branches, le poids plus ou moins grand des feuilles, leur plus ou moins de légèreté dans l'air, leur lenteur à tomber, leurs chutes inégales par l'inégalité de l'état du ciel, de la pesanteur des feuilles, de leur figure, et par un nombre infini d'autres raisons secrètes, dont la découverte ne nous regarde point, toutes ces causes sont dans l'ordre, et chaque chose a la raison de son accomplissement. Augustin demande à Licentius pourquoi la nature a produit tant d'arbres qui ne portent pas de fruits. Pendant que celui-ci cherchait une réponse, « Est-ce seulement à cause des fruits, dit Trige-
» tius, qu'il y a sur la terre des arbres pour les
» hommes? A combien d'autres usages les arbres
» leur servent-ils? Quelle utilité les hommes ne
» retirent-ils pas de leur bois, de leurs branches,
» de leurs feuilles, de leur ombrage? » Augustin veut que Licentius lui apprenne quelque chose sur cette vérité sublime dont il s'est cru tout d'abord pénétré. — Quelle étrange chose, s'écrie le fils de Romanien, de voir Licentius instruire Au-

gustin, lui donner des leçons sur les plus profonds mystères de la philosophie! — Je vous en prie, répond Augustin, ne vous mettez pas si bas et ne m'élevez pas si haut; car parmi les philosophes je ne suis encore qu'un enfant, et quand j'interroge la sagesse, il ne m'importe pas beaucoup par quelle voix doive me répondre celui qui tous les jours entend mes plaintes et mes gémissements. En vérité, je crois que vous en deviendrez un jour le prophète, et ce jour n'est peut-être pas bien loin. — Licentius s'était excusé de suivre Augustin avec plus de lenteur et de faiblesse que les feuilles ne suivent les vents qui les détachent et les font tomber dans le ruisseau des bains. L'unique mouvement de ces feuilles est celui de l'eau qui les entraîne. Reprenant cette comparaison, Augustin disait à Licentius : Ne voyez-vous pas que les feuilles, emportées par le vent, et qui nagent sur les eaux, résistent un peu au courant, et avertissent les hommes de l'ordre immuable de l'univers, si toutefois la cause que vous soutenez est véritable? —

A ces mots, sautant de joie sur son lit :— Grand Dieu, s'écria Licentius, qui pourra nier que vous gouverniez tout avec ordre, que tous les événements aient leurs rapports et leurs liaisons, et qu'ils se suivent et se succèdent infailliblement par un enchaînement nécessaire! Que de choses se sont faites pour nous amener à parler sur ce sujet, et que de choses s'accomplissent pour que nous vous trouvions! Si nous nous sommes éveillés, continue-t-il en s'adressant à Augustin, si vous avez remarqué le bruit des eaux, si vous en avez recherché la cause en elle-même, si vous n'avez pas trouvé la raison d'une chose si simple et si commune, tout cela n'appartient-il pas à l'ordre des événements? Ce petit animal n'a même paru que pour vous faire avertir que j'étais réveillé; enfin, à votre insu peut-être et sans votre participation (car nul ne choisit ce qui lui vient tout à coup à l'esprit), vos paroles s'emparent tellement de ma raison, qu'elles m'apprennent, je ne sais comment, ce que je dois voir répandre. —

Licentius montre avec une prompte et rare pénétration que rien ne saurait être contraire à l'ordre, parce que rien ne peut exister en dehors de l'ordre. Il donne à cette idée un développement qui remplit de joie Augustin. Puis tout à coup Licentius, possédé par des flots d'idées qui bouillonnaient confusément dans son intelligence: « Oh! s'écrie-t-il, oh! si je pouvais dire ce que je veux! Vives expressions, où êtes-vous? Venez, venez à mon secours! Les biens et les maux sont dans l'ordre ; croyez-le si vous voulez, car je ne sais pas comment l'expliquer. »

Dans une dispute avec Trigetius, le fils de Romanien conclut de la justice de Dieu une rémunération ; or, la rémunération suppose une distinction entre les biens et les maux, et c'est ainsi que les biens et les maux se placent dans l'ordre éternel. Le maître ne parlait pas ; Licentius s'en plaint ; Augustin lui promet de répondre au lever du jour. « Mais, dit celui-ci, il me semble que le jour commence déjà ; est-ce la lune qui éclaire ainsi nos fenêtres ? Il faut, mon cher Licentius, travailler à ne pas laisser ensevelir dans l'oubli ces richesses nouvelles. » Augustin promet de nouveau de traiter et de faire traiter la grande question entamée pendant la nuit ; il doit faire part de ces entretiens à Zenobius, un ami de Romanien et le sien, qui depuis longtemps sollicite des notions sur ce sujet, et qui, récemment encore, en redemandait dans un poëme adressé à Augustin.

L'amour de la poésie abandonne Licentius ; une lumière bien différente et bien plus pure l'éclaire. Les charmes de Tysbé et de Pyrame, de Vénus et de son fils, s'effacent à ses yeux devant la beauté de la philosophie. Oh ! quelle curieuse et intéressante nuit ! Enfin, l'aube brille

aux fenêtres de la chambre d'Augustin; les jeunes gens quittent leur lit et sortent. Augustin, le cœur tout plein, tout ému de ce qui s'est passé, répand des larmes et des prières; il entend Licentius chanter d'une voix joyeuse ce verset du Psalmiste : « Dieu des vertus, conver-
» tissez-nous, montrez-nous votre face, et nous
» serons sauvés. » Rentré dans la chambre, Licentius s'approche du lit d'Augustin et lui demande ce qu'il pense de lui; Augustin lui prend la main avec tendresse. Le fils de Romanien lui avoue qu'il ne sent plus que du dégoût pour les vers, et qu'une mystérieuse force l'entraîne vers quelque chose de grand.

« Dieu des vertus, montrez-nous votre face, avait chanté Licentius avec le Psalmiste. — Qu'est-ce que la face du Seigneur, disait Augustin, sinon cette vérité même où tendent tous nos soupirs ! »

Pour que Licentius se défende de toute exagération dans sa résolution nouvelle, le maître lui parle de l'utilité des lettres et des arts; il lui fait entendre que l'amour sobre et réglé de la poésie n'est pas un mal.

Augustin se lève. Après la prière du matin, on s'achemine vers les bains. Les jeunes amis assistent au combat de deux coqs, dont Augustin décrit les détails variés avec beaucoup de vivacité et d'élégance. Arrivé au lieu des conférences, on se met à écrire sur des tablettes les paroles de la nuit. On ne fit rien de plus ce jour-là ; Augustin était souffrant.

Le lendemain on retourne au lieu accoutumé. Augustin demande à Licentius une définition de l'ordre ; le fils de Romanien n'aimait pas à définir ; il frissonna comme un homme qu'on inonderait tout à coup d'eau froide. La dispute s'était engagée entre Licentius et Trigetius ; dans la chaleur de la discussion, les deux jeunes gens s'étaient laissé aller à quelques paroles qui trahissaient un peu d'amour-propre et de vanité. Augustin est admirable lorsqu'il réprime ce désir d'une vaine gloire : « C'est donc ainsi que vous en usez ? leur dit-il avec l'accent d'une douleur profonde. Quoi ! n'êtes-vous pas touchés de ce poids immense de vices qui nous accable, et de ces ténèbres de l'ignorance qui nous enveloppent ! Est-ce là ce soin pour la vérité, cette élévation vers Dieu, dont j'avais la faiblesse de me réjouir ! Oh ! si vous pouviez voir, quoique avec des yeux faibles comme les miens, de quels périls nous sommes environnés, et quel est l'horreur du mal que cette joie donne à connaître ! (Cette joie avait été celle de Trigetius, en entendant Augustin réprimander Licentius.) Oh ! si vous pouviez apercevoir l'extravagance de

cette joie, avec quelle promptitude vous la changeriez en torrents de pleurs ! Vous êtes assez misérables pour ignorer où nous sommes ! La condition commune des ignorants et des insensés, c'est d'être plongés dans un abîme d'erreurs ; mais la sagesse n'a pas une même manière de leur tendre la main et de leur offrir son secours ; il y en a, croyez-moi, il y en a qu'elle élève au-dessus des eaux, d'autres qu'elle laisse couler à fond. Je vous en conjure, ne m'enfantez pas de nouvelles misères ; c'est bien assez pour moi de mes propres plaies ; presque tous les jours je répands des larmes devant Dieu, afin de le prier de guérir mes plaies, et j'ai soin de me convaincre souvent moi-même que je ne mérite pas qu'il les guérisse aussitôt. Ne m'affligez plus de la sorte, je vous en prie. Si quelque amitié, quelque reconnaissance m'est due, si vous comprenez combien je vous estime et je vous aime, et combien je suis occupé du soin de former vos mœurs, si je suis digne que vous me comptiez pour quelque chose, enfin si Dieu m'est témoin que je ne me souhaite pas plus de bien qu'à vous, faites quelque chose pour moi ; et si vous prenez plaisir à m'appeler votre maître, soyez bons : c'est toute la récompense que je désire. »
Les larmes qui coulaient abondamment des yeux d'Augustin mirent fin à ses paroles. Licentius

demande qu'Augustin leur pardonne, que toutes ces choses soient effacées des tablettes; Trigetius veut que leur punition demeure entière.

Monique entra en ce moment dans le lieu de la conférence; elle savait le sujet des entretiens. — Où en êtes-vous? leur dit-elle. Son entrée et sa question sont écrites sur les tablettes. — Mais dans quels livres avez-vous vu, leur dit alors Monique, que des femmes puissent être admises à de telles discussions? — Augustin répond qu'il s'inquiète peu du jugement de ceux qui lisent les livres avec aussi peu de réflexion qu'on salue un homme. — S'il arrive, par hasard, dit Augustin à sa mère, que mes livres tombent entre les mains de quelques personnes et qu'après y avoir lu mon nom et demandé qui est celui-là, elles ne les rejettent pas bien vite; si, ne méprisant point la simplicité du vestibule, elles pénètrent plus avant, poussées par le désir d'apprendre ou par la curiosité, peut-être ces personnes ne s'offenseront pas de me voir philosopher avec vous et ne dédaigneront aucun de ceux dont les sentiments se trouvent consignés dans mes écrits.— Augustin ajoute que les amis qui confèrent avec lui sont libres et d'une illustre patrie, ce qui suffit et au delà pour avoir le droit de cultiver les lettres et surtout la philosophie. Des artisans de la condition la plus vile se sont mêlés de philosophie ; riches des lumières de leur esprit et de leurs vertus, ils n'auraient pas échangé leurs trésors intérieurs contre toute l'opulence et toutes les grandeurs de la terre.

« Quand il ne serait pas vrai, poursuit Augustin en s'adressant à sa mère, que chez les anciens les femmes se soient occupées de philosophie, la manière dont vous entrez dans nos questions me plaît beaucoup. Afin de ne vous laisser rien ignorer là-dessus, vous saurez, ma mère, que ce qu'on appelle, en grec, philosophie, s'appelle, en latin, Amour de la Sagesse. C'est pourquoi les divines Écritures, que vous aimez si ardemment, ne commandent pas de fuir et de dédaigner absolument toutes sortes de philosophes, mais seulement les philosophes de ce monde. Or, il est un autre monde bien éloigné des sens, et qui n'est aperçu que par l'intelligence de peu d'âmes pures. Jésus-Christ l'a fait assez comprendre; car il n'a pas dit : Mon royaume n'est pas du monde, mais *mon royaume n'est pas de ce monde.* Croire qu'il faut renoncer à toute sorte de philosophie, ce serait prétendre nous empêcher d'aimer la sagesse. Je m'abstiendrais de faire écrire vos sentiments dans ces mémoires, si vos plus chères délices n'étaient pas la vérité.

Lors même que vous ne l'aimeriez que faiblement, je ne pourrais refuser de vous entendre; mais je sais que vous l'aimez encore plus que vous ne m'aimez moi-même, et je sais combien vous m'aimez! Vous avez fait dans la science divine de si merveilleux progrès, que vous n'êtes effrayée ni par la crainte d'aucun événement fâcheux, ni par l'horreur de la mort, ce qui annonce, de l'aveu de tous les hommes, qu'on a pénétré jusqu'au centre de la philosophie : pourrais-je, après cela, hésiter à devenir moi-même votre disciple? »

Monique répond à son fils, avec un sourire modeste, que de sa bouche viennent de sortir plus de mensonges qu'il n'en a jamais proféré.

Cette scène, ce discours d'Augustin à sa mère au milieu de la jeune académie, et la réponse de Monique, ont un charme que notre lecteur ne peut manquer de sentir comme nous.

Augustin avait la poitrine fatiguée; les tablettes étaient remplies; on s'arrêta là. Comme on s'en allait des bains : « Voyez, dit Licentius à Augustin, voyez que de vérités essentielles nous apprenons de vous, sans que vous vous en doutiez vous-même, et qui nous sont découvertes par l'ordre impénétrable et divin dont nous parlons. — Je le vois, répondit Augustin; et je n'en suis pas ingrat envers Dieu. J'espère que vous qui le reconnaissez si bien, vous en deviendrez plus parfait. » Le maître s'abstint de toute parole le reste de la journée.

CHAPITRE V.

Suite des livres de l'Ordre. — Le livre de la Vie bienheureuse. — Les deux livres de Soliloques. — Le livre de l'Imortalité de l'âme. — Correspondance.

(386)

Alype et Navigius sont de retour à Cassiciacum. Un matin, le soleil se lève dans toute sa magnificence; la beauté du ciel est accompagnée d'un air aussi doux que puisse l'offrir l'hiver en Italie. Augustin et ses amis descendent à la prairie; Monique est avec eux. Les voilà tous assis au pied de l'arbre qui a tant de fois entendu les paroles de ces jeunes et pieux chercheurs des vérités immortelles.

On examine la question de savoir ce que c'est que d'être avec Dieu. Augustin avait dit : Celui-là est avec Dieu, qui le connaît. Licentius avait soutenu que ce qui est avec Dieu est dans un repos inaltérable. L'esprit qui comprend Dieu ne perdra pas son repos parce qu'il est lié à un corps mobile et vagabond; il est avec le corps comme un homme avec un navire en mer;

l'homme peut rester immobile dans un vaisseau lancé à travers les vagues. Nous assistons ensuite à un entretien grave, élevé, bien nourri, sur les contrastes et les désordres apparents qui n'empêchent pas la soumission des choses terrestres et humaines, à un ordre invariable et providentiel. C'est Augustin qui fait à peu près tous les frais de cet entretien. Un jeune serviteur annonce que le dîner est prêt; il est venu en courant; sa course se présente comme une définition du mouvement, dont on s'occupait en ce moment-là.

Après le dîner, des nuages couvrent le ciel; au lieu de retourner à la prairie, on va aux bains pour converser avec plus de sûreté.

La discussion est reprise. On essaye de pénétrer dans les profondeurs de la question de l'existence du mal. Augustin renverse avec quelques arguments les bases du manichéisme. La question du bien et du mal, mêlée à la question de l'ordre, paraissait surpasser l'intelligence de ses interlocuteurs; Augustin se met à leur expliquer des vérités morales. Il trace des règles de conduite pour les jeunes gens qui veulent étudier la sagesse, et marque l'ordre à suivre. Il expose brièvement, mais admirablement, les devoirs de l'homme. Comme l'âme s'égare, dit Augustin, en se répandant sur les choses périssables, ainsi elle se retrouve en se joignant à la raison. Ce que l'homme a de raisonnable le sépare de la bête, ce qu'il a de mortel le sépare de Dieu. Si l'âme ne s'attache pas à la raison, elle tombera dans la condition de la brute; si elle ne se détache pas de la mortalité, elle ne sera jamais divine.

Les oreilles et les yeux sont les courriers de l'esprit pour les besoins du corps.

- Augustin passe en revue les choses où éclate la raison humaine. Dans les œuvres d'art, la raison c'est la proportion des parties. Le maître, en quelques pages rapides, énumère et caractérise les sciences et les lettres inventées par la raison. S'adressant ensuite à sa mère : « Ces vérités, lui dit-il, dont la connaissance est nécessaire pour parvenir au bien que nous cherchons, ne doivent pas vous effrayer, ô ma mère! elles ne doivent pas vous paraître comme une immense forêt de choses impénétrables; il suffit d'en choisir quelques-unes, et le nombre en est très-petit, quoique la vertu en soit très-efficace. Sans doute il est difficile à plusieurs d'y atteindre; mais ce n'est pas à vous dont le génie m'est tous les jours nouveau, et en qui l'expérience me fait découvrir une admirable modération, un esprit entièrement éloigné de toute occupation frivole, et que son dégagement des faiblesses humaines a placé si haut! Ces connaissances vous seront aussi faciles qu'elles le seront peu à ceux qui vivent sous le poids de leurs misères. Si je disais que vous parviendrez à exprimer vos sentiments et vos pensées dans un langage irréprochable, j'avoue que je mentirais, puisque moi-même, qui me suis vu obligé de m'instruire du langage, je suis chaque jour encore repris sur plusieurs mots par les gens d'Italie; je les reprends à mon tour pour la prononciation. L'étude donne au langage une fermeté et une assurance que la nature ne donne pas. Peut-être quelque savant fort attentif trouverait dans mon discours ce que nous appelons des solécismes : j'ai rencontré des gens assez habiles pour me persuader que Cicéron en avait fait quelquefois. Quant aux barbarismes, ils sont si fréquents aujourd'hui, que même le discours prononcé pour la conservation de Rome a été trouvé barbare[1]. Mais vous, ma mère, dédaignez ces délicatesses puériles. Vous connaissez suffisamment le génie et la force presque divine de la grammaire; les vrais docteurs de l'éloquence s'apercevront bien que si vous en avez abandonné le corps, vous en avez retenu

---

[1] Barbarismorum autem genus nostris temporibus tale compertum est, ut et ipsa ejus oratio barbara videatur, qua Roma servata est.

l'esprit. Je dirai la même chose des autres sciences. Si vous n'en tenez aucun compte, je vous avertirai, autant qu'un fils ose le faire, et autant que vous me le permettrez, qu'il vous suffira de conserver avec courage et prudence la foi qui vous a été donnée pour trouver les saints mystères; il vous suffira de persévérer constamment et avec instance dans le genre de vie que vous menez. Voici d'autres obscurités et d'autres profondeurs divines [1]. » Ici viennent quelques questions sur l'origine du mal.

Ce fragment a des couleurs qui nous aident à saisir la physionomie de nos personnages et leur époque; voilà pourquoi nous l'avons reproduit.

En continuant à parcourir les pages de cet entretien, nous y reconnaissons en quelque sorte l'idée fondamentale du cartésianisme, qui se retrouvera plus tard avec des développements dans les *Soliloques* et dans le grand ouvrage sur la Trinité. « Pour moi, dit Augustin, par mon mouvement intérieur et caché, je puis démêler et réunir les choses qu'il faut apprendre, et cette force, c'est ma raison [2]. » Il exprime ensuite la tendance de chaque chose vers l'unité. Pour

---

[1] *Ordre*, liv. II, ch. XVII.
[2] Ego quodam meo motu interiore et occulto, ea quæ discenda sunt possum discernere et connectere, et hæc vis mea ratio vocatur.

qu'une pierre soit une pierre, il a fallu que toutes ses diverses parties aient été solidement réunies en un seul et même corps. Un arbre ne serait point un arbre s'il n'était pas un. Otez à un animal ses membres, ses entrailles, quelque chose de son unité, ce n'est plus un animal. A quoi aspirent des amis, si ce n'est à leur réunion; et plus ils sont ensemble, plus ils s'aiment. Un peuple ne forme qu'une cité, et toute division lui est un péril. Qu'est-ce que c'est que d'être en dissentiment, sinon de ne pas sentir avec unité? L'unité de l'armée se compose de beaucoup de soldats, et plus l'armée garde son unité, plus elle est invincible. Le penchant de tout amour n'est-il pas de ne faire qu'un avec l'objet aimé? La douleur elle-même n'est la douleur que parce qu'elle semble vouloir briser ce qui était un auparavant.

Augustin a une belle manière de conclure l'immortalité de l'âme. Il parle de la raison qui demeure toujours la même, qui n'était pas plus vraie hier qu'elle ne l'est aujourd'hui, qui ne sera pas plus vraie demain ni dans un an; et qui subsisterait encore quand même l'univers viendrait à s'écrouler. A côté de cette raison toujours la même, voyez le monde, qui n'a pas eu hier et n'aura pas demain ce qu'il a aujourd'hui; il n'a pas eu aujourd'hui le soleil à la même place, durant le seul espace d'une heure. De même que tout y passe, il n'est pas le plus petit intervalle de temps où le monde offre quelque chose de la même manière. « Si donc, » s'écrie Augustin, la raison est immortelle (et » moi qui discerne et lie toutes ces choses, c'est » moi qui suis la raison), je conclus que ce qui » en moi est appelé mortel n'est pas moi. Or, » si l'âme n'est pas la raison, et que cependant, » usant de ma raison, je puisse devenir meil- » leur, l'âme est donc immortelle. Lorsqu'elle » se sera rendue suffisamment belle, elle osera » se présenter devant Dieu, la source d'où le » vrai découle, le père de la vérité. Grand Dieu! » qu'ils seront sains, beaux, puissants et ravis, » les yeux qui vous contempleront! Qu'est-ce » donc qu'ils verront? Quoi, je vous prie? Qu'en » croyons-nous? Qu'en pensons-nous? Qu'en » disons-nous? Nous en parlons chaque jour, et » chaque jour nos paroles se mêlent aux choses » les plus grossières. Je ne dirai rien de plus, » sinon qu'il nous sera permis de jouir de la » vue de la beauté, de cette beauté en compa- » raison de laquelle toutes les autres ne sont que » souillures. » Augustin ne veut pas qu'avec l'espoir d'une félicité pareille, l'homme juste puisse être touché des peines, des périls, des disgrâces ou des faveurs de la fortune. Dans ce monde matériel, il faut bien considérer ce qu'est le temps, ce qu'est le lieu, afin de bien comprendre la valeur de la possession entière et éternelle, la valeur de ce qui charme par détail et d'une manière fugitive. Dans le monde à venir, qui est fait pour l'intelligence, toute partie de ce qui est bon et heureux est aussi belle et aussi parfaite que le tout. Amour passionné du vrai, aspiration ardente vers la possession de la vérité et de la beauté éternelles, nécessité de bien vivre pour s'élever un jour à cette hauteur divine, tels sont les sentiments qui dominent Augustin, le jeune Platon de la petite académie de Cassiciacum, et dont la vive expression fait battre le cœur des disciples suspendus à sa bouche. Augustin termine son discours [1] par un hommage à sa mère; elle obtiendra pour lui et pour ses amis l'accomplissement de leurs souhaits religieux. C'est par les prières de sa mère qu'Augustin est arrivé à ne rien préférer à la découverte de la vérité, à ne désirer, à ne méditer, à n'aimer que la vérité.

Le jour avait fui, et l'éloquent Augustin parlait encore; on avait apporté la lampe [2], afin que les tablettes ne laissassent rien perdre de ce qui

---

[1] Livre II, chap. xx.
[2] Lumen nocturnum.

s'échappait de son génie. On entendit, ce jour-là, dans les bains de Cassiciacum de plus belles et de plus grandes choses qu'on n'en entendit jamais à Sunium, sous le portique du temple de Minerve. Alype se fit l'interprète du petit auditoire tout ému; il dit à Augustin qu'il continuait pour eux tous, et à toute heure, l'office sublime des grands hommes des temps antiques; il le remercia de leur avoir ouvert les trésors de la philosophie *vénérable et presque divine* de Pythagore. Alype n'imaginait rien de plus glorieux que ce rapprochement; mais le génie du fils de Monique, illuminé par les splendeurs du christianisme, avait laissé bien loin derrière lui le philosophe de Samos. Augustin accepte les louanges d'Alype, non point parce qu'il croit les mériter, mais parce que la sincérité les a inspirées; il ne redoute pas pour son ami la censure de ceux qui liront ces éloges. Qui refuserait de pardonner l'erreur des jugements d'un ami [1] ?

Voilà la fin des deux livres de *l'Ordre*, si pleins d'idées et de sentiments sublimes, si dignes d'être lus et relus par tout homme qui, en traversant la terre, ne fait pas comme la bête, dont l'œil ne se lève pas vers les cieux; et c'est le bruit d'un

---

[1] *Quis enim amantis errori in judicando non benevolentissime ignoscat?*

courant d'eau, ce sont des feuilles tombées de l'arbre, une souris vagabonde, importune à un jeune homme couché dans son lit, qui ont déterminé des entretiens auxquels nous prêtons encore pieusement l'oreille après plus de quatorze siècles !

Le 13 novembre (386), jour de l'anniversaire de sa naissance, Augustin avait réuni à dîner tous ses amis, excepté Alype, qui se trouvait à Milan. Après le repas, il leur avait adressé des questions sur la béatitude ; il continua deux jours ces questions après le dîner. Ainsi fut produit le livre de *la Vie bienheureuse*. Il s'agissait de montrer que la vie bienheureuse consiste dans la parfaite connaissance de Dieu. Augustin établit pour l'âme connaissant Dieu, la béatitude de cette vie ; Tillemont [1] n'est pas de cet avis. Mais quoi de plus propre à faire aimer la religion que de proclamer heureuse dès ce monde l'âme pure et exclusivement attachée aux biens éternels ! Sans doute, même pour les saints, le ciel ne sera jamais sur la terre, puisqu'ici-bas le cœur le plus pur ne voit Dieu qu'à travers un voile ; mais le pèlerin du monde, s'il garde un constant amour pour la patrie absente, s'il tend sans cesse les bras vers la resplendissante rive dont il est séparé, jouit à l'avance de la félicité promise : un

---

[1] *Vie de saint Augustin, Mémoires ecclés.*, tom. XIII.

parfum des célestes parvis, une suave brise du printemps éternel suffit pour changer en joies les tristes labeurs du voyage.

Dans le livre de *la Vie bienheureuse*, adressé à ce Manlius Théodorus qui l'avait aidé à concevoir le spiritualisme, Augustin repasse quelques traits de son cœur un peu avant sa conversion, et suit les hommes au milieu de leurs efforts pour parvenir à la sagesse, à la vérité. Il nous montre tous les hommes comme sur une mer d'où il faut qu'ils arrivent au port de la philosophie pour se sauver. Les uns s'avancent vers ce port sans beaucoup de peine, les autres lui tournent le dos avec un vent qu'ils croient favorable, et puis ils y sont poussés malgré eux par des tempêtes qui renversent leurs desseins. Il en est d'autres qui, dès leur jeunesse ou même après de rudes coups, n'ont point perdu de vue quelques signes conducteurs; se souvenant de leur patrie au milieu des flots, ils vont à elle, soit directement et sans s'arrêter, soit en perdant parfois leur route, parce que des nuages ou la hauteur des vagues leur cachent les étoiles qui les guident. Souvent encore ceux-ci se laissent surprendre par des charmes funestes, qui les empêchent de mettre à profit des vents propices. Ces différentes sortes de voyageurs sur la mer du monde sont plus d'une fois jetés par le malheur, comme par un souffle orageux, dans le port de la vie heureuse et tranquille. Augustin leur signale une haute et dangereuse montagne qui, placée à l'entrée du port, en rétrécit le passage. Cette montagne est belle et des torrents de clartés l'inondent; elle attire avec ses brillants attraits ceux qui arrivent, et leur fait espérer les joies qu'ils se promettent dans le port; elle tente même ceux qui déjà y sont entrés, et ceux-ci se laissent aller au plaisir de voir, des hautes cimes du mont, les autres au-dessous d'eux. Cette montagne, qui domine les approches de la Vérité, c'est la montagne de l'orgueil, de la vaine gloire. Après avoir enflé ceux qui l'habitent, cette terre, creuse et fragile, fond sous eux, les engloutit, et les voilà perdus au milieu d'immenses ténèbres.

La peinture d'Augustin, dont nous venons de présenter une analyse, est l'histoire éternelle des intelligences; mais sa vérité frappante semble recevoir une application particulière dans l'âge où nous sommes. Si vous pouviez suivre de près la navigation des âmes humaines vers Dieu, vous verriez qu'il y a moins de naufrages sur la mer difficile où elles voguent, qu'il n'y a de ruines sur la montagne de l'orgueil. La perfide et grande enchanteresse dont parle Augustin a dévoré de beaux génies.

Après avoir beaucoup conversé avec ses amis, Augustin voulut converser avec lui-même ; il fit les deux livres de *Soliloques* [1] ; c'est le dernier et le plus bel ouvrage qu'il ait composé à Cassiciacum. « Je les écrivis (les *Soliloques*), dit-il dans la Revue de ses livres [2], selon mon goût et mon amour, pour trouver la vérité sur les choses que je souhaitais le plus de connaître, m'interrogeant moi-même et me répondant, comme si nous eussions été deux, la Raison et moi, quoique je fusse seul : de là le nom de *Soliloques* donné à cet ouvrage. » Le travail est resté imparfait ; dans le deuxième livre, la question de l'immortalité de l'âme ne s'y trouve pas traitée aussi à fond que l'auteur se l'était proposé. Dans cet ouvrage, comme dans le livre de la *Vie bienheureuse*, Augustin avait dit que l'âme était heureuse dès cette vie par la connaissance de Dieu ; il nous fait observer, dans sa Revue, que l'âme ne peut être heureuse ici-bas que par l'espérance ; il aurait pu ajouter à l'espérance le charme divin attaché à l'accomplissement du bien, et c'est dans ce double sens que nous avons

---

[1] Notre honorable compatriote M. de Montmeyan, membre de l'Académie d'Aix, un des hommes les plus doctes de ce temps, a publié une traduction des *Soliloques* et du livre *de l'Immortalité de l'âme*, accompagnée de notes d'un grand intérêt philosophique.

[2] Livre I, chap. IV.

proclamé précédemment la félicité des cœurs purs.

Les véritables *Soliloques* de saint Augustin, qui sont des dialogues entre lui et sa raison, sont moins connus que les *Soliloques* divisés en trente-sept chapitres, faussement attribués à ce grand homme. D'après l'observation de Tillemont, ce dernier ouvrage n'a pu être composé qu'au commencement du treizième siècle, puisque le chapitre XXXII renferme un passage du concile de Latran, tenu en 1215. Il est tiré à la fois des *Confessions* et de Hugues de Saint-Victor, moine du douzième siècle, qui, entre autres livres, écrivit une excellente explication de la *Règle* de saint Augustin.

Les *Soliloques* sont un monument immortel du génie philosophique d'Augustin; cet écrit, qui renferme peu de pages, suffirait pour lui assurer une place parmi les plus grands métaphysiciens. Nous en donnerons une analyse.

La prière placée en tête de l'ouvrage est d'une grande et touchante beauté; elle a évidemment inspiré la prière de Fénélon à la fin du *Traité de l'existence de Dieu*. L'oraison du fils de Monique est comme une magnifique définition de Dieu et de sa providence; on y sent un cœur rempli, obsédé par l'idée de Dieu et profondément frappé du besoin de son assistance. Augustin lui dit :

« Accordez-moi d'abord de vous bien prier, en-
» suite faites que je sois digne d'être exaucé, et
» enfin accordez-moi d'être délivré. » La doctrine de la grâce catholique, que saint Augustin devait plus tard développer et défendre avec tant de puissance, est renfermée dans ces deux lignes écrites par le jeune Africain avant même son baptême! Toute la prière, d'ailleurs, est pleine de cet esprit. Augustin dit à Dieu : « Vous à qui le mal ne peut nuire, *Cui nec malitia nocet.* » Il y a dans ces quatre mots un argument invincible contre les manichéens.

Entrons dans la profondeur des *Soliloques*. Augustin et la Raison conversent pour arriver à la vérité et à la connaissance de Dieu. Le fils de Monique va nous apparaître comme l'inventeur du doute méthodique auquel Descartes a attaché son nom.

Augustin affirme qu'il connaît ce que c'est qu'une ligne, ce que c'est qu'une sphère; il s'est servi des sens dans cette recherche comme d'un navire, et les a quittés aussitôt qu'il est arrivé au lieu qu'il voulait atteindre : placé comme au milieu de la mer, il a roulé dans son esprit les idées dont la recherche l'occupait. Augustin juge impossible de concevoir par les sens les vérités de la géométrie. Il ne saurait dire comment il voudrait connaître Dieu, parce qu'il n'a jamais rien connu dans ce genre. Il établit une grande différence entre les vérités infaillibles des mathématiques et la grandeur intelligible de Dieu. L'intelligence est l'œil de l'âme, et les vérités certaines des sciences sont comme les objets qui, pour être vus, ont besoin d'être éclairés par le soleil. L'œil de l'âme, c'est l'esprit guéri de l'amour des choses terrestres. Il faut la foi, l'espérance et la charité pour guérir une âme et la rendre capable de voir, c'est-à-dire de concevoir Dieu ; on sent ici l'inspiration chrétienne qui complète les idées de Platon. L'âme, une fois guérie, doit regarder. Le regard de l'âme, c'est la raison. Le regard juste et vrai est appelé une vertu. Être purifiée, regarder et voir, voilà donc les trois choses qui mènent l'âme à la connaissance de Dieu. Augustin trouve dans le soleil qui éclaire le monde une parfaite image du soleil éternel des âmes, de ce Dieu caché qu'il veut comprendre : le soleil existe, il est visible, toute chose est éclairée de sa lumière ; de même Dieu existe, il est intelligible, et c'est par sa lumière que nous pouvons tout apercevoir dans le monde intellectuel et moral. Les chapitres xi, xii et xiii de ce premier livre nous peignent la situation d'Augustin, qui aimait la sagesse plus que la vie et qui n'aimait pour elle seule que la sagesse ; il ne désirait ou ne craignait de perdre les biens humains que dans leurs rapports avec les biens invisibles. Il y a dans cette doctrine toute une morale bien haute et bien belle. Augustin ne veut pas que la glu de ce monde nous arrête, tant que nous existons dans ce corps mortel. La lumière éternelle ne se montre qu'aux prisonniers terrestres qui, une fois leur cachot brisé, seraient capables de s'envoler dans les régions supérieures.

Dans le chapitre xv, l'argument en faveur de l'immortalité de l'âme, tiré de l'immortalité de la vérité, n'est pas complet; la vérité n'a pas attendu l'homme pour commencer et n'a pas besoin de l'immortalité de l'homme pour être elle-même immortelle; l'intelligence de Dieu lui suffit. La puissance de participer à la vérité souveraine est une belle présomption, mais non pas une certitude pour notre immortalité.

Dans le chapitre 1er du deuxième livre, on trouve ces admirables paroles tant de fois répétées depuis quatorze siècles : « Mon Dieu, faites que je vous » connaisse et que je me connaisse! *Noverim te,* » *noverim me.* » Le *Traité de la connaissance de Dieu et de soi-même,* de Bossuet, est une immortelle traduction de ces quatre mots d'Augustin. Nous devons reproduire ici le dialogue. « La » Raison : Mais toi qui veux te connaître, sais-tu » si tu existes? — Augustin : Je le sais. — La » R. D'où le sais-tu? — Aug. Je l'ignore. — La

R. As-tu conscience de toi comme d'un être simple ou comparé ? — Aug. Je l'ignore. — La R. » Sais-tu si tu es mis en mouvement ? — Aug. Je » l'ignore. — La R. Sais-tu si tu penses ? — » Aug. Je le sais. — La R. Il est donc vrai que » tu penses ? — Aug. Cela est vrai. » Voilà le cartésianisme tout entier ; voilà l'évidence intime considérée comme la base de la certitude. Sans vouloir dépouiller Descartes de sa gloire, nous aimons à constater, pour l'honneur de la vérité et la grandeur du sujet qui nous occupe, que saint Augustin est le père de l'école philosophique du dix-septième siècle, école tout à fait française et catholique, détrônée par Locke et Condillac, éloquemment attaquée, il y a vingt ans, au nom même des intérêts de la foi chrétienne, mais destinée, nous l'espérons, à ressaisir l'empire au milieu de nous. Elle compte pour disciples Bossuet et Fénélon, les plus grands hommes de l'Oratoire et de Port-Royal, si on excepte Pascal, et cette école est bien fortement empreinte du génie chrétien. Nous aurons plus tard de nouvelles occasions de montrer les cartésiens comme les descendants de saint Augustin, et nous rencontrerons des traces fréquentes de cette filiation philosophique.

Poursuivons l'analyse du deuxième livre des *Soliloques*.

— Pleurerais-tu, dit la Raison à Augustin, si dans une vie immortelle tu ne pouvais rien savoir de plus que tu ne sais maintenant? — Je pleurerais alors, répond Augustin, pour obtenir de ne plus exister. — C'est une belle chose que ce refus de l'immortalité au prix de l'ignorance!

Dans le troisième chapitre, Augustin distingue parfaitement la conscience humaine des témoignages des sens; les sens et le moi ne forment point une même chose; la certitude réside dans l'évidence intime et non pas dans les sens qui peuvent être des occasions d'erreurs. Le *moi* résiste à l'erreur des sens et la rectifie.

Dans le chapitre quatrième, on est d'abord un peu surpris qu'Augustin s'abstienne de prononcer sur la question de savoir si Dieu se sert des sens pour connaître quelque chose; mais cette surprise cesse lorsqu'on réfléchit que le jeune philosophe marche par gradation vers la connaissance de Dieu, et qu'il n'admet rien que par démonstration.

Dans le cinquième chapitre, Augustin dit: « Le vrai, c'est ce qui est. » Bossuet a reproduit cette définition dans son traité *de la Connaissance de Dieu et de soi-même*.

A la fin, lorsque de degré en degré, de conquête en conquête, les deux interlocuteurs se croient en possession du dogme consolateur qui agrandit jusqu'à l'infini l'horizon de la vie humaine, on aime à entendre la Raison dire au jeune Augustin : « Cesse de gémir, l'âme humaine est immortelle. »

Ce court et profond ouvrage des *Soliloques* nous montre la raison humaine dans ses droits et dans sa gloire. Augustin, durant toute sa carrière de philosophe et de docteur catholique, n'abandonnera jamais les priviléges de la raison.

On nous permettra d'indiquer ici le *Livre de l'Immortalité de l'âme*, quoique le fils de Monique ne l'ait composé qu'à son retour à Milan : Augustin fit de ce livre le complément des *Soliloques*. Il est divisé en seize petits chapitres. Le fond de l'argumentation de cet ouvrage c'est que la science étant éternelle, l'âme qui en est le siége ne doit pas périr; c'est que l'âme et la raison, ne formant qu'une seule et même chose, l'éternelle durée de celle-ci doit entraîner la durée de celle-là; enfin c'est que l'esprit, supérieur à la matière, ne doit pas être plus maltraité qu'elle : or, la matière, divisible à l'infini, ne peut être réduite au néant. Une observation toute naturelle d'Augustin nous a plus frappé que tous les raisonnements : plus l'âme se dégage des sens et se sépare du corps, plus elle est apte à s'élever aux grandes choses et à la recherche de la vérité; son union avec le corps n'est donc pas une condition absolue de son existence! Nous trouvons la réminiscence de Platon dans le chapitre où Augustin nous dit que l'âme humaine conserve en elle les vrais rapports des choses, quoiqu'elle semble, soit par ignorance, soit par oubli, ou ne pas les posséder, ou les avoir perdus. Nous voyons dans le chapitre VIII une grande preuve de l'existence de Dieu, que Clarke et beaucoup d'autres ont reproduite : nul être ne peut se créer lui-même, car il serait avant d'être, ce qui est absurde; il faut donc remonter à un être qui tienne nécessairement et éternellement de lui-même sa propre existence. Dans le dernier chapitre, Augustin prouve la spiritualité de l'âme, par la variété des sensations réunies dans l'unité du moi. On sent le grand métaphysicien à chaque page de ce livre. Mais évidemment le temps a manqué à Augustin pour faire là tout ce qu'il pouvait faire.

Nous compléterons ce que nous avons dit du séjour d'Augustin à Cassiciacum par l'analyse des lettres qu'il écrivit de cette retraite : ce sont les premières que nous connaissions de sa correspondance[1].

---

[1] Nous suivrons pour les *Lettres de saint Augustin*, comme pour tous ses autres ouvrages, la classification des Bénédictins; c'est avec leur édition que nous travaillons. Il y a eu depuis la fin du quinzième siècle jusqu'à ce jour vingt et une éditions des *OEuvres com-*

Voici d'abord une lettre à Hermogénien, un ami d'Augustin, qui a dû être écrite dans le dernier mois de l'année 386, puisque cet ami avait déjà lu et admiré les trois livres contre les académiciens. Augustin lui parle de ces hommes qui vivent insouciants de la vérité et se traînent dans un sommeil profond d'où rien ne peut les tirer, rien, pas même la trompette céleste. Il prie Hermogénien d'examiner soigneusement ce qu'il avance, vers la fin du troisième livre, contre les académiciens, et de lui faire savoir ce qu'il en pense. Il ne se flatte pas d'avoir triomphé des académiciens comme Hermogénien le lui annonce, mais il se sait bon gré de s'être arraché au désespoir de trouver la vérité, qui est la nourriture de l'esprit, et d'avoir par là rompu la chaîne qui l'empêchait de coller, pour ainsi dire, ses lèvres aux mamelles de la philosophie.

Zénobe, à qui sont adressés les deux livres de *l'Ordre,* aimait à s'en aller auprès de la jeune académie de Cassiciacum, lorsque ses affaires ne le retenaient pas à Milan. Augustin lui écrit que l'amour de tout ce qui passe est une source d'erreurs et de peines, et qu'il faut élever l'esprit à

plètes de saint Augustin. On a publié récemment des lettres et des sermons inédits de l'évêque d'Hippone, dont l'authenticité ne nous a point paru assez incontestable pour que nous ayons cru devoir en faire usage.

l'étude, à l'adoration de ce qui est bon, vrai et beau par soi-même, de ce qui demeure éternellement. Il se plaint tendrement de l'absence de Zénobe... « Pendant que je soupire après mon » ami absent, je veux, dit-il, que mon ami désire » aussi me revoir. »

Augustin souhaite le retour de Zénobe à Cassiciacum, pour vider avec lui une question qu'ils ont commencé d'agiter ensemble dans les exercices philosophiques de leur retraite. Si cette question était celle de l'ordre, comme cela nous paraît probable, il faudrait placer la lettre à Zénobe avant la précédente, puisque l'ouvrage de *l'Ordre* fut achevé avant le troisième livre contre les académiciens, dont Augustin parle à Hermogénien.

Nébride, que notre lecteur connaît déjà, et qui avait enseigné la grammaire à Milan, appelait Augustin *heureux*, dans une lettre écrite à son ami, après avoir lu le livre de la *Vie bienheureuse*. Augustin lui répondit, pour examiner s'il pouvait être heureux en effet, et comment il pouvait l'être. Il avait lu la lettre de Nébride à la clarté de la lampe, après son souper, au moment de se mettre au lit, mais non pas de s'endormir. Lorsqu'il fut couché, Augustin demeura longtemps à se demander à lui-même si Nébride avait raison de croire qu'il fût heureux. Le bonheur n'appar-

tient qu'à la sagesse, et peut-être Nébride pense-t-il qu'Augustin soit du nombre des sages. Ce qu'il a lu de lui l'en a peut-être persuadé. « Que se-
» rait-ce, ajoute Augustin, s'il avait lu les *Solilo-*
» *ques?* Il se serait livré à de plus vives joies, et
» il n'aurait rien pu dire de plus que de m'appe-
» ler heureux. Il m'a donné du premier coup ce
» qu'il y a de plus grand. Voyez ce que fait la
» joie. » Augustin parle ensuite de la difficulté d'être heureux lorsqu'on ne connaît pas le dernier mot, la raison d'être, le pourquoi, le comment de la création. Pourquoi le monde est-il de telle grandeur? pourquoi n'est-il pas plus petit? pourquoi est-il là plutôt qu'ailleurs? Augustin passe aux questions philosophiques qui l'occupent de préférence, et c'est à cause de cela peut-être que Nébride l'appelle heureux. Il considère l'âme et le corps, l'immortelle sublimité de l'une, la fragilité passagère de l'autre. « Si l'âme mourait
» avec le corps, la vérité mourrait donc aussi,
» dit Augustin; ou bien il faudrait dire qu'intelli-
» gence[1] et vérité ne sont pas la même chose, ou
» que l'intelligence n'est pas dans l'âme, ou que
» ce qui enferme quelque chose d'immortel peut
» mourir ; et nos Soliloques prouvent que rien de
» cela ne saurait être; j'en suis convaincu; mais

[1] Le mot *intelligence* veut dire ici *connaissance claire.*

» je ne sais quelle coutume des maux de la vie
» nous fait encore trembler; et quand l'âme
» mourrait (ce qui me paraît absolument impos-
» sible), toujours ai-je vu très-clairement qu'on
» ne devrait pas pour cela mettre le bonheur de
» la vie dans les plaisirs des sens. C'est par ces
» choses et par d'autres semblables, que je parais
» heureux ou presque heureux à mon cher Né-
» bride; que je le paraisse aussi à mes propres
» yeux : qu'ai-je à perdre? Et pourquoi ne par-
» donnerais-je pas à la bonne opinion qu'on a de
» moi? Voilà ce que je me dis; puis je fis ma
» prière accoutumée et je m'endormis. »

Quelques jours après, Nébride, écrivant à Augustin, le priait de lui rendre compte des progrès qu'il avait faits, au milieu de ses solitaires et doux loisirs, dans la contemplation des choses spirituelles. Augustin lui fait observer que les vérités, comme les erreurs, s'enracinent d'autant plus dans l'esprit, qu'on s'en occupe davantage et qu'on se les rend plus familières. « Cela s'accomplit, dit-il ingénieusement, par un progrès pareil à celui de l'âge; quelque grande que soit la différence entre un enfant et un jeune homme, si, dès notre enfance, on nous avait chaque jour interrogé, nous n'aurions jamais pu marquer le point précis où nous devenions hommes. » Toutefois, Augustin ne se croit pas très-ferme dans la connaissance des vérités de l'ordre spirituel, et ne se regarde point comme un *homme fait.* « Nous sommes des enfants, ajoute-t-il avec une modestie charmante ; mais, comme on a dit, des enfants de bonne espérance. » Il établit la nature et les priviléges supérieurs de l'intelligence, et confie à son cher Nébride que dans les moments où il s'efforce de s'élever vers Dieu, vers les choses vraies de toute vérité, cette vue anticipée de ce qui demeure éternellement le saisit quelquefois et l'absorbe au point de douter de la réalité du monde matériel dont il est environné.

Ces confidences, faites à un ami, nous peignent, mieux que tous les discours, l'état d'Augustin à cette époque, sa transformation spirituelle, ses préoccupations sublimes, devenues comme une nature nouvelle, qui faisait vivre Augustin d'une vie étrangère à la pesanteur et au tumulte des sens.

Il nous a dit, dans ses *Confessions,* avec quel bonheur il lisait avec sa mère et son ami Alype les chants du roi-prophète. Le quatrième psaume surtout, commençant par ces mots : « O Dieu ! » qui êtes ma justice ! » le remplissait d'un saint entousiasme ; Augustin en interrompait la lecture par de vives paroles, et regrettait que les manichéens ne fussent point là pour le voir et l'entendre, et pour comprendre la vérité. Mille choses fortes ou touchantes s'échappaient de sa bouche.

Nous ne trouvons plus rien dans les œuvres d'Augustin qui ait pu être écrit de Cassiciacum.

Combien il serait intéressant et doux pour nous de parcourir cette retraite, de reconnaître l'emplacement de la demeure d'Augustin et de ses amis, l'emplacement des bains, le ruisseau dont le murmure donna lieu au livre de *l'Ordre*, la prairie où se réunissait souvent la jeune académie ! Nous aurions aimé à reproduire les couleurs de ces lieux si chers à notre pensée ! Nous aurions voulu au moins, à l'aide de renseignements positifs, suppléer à notre ignorance des lieux ; mais les traditions et l'érudition milanaises[1] ne nous ont donné rien d'absolument précis sur l'emplacement de Cassiciacum. D'après les conjectures les plus judicieuses et les plus probables, c'est le village de *Casciago* qui représente le Cassiciacum d'Augustin ; sa situation est belle, et du haut de ce village la nature se déploie au regard avec de riches et imposantes variétés. Placé sur une colline, au pied d'un groupe de montagnes, Casciago a pour horizon, à l'ouest, le mont Rose et la suite des Alpes, jusqu'à leur jonction avec les Apennins, qui s'étendent au sud ; au sud-est, une vaste échappée où le lac se perd ; à l'est et au nord-est,

---

[1] Nous nous sommes adressé à M. Mansoni, l'illustre représentant de la pensée catholique à Milan ; on trouvera à la fin de ce volume l'intéressante lettre qu'il nous a fait l'honneur de nous écrire.

les montagnes du Bergamasque et du lac de Côme; en dedans de ce magnifique cadre, une partie du lac Majeur, quatre autres petits lacs plus rapprochés; à l'entour, un groupe de collines très-variées et très-pittoresques; plus loin, la plaine presque entière, semée, comme les collines, de villas, de bourgs et de villages, dont plusieurs existaient sans doute au temps de saint Augustin, car leurs noms ont des racines ou des désinences gauloises [1]. Casciago a un torrent qui, gonflé par les pluies de l'automne ou de l'hiver, devient tout à fait semblable au ruisseau ou *canal* (canalis) que nous peint Augustin. La prairie où descendait la jeune académie se retrouverait aussi à ce village; Casciago a une petite vallée dont la pente est assez rapide, et qu'une prairie couvre encore aujourd'hui.

Il est dans l'univers des lieux que les leçons ou les études du génie ont rendus célèbres; à Athènes, le jardin d'Académus; sur les rivages de l'Attique, le cap Sunium; dans l'île de Rhodes, la colline de Zimboli, où Eschine, exilé, avait fondé une école d'éloquence; aux environs de Rome, la colline de Tusculum, où le souvenir de Cicéron plane avec tant de majesté; ces lieux, et d'autres que nous pourrions nommer, sont visités

---

[1] Voyez la lettre de M. Mansoni.

respectueusement par le voyageur, et nous y avons senti nous-même tout le charme qui s'attache à la gloire. Cassiciacum mérite de prendre rang parmi ces lieux fameux, et si les souvenirs de l'antiquité chrétienne n'avaient pas été négligés jusqu'à ce jour, les pèlerins de la religion, de la poésie et de l'histoire, auraient cherché jusqu'aux moindres traces de ce coin de terre aux environs de Milan. Ce fut là qu'Augustin, sur le seuil de la vie chrétienne, chercha dans les pleurs, trouva tout à coup et enseigna les hautes vérités morales et philosophiques, avec une merveilleuse puissance. Ce fut là que ce génie, tantôt méditant en silence, tantôt conversant avec une mère et des amis dignes de lui, se connut en quelque sorte lui-même pour la première fois. Il jeta du fond de cet asile hospitalier ses premières clartés sur le monde.

Parfois, fatigué du bruit et du vide des jours humains que Dieu ne remplit pas, on se prend à rêver une solitude où la vie ne serait occupée qu'à la recherche et à la contemplation du vrai. Des amis d'un même cœur, du même goût, d'un même amour pour les beautés impérissables, échangeraient leurs pensées, leurs découvertes de tous les jours, leurs inspirations; celui qui serait le plus fort et le plus près de Dieu, dirigerait, retiendrait ou exciterait les intelligences.

Quoique les magnificences de la création ne soient qu'une ombre bien pâle des splendeurs divines, on choisirait pour retraite un site où la nature eût à la fois de doux souvenirs et une imposante grandeur. A chaque journée on franchirait un degré de l'invisible échelle des vérités éternelles, et c'est ainsi que d'un pas calme et joyeux, environné d'amitié, de lumière et d'espérance, on s'en irait, appuyé sur la croix, vers ce mystérieux rivage appelé la mort, qui n'est que le bord de l'océan de la vie!

Oh! que ne suis-je né dans le siècle d'Augustin, et que n'ai-je été amené par une heureuse destinée à m'asseoir, avec Alype et Licentius, autour du maître dans cette prairie ou dans ces bains de Cassiciacum! Leurs mois passés dans la maison des champs de Verecundus apparaissent à mon esprit comme une vie écoulée sur le seuil du paradis. Licentius regrettera plus tard cette vie de paix et d'étude. Qu'ils sont à plaindre, ceux qui, ayant goûté de telles délices, sont condamnés à retomber au milieu des agitations de la terre!

CHAPITRE VI.

Baptême de saint Augustin. — Mort de sainte Monique à Ostie.

(387)

Augustin avait écrit à saint Ambroise pour lui raconter ses erreurs passées et ses dispositions présentes, et le prier de lui indiquer ce qu'il devait lire dans les Écritures comme préparation à la grâce du baptême. L'évêque de Milan lui conseilla de lire Isaïe, parce que, de tous les prophètes, Isaïe est celui qui parle le plus clairement des mystères de l'Évangile et de la vocation des païens. Augustin se mit à lire les prophéties du fils d'Amos; mais, ne les comprenant pas d'abord, il se réserva d'y revenir lorsqu'il serait plus exercé dans l'intelligence des Livres saints. Et du reste Augustin ne s'était-il pas suffisamment préparé à la régénération baptismale? Depuis le commencement de l'automne de 386 jusqu'à la fin de l'hiver de 387, n'avait-il pas été saintement et admirablement transformé par la prière et les pieuses larmes, les profondes méditations et les recherches sublimes, et par ces premiers combats livrés en faveur de la vérité qu'on voulait proscrire du milieu des hommes, en faveur de la Providence qu'on niait, en faveur de la saine philosophie qui voit dans la religion une céleste sœur? Oh! combien la solitude de Cassiciacum avait été féconde pour le cœur d'Augustin! il sortait de cette retraite comme saint Jean de son désert, et celui qui est l'énergie éternelle avait fortifié les épaules d'Augustin pour les préparer au fardeau d'une grande mission dans l'Église catholique.

A son retour à Milan, en attendant l'époque de son baptême, Augustin écrivit le livre de *l'Immortalité de l'âme* comme complément des *Soliloques*. Possidius, le disciple et le biographe de saint Augustin, marque des Essais sur la dialectique, la rhétorique, la géométrie, l'arithmétique et la philosophie [1]; saint Augustin ne les avait plus lorsqu'il travaillait à la Revue de ses ouvrages.

En ce temps-là, comme cela se voit aujourd'hui encore à Rome, on baptisait à Pâques. La solennité pascale de l'année 387 devait rester à jamais célèbre par le baptême du plus profond docteur de notre foi. La cérémonie eut lieu dans la nuit du 24 au 25 avril. Adéodat et Alype furent faits chrétiens en même temps qu'Augustin: saint Ambroise lui-même les purifia dans les eaux salutaires. Un instinct religieux, un pressentiment

---

[1] Tillemont doute que ces divers essais soient de saint Augustin.

sacré avertissait-il le grand évêque de Milan que cet Augustin, prosterné à ses pieds, serait la plus grande lumière de l'Église [1]? Rien ne nous l'apprend; mais saint Ambroise, baptisant Augustin, nous paraît offrir une des plus belles scènes de l'histoire.

Le chant religieux dans la basilique de Milan attendrissait le fils de Monique. « Combien » j'étais ému! dit-il [2]; que de larmes s'échappaient » de mes yeux lorsque j'entendais retentir dans » votre église le chœur mélodieux des hymnes » et des cantiques qu'elle élève sans cesse vers » vous! tandis que ces célestes paroles péné- » traient dans mes oreilles, votre vérité entrait » par elles doucement dans mon cœur; l'ardeur » de ma piété semblait en devenir plus vive; mes » larmes coulaient toujours, et j'éprouvais du » plaisir à les répandre. »

Il y avait un an que le chant était adopté dans la basilique de Milan. On sait à quelle occasion. L'impératrice Justine, mère du jeune empereur Valentinien, s'étant laissé entraîner dans l'arianisme, poursuivait cruellement saint Amboise; le peuple tout entier courut s'enfermer

---

[1] Rien ne nous autorise à penser que le *Te Deum* de saint Ambroise ait été chanté pour la première fois après le baptême de saint Augustin.

[2] *Confess.*, liv. IX, chap. XI.

dans l'église, résolu à périr auprès de son évêque. La mère d'Augustin avait suivi les fidèles. De peur que le peuple ne succombât à l'ennui d'une épreuve trop prolongée, saint Ambroise fit chanter des hymnes et des psaumes, selon l'usage des églises d'Orient. Telle fut en Occident l'origine du chant catholique [1]. A la suite de la découverte merveilleuse des corps de saint Gervais et de saint Protais, des possédés et un aveugle avaient été guéris par les reliques des deux martyrs, et ces prodiges arrêtèrent les persécutions dirigées contre saint Ambroise.

Une fois chrétien, Augustin ne songea plus qu'à retourner en Afrique, où tant de grandes œuvres l'attendaient. Un ami de plus était entré dans sa pieuse intimité; Evode de Tagaste, auparavant agent d'affaires de l'empereur, et, depuis son baptême, uniquement occupé à servir Dieu, cheminait dans les voies du ciel avec Augustin, Adéodat et Alype. Au mois d'août ou au mois de septembre de 387, Augustin, sa mère, son fils et ses amis avaient quitté Milan pour se diriger vers leur contrée natale. C'est à Ostie, à l'embouchure du Tibre, qu'ils devaient s'embarquer sur un même navire; mais Monique n'était pas destinée à revoir l'Afrique avec son cher

---

[1] A l'époque où saint Augustin écrivait ses *Confessions*, l'usage du chant était presque général dans toutes les églises du monde.

Augustin. Peu après que la sainte caravane fut arrivée à Ostie, Monique tomba malade et mourut.

Durant les derniers jours que cette admirable femme passa dans ce monde, elle eut avec son fils un mémorable entretien qu'on ne se lassera jamais d'entendre. Monique et Augustin, tous les deux seuls, étaient appuyés à une fenêtre d'où la vue s'étendait sur le jardin de la maison qu'ils occupaient à Ostie, en attendant le jour de l'embarquement. Cette mère et ce fils cherchant ensemble quel serait le bonheur des saints dans l'éternité, s'élèvent du monde matériel au monde invisible, avec des ailes que le souffle de Dieu semble soutenir. Ils reconnaissent ce qu'il y a d'incomplet, de méprisable et de vain dans les joies et les voluptés matérielles, de quelque éclat de beauté que l'imagination puisse les revêtir; ensuite, s'élançant vers la félicité immuable, la mère et le fils traversent tous les objets du monde physique, la voûte où resplendissent les astres et d'où s'échappe la lumière pour les hommes; enfin, passant par les régions de l'âme, ils parviennent à la hauteur sublime, éternelle, où réside la sagesse, où réside la beauté, où réside *ce qui est*. Saint Augustin nous a laissé un résumé de cet entretien [1]; son historien ne peut pas le

---

[1] *Confess.*, liv. IX, chap. x.

passer sous silence, quoique ce morceau d'un charme infini et d'une saisissante profondeur, soit connu de tous les gens instruits. Nous traduisons :

« A peu de distance de ce jour où ma mère
» devait sortir de cette vie, jour que vous con-
» naissiez, mais que nous ignorions, il était ar-
» rivé, par un effet de vos vues secrètes, comme
» je le crois, qu'elle et moi, nous nous trouvions
» seuls appuyés sur une fenêtre, d'où se voyait
» le jardin de la maison qui était notre de-
» meure à Ostie, à l'embouchure du Tibre, et
» dans laquelle, séparés de la foule, après la
» fatigue d'un long voyage, nous nous préparions
» à nous remettre en mer : nous parlions donc
» là seuls, avec une douceur ineffable ; oubliant
» le passé, occupés de l'avenir, nous cherchions
» entre nous, auprès de cette vérité qui est vous-
» même, quelle devait être l'éternelle vie des
» saints, que l'œil n'a point vue, que l'oreille n'a
» point entendue, et qui n'est jamais montée
» dans le cœur de l'homme. Nous ouvrions la
» bouche du cœur pour recevoir les célestes
» eaux de cette fontaine de vie qui est en vous,
» afin qu'en étant inondés autant que nous le
» pouvions, nous comprissions de quelque ma-
» nière une aussi grande chose.

» Comme la conclusion de notre entretien

» était que les plus vifs plaisirs des sens n'étaient
» pas dignes d'être comparés aux joies de l'autre
» vie, ni même d'être rappelés en leur présence,
» nous montions avec le plus ardent amour vers
» les félicités immortelles, parcourant successi-
» vement tous les objets corporels, et le ciel lui-
» même, d'où le soleil, la lune et les étoiles
» brillent sur la terre. Et nous montions tou-
» jours, pensant en nous-même, parlant en-
» semble, admirant vos ouvrages : et nous ar-
» rivâmes à nos âmes, et nous les traversâmes
» pour atteindre à cette région d'inépuisable
» fécondité où vous nourrissez de vérité Israël
» éternellement, où la vie est la sagesse, par la-
» quelle se font toutes les choses, celles qui ont
» été, et celles qui doivent être ; et elle-même
» n'a point été faite, mais elle est comme elle a
» été, et comme elle sera toujours ; ou plutôt elle
» n'a pas été et ne sera point, mais seulement
» elle est, parce qu'elle est éternelle, car, avoir
» été et devoir être, ce n'est pas être éternel. Et
» tandis que nous parlons et que nous nous ou-
» vrons à cette haute région, nous la touchons
» un peu de tout l'élan de notre cœur ; et nous
» avons soupiré, et nous avons laissé là les pré-
» mices de l'esprit, et nous sommes revenus au
» bruit de nos lèvres où la parole commence et
» s'achève : Quelle parole est semblable à votre

» verbe qui demeure en lui-même sans vieillir, et
» qui renouvelle toutes choses?

» Nous disions donc : S'il y avait un homme
» pour qui fissent silence les mouvements de la
» chair, les fantômes de la terre, des eaux et de
» l'air, les pôles et l'âme elle-même; un homme
» qui s'isolât de sa propre pensée, et pour qui
» cessassent d'exister les songes et les rêveries
» de l'imagination, toutes les langues et tous les
» signes, tout ce qui passe; s'il pouvait fermer
» l'oreille à tout, car s'il écoute, toutes ces
» choses lui diront : *Nous ne nous sommes pas faites*
» *nous-mêmes, mais celui-là nous a faites, qui de-*
» *meure éternellement :* ces paroles dites, si elles
» se taisaient après avoir porté l'oreille de
» l'homme vers celui qui les a créées, et que le
» Créateur seul parlât, non point au moyen de
» ses créatures, mais par lui-même, non point
» par la langue de la chair, ni par la voix d'un
» ange, ni par le bruit du tonnerre, ni par pa-
» raboles; si celui que nous aimons dans ces
» créatures se faisait entendre à nous sans elles,
» comme maintenant notre pensée rapide nous
» a emportés vers l'éternelle sagesse qui de-
» meure au-dessus de toutes choses; si cela se
» continuait et que s'effaçassent les autres visions
» d'un genre si différent, et si cette chose seule
» ravissait, absorbait, abîmait dans des joies

» intérieures son contemplateur, de manière que
» ce qui a été pour nous un éclair d'intelli-
» gence, objet de nos soupirs, devînt pour cette
» âme, une vie sans fin, ne serait-ce pas l'accom-
» plissement de cette parole : *Entrez dans la joie*
» *de votre Seigneur ?* Quand s'accomplira-t-elle
» cette parole ? Sera-ce quand nous ressuscite-
» rons tous ? mais nous ne serons pas tous
» changés.

» Tel était notre entretien ; et si la forme et
» les paroles n'étaient pas les mêmes, vous savez,
» Seigneur, que ce jour-là, durant ce discours, le
» monde et tous ses plaisirs nous paraissaient bien
» vils. Alors ma mère dit : *Mon fils, pour ce qui me*
» *touche, plus rien ne me charme en cette vie. J'ignore*
» *ce que je dois faire encore ici et pourquoi j'y suis,*
» *après que mon espérance de ce siècle a été accom-*
» *plie. Il n'y avait qu'une seule chose pour laquelle*
» *je désirasse rester un peu dans cette vie, c'était de*
» *vous voir chrétien catholique avant de mourir. Mon*
» *Dieu m'a accordé cela au delà de mes vœux ; je*
» *vous vois son serviteur, non content d'avoir mé-*
» *prisé les terrestres félicités : que fais-je donc ici ?* »

Ne dirait-on pas une conversation faite aux portes du ciel ?

La tendresse, les prières et les pleurs de sainte Monique ont exercé une si grande influence sur saint Augustin, qu'il nous faut l'écouter encore, nous racontant la mort de sa mère.

On a entendu les derniers mots de Monique, à la fenêtre de la maison d'Ostie. « Je ne me souviens pas bien, dit Augustin, de ce que je lui répondis, mais cinq jours après, ou guère plus, les fièvres la saisirent. Durant sa maladie, elle tomba un jour en défaillance et perdit un peu connaissance. Nous accourûmes auprès d'elle; elle reprit bientôt ses sens, et nous voyant, mon frère (Navigius) et moi, debout auprès de son lit, elle nous dit avec l'air de chercher quelque chose : *Où étais-je ?* Puis, nous voyant accablés de douleur, *Vous enterrerez ici votre mère*, ajouta-t-elle. Je ne répondis rien, et je retenais mes larmes : mais mon frère parla pour laisser entrevoir qu'il eût été plus heureux pour elle de mourir dans son propre pays que dans une terre étrangère; à ces mots elle jeta sur lui un regard sévère qui lui reprochait de semblables pensées; et se tournant vers moi : *Voyez*, me dit-elle, *voyez, comme il parle*; ensuite s'adressant à tous deux : *Enterrez ce corps en quelque lieu que ce soit*, ajouta-t-elle, *et ne vous en mettez nullement en peine; tout ce que je vous demande, c'est que partout où vous serez, vous vous souveniez de moi à l'autel du Seigneur.* »

Peu de jours après, en l'absence d'Augustin,

quelques-uns de ses amis ayant demandé à la sainte malade si elle n'éprouverait pas une sorte de chagrin à laisser son corps dans un pays si éloigné du sien : « Rien n'est éloigné de Dieu, » leur répondit sainte Monique, et je ne crains » point qu'à la fin des siècles il ne me reconnaisse » pas pour me ressusciter. » Elle mourut le neuvième jour de sa maladie, dans la cinquante-sixième année de son âge. Ce fut Augustin qui ferma les yeux à sa mère. Dès qu'elle eut rendu le dernier soupir, le jeune Adéodat poussa un grand cri et se mit à sangloter. Augustin, son frère et ses amis, quoique remplis de douleur, eurent la puissance de contenir leurs larmes, et forcèrent Adéodat à imposer silence à son désespoir. Leur pensée à tous c'était que de telles funérailles ne devaient pas être accompagnées de plaintes, de pleurs et de gémissements. La mort ne pouvait pas être considérée comme un malheur pour Monique; on savait qu'il n'y avait de mort que la moindre partie d'elle-même, et que son âme venait de passer au sein de Dieu, qui l'avait faite à son image. Augustin trouvait un autre adoucissement à son chagrin dans le témoignage que sa mère lui avait rendu à ses derniers jours : elle l'appelait son *bon fils*, et se plaisait à rappeler dans un sentiment d'inexprimable tendresse, que jamais elle n'avait entendu sortir de la bouche d'Augustin la moindre parole qui pût lui déplaire. Heureuse la mère qui, au terme de sa vie, peut adresser une telle louange à son fils! plus heureux le fils qui s'est rendu digne d'une aussi sainte gloire!

Evode prit un psautier et commença, auprès du corps de Monique, le psaume [1] : *Je chanterai, Seigneur, à la gloire de votre nom, votre justice et votre miséricorde*. Et tous chantaient alternativement avec Evode. Le corps ayant été porté à l'église d'Ostie, Augustin alla et revint sans laisser échapper une larme; il ne pleura même pas pendant les prières récitées au bord de la fosse [2], lorsqu'avant d'y descendre sa mère on offrit pour elle le sacrifice de la Rédemption. Mais durant toute la journée la tristesse qu'il cachait au fond du cœur l'accablait. Il conjurait le Seigneur de le tirer d'un état si douloureux, et le Seigneur ne l'écoutait point. Augustin eut l'idée d'aller au bain; il avait ouï dire que les Grecs l'avaient appelé *balaneion*, parce que le bain dissipait les inquiétudes de l'esprit. Mais il en sortit tout aussi affligé qu'auparavant. Quand vint l'heure du sommeil, il s'endormit. A son réveil, il crut reconnaître que sa douleur

---

[1] Ps. 100.
[2] Plus tard les reliques de sainte Monique furent transportées à Rome.

avait perdu de sa violence. Toutefois, bientôt ramené à ses premières pensées sur cette mère qui venait de le quitter, et repassant sa vie de religion et de tendre dévouement, il trouva doux de répandre ses larmes devant Dieu, de les répandre à cause d'elle et pour elle, à cause de lui et pour lui à qui une grande consolation sur la terre était tout à coup ravie. Augustin laissa donc couler librement ces pleurs qu'il avait retenus jusque-là ; il les laissa couler dans toute leur abondance, et se sentit le cœur soulagé. Saint Augustin confesse [1] ces choses devant Dieu, et demande qu'on lui pardonne d'avoir pleuré quelques instants sa mère morte, elle qui, durant tant d'années, l'avait pleuré pour le faire vivre en Dieu. Il pria pour sa mère, qui n'ordonna point qu'on ensevelît son corps dans de riches étoffes, ni qu'on l'embaumât avec des aromates précieux ; pour sa mère, qui ne désira ni d'avoir un tombeau magnifique, ni d'être transportée dans le tombeau qu'elle-même s'était préparé à côté de son époux au pays natal. Monique n'avait recommandé à son fils que de se souvenir d'elle à l'autel du Seigneur !

Au milieu des colonnes et des débris de l'ancienne ville d'Ostie, on rencontre aujourd'hui

---

[1] Livre IX, chap. XII.

une chapelle qui, d'après la tradition, marque la place où fut la maison occupée par Monique et Augustin. Ce lieu est glorieux et saint; il entendit l'entretien séraphique de la mère et du fils, vit mourir l'admirable femme, et fut témoin du deuil religieux d'Augustin, de son frère et de ses amis.

Sainte Monique a pris rang parmi les plus illustres mères. La mémoire humaine garde son nom avec vénération et gratitude. Il est mille fois probable que sans les larmes et la tendresse religieuse de Monique, l'Église catholique n'aurait pas eu le grand Augustin. Elle fut sa mère dans la foi après l'avoir été dans la vie naturelle; les pleurs de Monique et ses hautes vertus enfantèrent Augustin à la vie chrétienne. Parmi les grands hommes, ceux qui ont fait le plus de bien au monde avaient le cœur façonné à l'image du cœur de leur mère. Quand le génie se rencontre dans la tête d'un homme qui a sucé le lait d'une bonne mère et reçu d'elle les premiers enseignements, ne craignez point que ce génie devienne un fléau pour les sociétés : il en sera toujours la consolation et la lumière. Les plus saintes et les plus sublimes choses de la terre ont leurs germes dans les cœurs maternels. Tant qu'il restera une mère avec quelque rayon du ciel dans l'âme, il ne faudra pas désespérer des destinées d'un pays.

CHAPITRE VII.

Saint Augustin se rend de nouveau à Rome. — Son retour en Afrique. — Le livre des quatre-vingt-trois questions. — Les livres des mœurs de l'Église catholique et des mœurs des manichéens.

(388)

Nous ne savons pas comment la mort de Monique changea les projets d'Augustin, et pourquoi il se rendit à Rome au lieu de s'embarquer pour l'Afrique. La mort de sa mère est le dernier fait que saint Augustin nous ait raconté dans les *Confessions*; la correspondance contemporaine ne nous apprend rien sur ce retour dans la grande métropole. Augustin passa près d'un an à Rome et employa tout ce temps au travail. Depuis son baptême, Augustin ne portait plus les vêtements africains; il avait pris la longue robe noire des cénobites d'Orient avec un capuchon et une ceinture de cuir. Cette tunique noire de laine ou de toile sera désormais le costume d'Augustin; il n'en prendra pas d'autre, même quand on l'aura élevé à la couronne épiscopale d'Hippone. Du jour où Augustin reçut le sceau de la régénération, il se constitua le défenseur des doctrines et des intérêts catholiques; Augustin sera fidèle à cette grande tâche jusqu'à sa dernière heure! Ce fut dans l'été de 388 qu'il revint en Afrique; Maxime venait d'être vaincu par le grand Théodose. Augustin avait quitté la contrée natale depuis cinq ans : quels changements accomplis depuis lors! Il était parti avec le cœur rongé par les incertitudes philosophiques et religieuses, il revenait calme et fort, emportant au fond de l'âme le trésor de la vérité. Augustin rentra en Afrique par ce port de Carthage d'où il avait dit adieu à son pays, laissant sa mère seule et dans la douleur.

Son but était de chercher aux environs de Tagaste un asile pour l'étude et la contemplation. Avant de gagner la retraite, il s'arrêta quelque temps à Carthage, où ses oraisons aidèrent à rendre miraculeusement la santé à Innocentius[1]. Il y apprit une curieuse histoire de la bouche même de celui qui en avait été le héros. Un de ses anciens disciples, appelé Euloge, professait la rhétorique à Carthage pendant qu'Augustin était à Milan. Il arriva qu'un jour, la veille de sa leçon, Euloge, jetant un coup d'œil sur les pages du livre de Cicéron qui faisait le sujet de l'étude du lendemain, trouva un passage fort obscur dont il ne pouvait pénétrer le sens; la

---

[1] *Cité de Dieu*, liv. XXII, chap. VIII.

nuit vint; Euloge, livré à un embarras extrême, à une vive anxiété, demeura longtemps dans son lit sans fermer l'œil. A la fin il s'endormit de lassitude, et, durant ses courts instants de sommeil, voilà que le professeur voit en songe Augustin, son ancien maître, qui lui explique l'endroit du livre de Cicéron dont il était si péniblement occupé. « Ce ne fut pas moi, dit Augustin, mais mon image, et c'était à mon insu, car, en ce moment, séparé d'Euloge par l'étendue des mers, je dormais ou je faisais autre chose, mais à coup sûr je ne pensais pas aux soucis du jeune professeur de Carthage. Comment ces choses peuvent se faire, c'est ce que j'ignore [1]. » Il est probable qu'Euloge, dans son embarras, avait beaucoup pensé à Augustin, dont la sagacité lui était si connue. Toutefois l'histoire des phénomènes du sommeil n'offre certainement aucun trait plus étrange.

Augustin, dont l'esprit tout en Dieu fuyait l'agitation des villes, se fit une vie solitaire aux environs de Tagaste. Il se débarrassa, au profit des pauvres, du peu de biens qu'il avait, s'entoura de ses fidèles amis et de quelques disciples, vécut en communauté, et se remit à écrire. Il acheva les livres des *Mœurs de l'Église catho-*

---

[1] De cura gerenda pro mortuis. N° 13.

lique, des *Mœurs des manichéens* et de la *Grandeur de l'âme*, qu'il avait commencés à Rome; peut-être ce dernier ouvrage, dialogue philosophique d'une grande portée, entre Augustin et son ami Évode, fut-il terminé à Rome même.

Ne laissons pas passer sans une mention sérieuse le livre des *Quatre-vingt-trois questions*. Depuis la conversion d'Augustin, chaque fois que ses amis le voyaient inoccupé, ils lui adressaient des questions de philosophie ou de morale, et le maître y répondait. Ces questions et ces réponses avaient été conservées. Augustin les fit réunir plus tard, lorsqu'il était évêque; mais nous en parlons ici, parce qu'elles appartiennent particulièrement à l'année 388. Augustin s'est expliqué plus d'une fois sur la grande question de la nature des idées; son enseignement a ouvert à la philosophie moderne une voie où sont entrés les meilleurs génies. Peu de temps avant sa conversion, il s'était nourri de Platon, de Plotin et de Porphyre, et leurs doctrines avaient pénétré fort avant dans son esprit; toutefois l'éternité de la matière, telle qu'on la trouve dans le *Timée*[1], cette opinion si féconde en erreurs capitales, laissait un immense abîme

---

[1] On lit avec intérêt les *Études sur le Timée* de Platon, par M. H. Martin, et les *Études sur la Théodicée* de Platon et d'Aristote, par M. Jules Simon.

entre l'enseignement du disciple de Socrate et l'enseignement de nos livres saints.

Il a fallu la révélation pour apprendre aux hommes le dogme lumineux de la création du monde; le penseur de Tagaste, éclairé par l'Écriture, a montré ce qu'aurait pu faire le penseur d'Athènes dans la même condition.

Saint Augustin philosophe, c'est Platon chrétien.

La quarante-sixième question du livre des *Quatre-vingt-trois questions* renferme une indication du système d'Augustin sur la nature des idées. Il les appelle certaines formes principales, raisons des choses, stables et immuables, éternelles et toujours les mêmes, renfermées dans la divine intelligence; elles ne naissent ni ne meurent, mais elles sont le modèle de tout ce qui naît et meurt. L'âme raisonnable peut seule les voir; elle les voit avec son œil intérieur. C'est surtout l'âme sainte et pure qui s'élève à la vision de ces idées éternelles, parce qu'elle a l'œil sain, net, et en quelque sorte semblable aux choses qu'elle s'efforce de connaître. La sagesse divine n'a pu créer que des choses bonnes et raisonnables; ces choses-là ne peuvent exister en dehors de Dieu. Si les raisons des choses créées ou à créer sont renfermées dans la divine intelligence, ces raisons sont éternelles et immuables : rien qui ne soit éternel et immuable ne saurait exister en Dieu. Ces raisons sont non-seulement des idées, mais encore des vérités, et toute existence est une sorte de participation à ces raisons ou à ces vérités. Ainsi, chaque chose a son idée en Dieu, formellement distinguée de toute autre idée. Voir en Dieu les idées éternelles, ce n'est pas voir clairement dès ce monde l'essence divine.

Quelques années auparavant, Augustin avait dit dans les *Soliloques* : « Qui est assez aveugle » d'esprit pour ne pas voir que les figures » géométriques habitent au sein de la vérité elle-» même? » Il redira dans le *Traité du libre arbitre*, que la raison et la vérité des nombres n'appartiennent point aux sens du corps. Le système des idées éternelles se retrouve d'ailleurs dans tous les ouvrages philosophiques d'Augustin, et si on perdait ce système de vue, on comprendrait mal la théologie de ce grand docteur.

Nous avons vu dans les *Soliloques*, que c'est le triple secours de la foi, de l'espérance et de la charité qui guérit l'âme humaine et lui permet de voir, c'est-à-dire de concevoir son Dieu. Malebranche, en prenant tout le système de saint Augustin, a oublié à quelles conditions le grand homme africain promet la connaissance des vérités divines ; au lieu de la perfection morale résumée par les trois vertus, Malebranche établit qu'on peut monter aux vérités divines à l'aide de la seule opération de l'esprit. La philosophie de l'auteur de la *Recherche de la vérité* était née de celle de saint Augustin; mais le célèbre oratorien la poussa à des conséquences qu'Augustin eût désavouées. Nous pourrons invoquer aussi le grand nom de Leibnitz, comme appartenant à l'école philosophique de notre docteur; l'*Harmonie préétablie* n'est autre chose que le système des idées éternelles d'après lesquelles se produisent les passagères variétés de la création.

Augustin, que Jacques Brucker appelle l'*Astre brillant de la philosophie*[1], et qui, d'après le docteur Conel[2], demeure le maître de tous dans les sciences divines et humaines, à l'exception des auteurs sacrés; a imprimé au monde philosophique une direction très-élevée, en établissant une distinction entre les idées et nos connaissances; il est ainsi le père de la vraie philosophie chrétienne; il a débarrassé l'école de ce trop fameux principe péripatéticien : *Il n'y a rien dans l'esprit qui n'ait passé par les sens.*

Les manichéens étaient à cette époque les en-

---

[1] *Hist. crit. de la philos.*, tome III, p. 385.
[2] *Resp. ad Joan. Burq.*

nemis les plus dangereux de l'Église; l'apparente sévérité de leurs mœurs trompait les peuples; ils calomniaient la vie et les doctrines des catholiques, poursuivaient de leur mépris l'Ancien Testament, faisaient un triage des enseignements évangéliques, et se posaient sur les ruines de l'édifice chrétien comme les seuls représentants de la vérité, comme des modèles accomplis en toute chose. Augustin tourna contre eux ses armes, ou plutôt, pour arriver à la victoire, il n'eut qu'à tracer d'un côté le tableau réel des doctrines et des mœurs catholiques, et de l'autre le tableau réel des mœurs des manichéens. C'est ce qu'il fit dans les deux livres dont nous allons parler. Le premier de ces livres, celui des *Mœurs de l'Église catholique*, nous occupera particulièrement; il a une valeur indépendante des circonstances qui l'ont produit; il est aussi intéressant aujourd'hui qu'il l'était il y a quatorze siècles; c'est un monument dont l'intérêt durera autant que l'Église catholique.

Le livre est divisé en trente-cinq chapitres.

La mansuétude d'Augustin éclate dès le commencement de l'ouvrage. Quoique les déréglements des manichéens lui soient connus, il les traitera avec douceur « car, dit-il, je cherche à » les guérir et non pas à les affliger. » Les manichéens ne veulent pas de l'Ancien Testament;

l'auteur ne s'appuiera donc que sur le Nouveau, et même sur les seules parties de l'Évangile acceptées par eux. Quand il citera un passage des apôtres, il reproduira un passage tout semblable tiré de l'Ancien Testament, et les manichéens verront de la sorte que les Écritures, contre lesquelles se sont amoncelés les flots de leur haine, sont celles de Dieu et de Jésus-Christ.

Dans les instructions qui regardent le salut, l'autorité doit marcher avant la raison. L'autorité tempère l'éclat de la vérité par quelque chose de plus accessible à l'homme et de plus proportionné à la faiblesse de ses yeux. Cependant comme les manichéens ne souffrent pas qu'on leur parle d'abord d'autre chose que de la raison, Augustin se conformera à leur marche, quoique mauvaise. « Je suis bien aise, dit-il, d'i-
» miter, autant que j'en suis capable, la douceur
» de Jésus-Christ, mon Sauveur, qui, pour me
» délivrer de la mort, a daigné s'y soumettre, et
» se charger ainsi du mal même dont il voulait
» nous affranchir. »

L'homme est corps et âme, et, sur la terre, l'un n'existe pas sans l'autre; tous les deux aspirent au bonheur. La perfection de l'âme aide au bonheur du corps, parce que le corps ne se trouve jamais mieux que si l'âme qui l'habite est paisible et réglée. La félicité de l'âme, ce sera d'atteindre au plus haut point possible de perfection et de sagesse. Lorsque l'âme veut devenir meilleure, elle tend vers quelque chose qui n'est pas elle, qui est hors d'elle : cette chose, différente d'elle-même, et qui peut lui donner une plus grande perfection morale, c'est Dieu! la vertu, c'est ce qui mène à Dieu; on devient vertueux par l'énergique volonté de se porter vers Dieu. Mais comment nous porter vers Dieu sans le voir? et comment le voir avec nos yeux faibles et corrompus? La raison qui a pu nous conduire jusqu'ici, n'a plus rien à nous répondre; elle est impuissante à pénétrer les choses divines. Mais voici l'autorité : Dieu lui-même a daigné parler dans son amour pour les hommes. Que notre faible raison se taise, quand c'est Dieu-même qui nous parle!

La possession de Dieu sera la possession du souverain bien. Il est un précepte qui dit : « Vous » aimerez le Seigneur de tout votre cœur, de » toute votre âme, de tout votre esprit. » L'observation de ce précepte est un acheminement vers la félicité infinie. Posséder Dieu, ce n'est pas être fondu en sa substance, de sorte qu'on ne fasse plus qu'un avec lui; c'est être plus près de Dieu, c'est être éclairé, environné, pénétré de sa vérité et de sa sainteté éternelles.

Augustin établit la conformité de l'Ancien et

du Nouveau Testament; puis, s'adressant aux manichéens, il leur dit : « Je pourrais, selon la médiocrité de mes lumières et de mes forces, discuter en détail toutes les paroles que je viens de rapporter, et vous exposer ici ce que Dieu m'a fait la grâce d'apprendre des merveilles qu'elles renferment, merveilles dont l'expression demeure souvent au-dessus de la faiblesse du langage. Mais il faut bien s'en garder, tant que vous serez en disposition *d'aboyer* contre les divins livres. L'Évangile nous défend de présenter les choses saintes aux *chiens*. Ne vous offensez pas si je vous parle ainsi : j'aboyais autrefois moi-même; j'ai été de ces chiens dont parle l'Évangile; alors on me traitait comme je le méritais, puisqu'au lieu de me donner le *pain* de l'instruction, on me faisait sentir le *bâton* en réfutant mes emportements et mes calomnies [1]. »

Un peu plus bas, Augustin dit aux manichéens : « Ah! si vous vouliez chercher dans l'Église catholique ceux qui sont le mieux instruits de sa doctrine, si vous vouliez les écouter comme je vous ai écoutés durant les neuf ans où, me tenant dans l'erreur, vous vous êtes joués de ma crédulité, vous seriez vite désabusés, et vous comprendriez la différence qu'il y a entre la vé-

[1] Chap. XVIII.

rité et les vaines imaginations dont vous êtes prévenus! »

Augustin définit et explique avec une grande abondance d'idées les quatre vertus : la tempérance, la force, la justice et la prudence.

Après avoir montré à l'homme ce qu'il doit à Dieu, il lui montre ce qu'il se doit à lui-même, ce qu'il doit à son prochain. Un second précepte a été donné : « Vous aimerez votre prochain » comme vous-même. » L'amour du prochain est comme le berceau où l'amour de Dieu, lorsqu'il est formé dans nos cœurs, s'accroît et se fortifie. On aime plus facilement le prochain qu'on n'aime Dieu, parce qu'il est plus facile de comprendre le prochain que Dieu. Le prochain, c'est l'homme, c'est une image de nous-mêmes; Dieu, c'est une beauté, une force, une lumière infinie, qu'on ne comprend qu'après avoir franchi le cercle des choses visibles. C'est à l'amour de Dieu et du prochain que se réduit toute la doctrine des mœurs.

Les manichéens, comme nous l'avons déjà dit, rejetaient le témoignage de l'autorité, pour ne pas reconnaître les Écritures; or, ils voulaient qu'on ajoutât foi à leurs propres livres, dont le crédit pourtant ne pouvait être appuyé que sur une certaine autorité. Mais n'y aurait-il pas eu plus de raison à recevoir des livres, objet de la vénération du monde entier, que des livres sortis on ne sait d'où, et qu'un petit nombre d'hommes seulement connaissait?

Puisque les manichéens parlaient tant de morale, pourquoi ne pas s'incliner avec respect devant les Écritures où sont renfermés les préceptes qui sont le fondement et la règle de toute morale? et pourquoi chercher à ravir au christianisme ce qui fait sa principale beauté, sa plus haute gloire aux yeux des hommes? La règle de tout chrétien est d'aimer Dieu de toute la puissance de son esprit, et son prochain comme lui-même.

Cette morale toute divine resplendit dans l'Église catholique, et Augustin, dans une longue apostrophe[1] à cette véritable mère des chrétiens, lui dit que c'est la doctrine qu'elle enseigne à ses enfants. L'Église catholique sait former les hommes par des enseignements et des exercices proportionnés aux forces et à l'âge de chacun; proportionnés encore plus à l'âge qui se compte par les divers degrés de l'avancement de l'âme, qu'à celui dont les années sont la mesure. Des instructions et des pratiques faciles sont réservées aux *enfants*; les vérités élevées et les exercices forts sont pour les *hommes faits*; les *vieil-*

---

[1] Chap. xxx.

lards reçoivent les lumières pures et tranquilles de la sagesse. L'Église catholique a tout prévu et s'étend à tout dans ses enseignements salutaires. Elle a tracé aux maris et aux femmes des devoirs d'autorité douce et de chaste soumission; elle a soumis les enfants à ceux de qui ils tiennent la naissance; elle les place sous la domination des parents, dans une espèce de servitude toute libre, comme l'empire donné sur les enfants est tout de tendresse et de douceur. Elle tient les frères encore plus étroitement unis par le lien de la religion que par celui du sang, inspire une bienveillance réciproque à tous ceux que lie la parenté ou l'alliance, et fait subsister l'union des cœurs aussi bien que celle de la nature. L'Église catholique apprend aux serviteurs à s'attacher à leurs maîtres, bien plus par l'amour de leur devoir que par la nécessité de leur état; elle inspire aux maîtres de la bonté pour leurs serviteurs, et leur remettant sans cesse devant les yeux que Dieu est le maître commun des uns et des autres; elle ne se borne pas à unir les citoyens d'une même ville, elle unit encore les différentes nations et tout ce qu'il y a d'hommes sur la terre, non-seulement par les liens de la société civile, mais en leur faisant ressouvenir qu'étant tous descendus d'un même père, ils sont tous frères les uns des autres. L'Église catholique apprend aux rois à bien gouverner les peuples, et aux peuples à obéir à leurs rois. C'est en se tenant attaché aux mamelles de l'Église catholique, que l'homme puise une grande force, et se trouve enfin capable de suivre Dieu et de l'atteindre. Tels sont les enseignements, tel est le génie de l'Église catholique; ils sont demeurés les mêmes depuis qu'Augustin proclamait leur sublime caractère à la face de l'univers.

Augustin fait suivre la peinture de la doctrine de la peinture des mœurs. Les manichéens s'offraient au monde comme les seuls vertueux, les seuls purs; ils ouvraient les yeux sur les désordres de quelques chrétiens, pour les fermer sur la sainteté de ces milliers de fidèles qui, principalement en Orient et en Égypte, étonnaient la terre par le spectacle de leur perfection. Les solitaires, cachés au fond des déserts, n'ayant pour nourriture que du pain et de l'eau, passant leurs jours à s'entretenir avec Dieu, à contempler sa beauté souveraine avec l'œil d'une intelligence épurée, ont été accusés d'excès dans la vertu, accusés aussi de s'être rendus inutiles aux hommes, comme si leurs prières n'attiraient pas des bénédictions sur le monde, comme si l'exemple d'une telle vie n'était pas puissant pour inspirer l'amour du bien! Augustin ne parlera point de ceux-là, quoique les manichéens n'eussent guère pu continuer à vanter leur tempérance, à côté de ces anachorètes catholiques qu'on accuse d'avoir passé les bornes de la faiblesse humaine ; mais il citera ceux qui, réunis en communauté et dans des conditions moins au-dessus des forces de l'homme, vivent humbles, doux et tranquilles dans la chasteté, les prières, les lectures et les conférences spirituelles. Nul d'entre eux ne possède quoi que ce soit, mais le travail de leurs mains leur donne une paisible indépendance. A mesure qu'ils achèvent un ouvrage, ils l'apportent à leur *doyen;* c'est ainsi qu'ils appellent le chef de chaque dizaine, car les religieux étaient partagés en dizaines. Le doyen (decanus) épargne aux religieux tous les soucis temporels ; il leur fournit chaque chose dont ils ont besoin, avec une parfaite exactitude, et rend compte de tout au *père* ou à l'abbé. A la fin du jour, chacun sort de sa cellule pour se rendre auprès du père ; plus d'une communauté réunit trois mille moines et même davantage. Le père adresse la parole à tous ces religieux rangés autour de lui ; ils l'écoutent dans un merveilleux silence, et l'impression que fait en eux son discours n'éclate que par les soupirs et les larmes. Si quelque mouvement extraordinaire d'une joie toute sainte leur arrache des paroles, c'est avec tant de modestie et si peu de bruit, qu'on ne s'en aperçoit pas. Après l'exhortation, ils vont prendre leur nourriture, bien simple et bien frugale : la viande et le vin en sont bannis. Le superflu du produit des ouvrages de la communauté est distribué aux pauvres. Ces religieux travaillent tant et dépensent si peu pour leur vie, qu'ils peuvent souvent envoyer des navires chargés de vivres aux lieux où règne la misère. Mais, ajoute Augustin, nous avons assez parlé de ce qui est connu de tout le monde.

Il y avait aussi des communautés de femmes chastes, sobres et laborieuses : elles filaient et tissaient des étoffes pour se vêtir elles et leurs frères, qui, de leur côté, en échange des vêtements, leur fournissaient des vivres. Ce n'étaient point les jeunes religieux, mais les plus sages et les plus éprouvés des vieillards qui apportaient ces provisions; ils les déposaient à l'entrée du monastère, sans aller plus avant. « Quand je » voudrais, dit Augustin, entreprendre de louer » de telles mœurs, une telle vie, un tel ordre, » une telle institution, je ne saurais le faire di- » gnement; je craindrais de donner à penser que » le fond des choses n'est pas d'assez grand prix » pour se soutenir par soi-même, et qu'il ne suf- » fit pas de l'avoir exposé, si on ne le relève en- » core par les ornements de l'éloquence. »

Mais la pureté des mœurs et la sainteté de l'Église catholique ne sont pas renfermées dans d'aussi étroites bornes. Parmi les évêques, les prêtres, les diacres et les autres ministres chargés de la dispensation des saints mystères, que d'hommes vraiment éminents et vraiment saints! Leur vertu est d'autant plus admirable qu'il est plus difficile de la conserver dans le commerce du monde et dans l'agitation de la vie qu'on y mène. Ceux qu'ils ont à conduire ne sont pas des gens qui se portent bien, mais des malades à guérir. Il faut même supporter les vices des peuples avec beaucoup de patience, si on veut en venir à bout; avant de se trouver en état de remédier au mal, on est souvent forcé de le tolérer longtemps. Or, il en coûte de conserver, au milieu du trouble des affaires humaines, le calme de l'esprit et un genre de vie réglé. Les solitaires sont où l'on vit bien, les évêques et les prêtres sont où l'on ne fait qu'apprendre à bien vivre.

Augustin passe aux cénobites qui vivent dans les villes. « J'en ai vu, dit-il, à Milan, un très-
» grand nombre; ils vivaient saintement dans une
» même maison, sous la conduite d'un prêtre
» docte et pieux. J'ai encore vu à Rome plusieurs
» de ces monastères, dont chacun est gouverné
» par celui de tous qui a le plus de sagesse et de
» connaissance des choses de Dieu. On s'y mon-
» tre exactement et constamment soumis aux

» règles de la charité et de la sainteté chré-
» tiennes, et en même temps on y vit dans la
» liberté que Jésus-Christ nous a acquise. Ces
» religieux ne sont à charge à personne, pas plus
» que les premiers dont j'ai parlé; ils vivent du
» travail de leurs mains, selon la coutume des
» Orientaux et à l'exemple de saint Paul. J'ai su
» que quelques-uns poussent le jeûne si loin
» qu'on aurait peine à le croire. L'ordinaire,
» parmi eux, est de ne faire qu'un seul repas à
» la fin du jour; mais il s'en trouve qui passent
» quelquefois jusqu'à trois ou quatre jours sans
» boire ni manger. Et ce ne sont pas seulement
» des hommes qui vivent de la sorte, mais des
» compagnies entières de vierges et de veuves
» demeurant ensemble, faisant de la toile et des
» étoffes de laine dont le produit fournit à leurs
» besoins. La plus digne et la plus capable est à
» la tête de la communauté. Quelque sévère que
» soit la vie de ces maisons, chacun ne pratique
» les austérités que selon la mesure de ses for-
» ces [1]. On n'oblige personne à faire plus qu'il
» ne peut. » La plupart de ces religieux s'abstenaient de viande et de vin, excepté quand ils
étaient malades; ils acceptaient cette abstinence

---

[1] Plus tard, saint Augustin, dans sa *Règle*, recommanda que les austérités fussent proportionnées aux forces de chacun.

dans un esprit pénitent, et ne s'y condamnaient point par des idées superstitieuses; à la manière des manichéens, qui regardaient la chair comme impure, et le vin comme le fiel de la puissance des ténèbres.

Il était beau pour un catholique d'avoir à montrer à des ennemis le spectacle de tant de vertus. Augustin avait bien le droit de dire aux manichéens : Attaquez ceux-là, si vous le pouvez, regardez-les bien; comparez vos jeûnes à leurs jeûnes, votre chasteté à leur chasteté, leur modestie à votre modestie, et vous saurez la différence qu'il y a entre la réalité et les apparences, entre la voie droite et celle de l'erreur, entre le port assuré de la vraie religion et les écueils où la voix trompeuse des sirènes de la superstition fait tomber ceux qui la suivent! — Les manichéens n'avaient pas le droit de juger de la morale chrétienne par les déréglements ou les erreurs de quelques chrétiens indignes de ce nom. Qu'importaient aux vrais catholiques ces prétendus fidèles qui adoraient des sépulcres et des images, qui buvaient sur les tombeaux avec intempérance, qui préparaient des festins à des cadavres; et qui, en les ensevelissant, s'ensevelissaient eux-mêmes par leurs désordres qu'ils prenaient pour des actes religieux? Parmi l'innombrable multitude de chrétiens, quoi de surprenant qu'il se rencontre des gens livrés au mal! Ceux que les manichéens condamnaient, étaient déjà condamnés par l'Église catholique. Si on laisse les mauvais dans l'Église, c'est l'ivraie qu'on laisse au champ du Seigneur, de peur qu'en l'arrachant on arrache aussi le bon grain : la séparation se fera dans son temps. Quand le maître viendra, il nettoiera son aire et séparera la paille du froment.

Voilà, en quelques pages, l'esprit et les principales données de ce livre qui réduisait en poussière les calomnies des manichéens, montrait dans toute sa beauté la morale chrétienne, et présentait à l'admiration du monde cette société nouvelle née du calvaire, parée d'une perfection céleste que les siècles anciens n'avaient pas soupçonnée.

En regard de ce tableau si glorieux pour notre foi, le tableau des mœurs des manichéens établissait un étrange point de comparaison. Dans le livre qui fut une suite du livre *des mœurs de l'Église catholique*, Augustin arracha le masque à ces pieux imposteurs et déchira le voile derrière lequel ils cachaient le mensonge de leur vie. Il dit aux manichéens que parmi leurs élus il ne s'en est pas rencontré un seul dont la conduite n'ait été contraire à leurs maximes. Ils proscrivaient le vin, la viande, les bains, et ne s'en faisaient pas faute dans le secret de leur vie. La chasteté du foyer domestique n'était pas toujours à l'abri de leurs attaques. Augustin lui-même avait vu de ses propres yeux, dans un carrefour de Carthage, plusieurs élus suivre je ne sais quelles femmes avec d'ignobles manières : on comprenait sans peine que c'était là une habitude dont ils ne se cachaient pas entre eux. Cette corruption demeurait impunie.

En 372, une loi de Valentinien avait défendu aux manichéens de tenir aucune assemblée. Constance [1], qui depuis a été inscrit au nombre des saints de l'Église catholique, était alors auditeur manichéen. Il possédait de grands biens, et proposa aux élus de les réunir en communauté à ses dépens, et de les ranger ainsi sous la règle de Manichée; l'offre fut acceptée. La règle était apparemment assez sévère. Les élus manichéens, qui ne parlaient que d'austérité, se trouvèrent mal à leur aise quand il fallut subir la réalité d'une vie si dure; leur hypocrisie fut percée à jour; ils déguerpirent tous successivement. Augustin n'avait consigné ce fait dans son livre qu'après s'être assuré à Rome de son entière exactitude. Augustin peignit les mœurs des ma-

---

[1] On ne sait pas avec précision quel est ce Constance. Saint Augustin, saint Prosper et Pallade parlent d'un Constance qu'ils mêlent à divers événements.

nichéens pour faire tomber leurs mensonges devant le monde et faire germer dans leurs âmes des sentiments meilleurs. Il ne s'emportait point contre les erreurs des manichéens, mais elles lui inspiraient une compassion profonde.

Cette douceur de langage, jointe à l'autorité que donnait à Augustin son passé avec les manichéens, était propre à ramener les sectaires de bonne foi. Il y a dans la modération une grande puissance pour mener à la vérité, et cette puissance de miséricorde et d'amour ne quittera jamais les écrits d'Augustin. Lorsqu'on a été faible soi-même, on traite doucement les faibles. Deux choses vous rendent indulgent : l'expérience des infirmités de l'humaine nature, ou la connaissance profonde de ces infirmités. Augustin avait ces deux choses, et voilà pourquoi il s'est montré si compatissant pour les hommes.

CHAPITRE VIII.

Correspondance entre saint Augustin et Nébride. — Mort d'Adéodat. — Les six livres sur la musique. — Le livre de la véritable Religion.

La retraite d'Augustin aux environs de Tagaste était trop voisine de la ville pour que sa solitude fût respectée. Dans une lettre écrite vers la fin de l'année 388, Nébribe plaint son ami d'être livré aux importunités de ses compatriotes qui lui prenaient son temps et ses forces; pourquoi les amis d'Augustin ne s'occupaient-ils pas à protéger ses loisirs? à quoi songent donc Romanien et Lucinien? « Que les importuns m'entendent, dit Nébride; moi je crierai, moi j'annoncerai que vos amours, c'est Dieu; que votre goût, c'est de le servir et de vous attacher à lui. Je voudrais vous attirer à ma maison des champs et vous y garder. Je ne craindrais point d'être appelé votre ravisseur par ces compatriotes que vous aimez trop, et dont plusieurs vous accablent de leur amitié. »

Il nous reste des fragments d'une correspondance philosophique entre Nébride et Augustin, qui se rapporte à l'année 389. Nébride pose à son ami diverses questions : la mémoire peut-elle agir sans l'imagination? est-ce des sens ou d'elle-même que l'imagination tire les images des choses? comment les démons peuvent-ils envoyer aux hommes des songes et des illusions nocturnes? qu'est-ce que les chrétiens entendent par l'union mystérieuse qui s'est faite entre la nature divine et la nature humaine? pourquoi le fils s'est-il incarné plutôt que le père? l'âme, outre le corps auquel elle est unie, n'en a-t-elle point quelque autre plus subtil et qui en soit inséparable? puisque les hommes, quoique différents les uns des autres, font néanmoins les mêmes choses, pourquoi le soleil ne fait-il pas les mêmes choses que les autres astres? la sagesse suprême et éternelle renferme-t-elle en soi l'idée de chaque homme en particulier? Augustin répond à toutes ces questions avec pénétration et vivacité.

Nébride l'accuse tendrement de ne pas songer assez aux moyens de passer leur vie ensemble. Augustin se défend de ce reproche qui afflige son cœur. Dans sa situation nouvelle, il est mieux là où il est maintenant, qu'il ne le serait à Carthage ou aux environs de Carthage. Il ne sait comment faire avec Nébride[1]. Lui enverra-t-il une voiture

---
[1] Lettre X.

pour l'amener dans sa retraite? mais Nébride est malade, et sa mère, qui ne voulait pas le laisser partir en bonne santé, ne le voudra pas dans l'état de souffrance et de faiblesse où il se trouve. Faut-il qu'Augustin aille le joindre? mais il a des compagnons de solitude qu'il ne saurait emmener et qu'il ne croit pas devoir quitter; Nébride est capable de converser utilement avec lui-même, et les jeunes compagnons d'Augustin n'en sont pas encore là. Faut-il qu'il aille et qu'il vienne, et qu'il soit tantôt avec Nébride, et tantôt avec eux? mais ce n'est là ni vivre ensemble, ni vivre selon leurs projets. De Tagaste au lieu qu'habite Nébride, le trajet n'est pas petit, c'est un voyage, et dans ces voyages répétés il n'y aurait plus ni repos ni loisir. De plus, Augustin est délicat et souffrant; il ne peut pas tout ce qu'il voudrait, et se résigne à ne vouloir que ce qu'il peut. Tous ces embarras d'allée et de venue ne conviennent pas à ceux qui pensent à ce dernier voyage qu'on appelle la mort, le seul voyage qui mérite d'occuper l'esprit de l'homme. Il est des personnes privilégiées qui, dans le fracas des voyages, conservent le calme et la tranquillité du cœur, et qui, dans les agitations, ne perdent pas de vue la fin dernière. Mais Augustin trouve difficile de s'apprivoiser avec la mort au milieu du tumulte des affaires. Il lui faut, quant à lui, une retraite profonde, une entière séparation du bruit de toutes les choses qui passent.

Les lettres d'Augustin ravissaient Nébride. « Il » n'y a rien de plus grand, lui disait-il, non par » l'étendue, mais par l'importance et la solidité » des choses. Il me semble entendre parler Pla- » ton, Plotin et Jésus-Christ même. J'y trouve » une éloquence qui charme l'oreille, une brièveté » qui empêche qu'elles ne lassent jamais, un fonds » de sagesse qui fait qu'on y profite d'autant » plus qu'on les entend mieux [1]. » De son côté, Augustin parlait à Nébride de ses *divines pensées*, et de la peine qui s'attachait au moindre retard de sa correspondance [2].

Nébride mourut chrétien peu de temps après. « Quoi que puisse être le sein d'Abraham, disait » Augustin, c'est là que mon cher Nébride est » vivant. »

C'est durant le dernier temps du séjour d'Augustin aux environs de Tagaste, que nous devons placer l'époque de la mort de son fils Adéodat. Ce jeune homme, qu'Augustin appelle *l'enfant de son péché* [3], et dans lequel il ne voulait reconnaître rien de lui que son *péché*, étonnait par sa vive intelligence ; de bonne heure il avait été

---

[1] Lettre VI.
[2] Lettre XI.
[3] Livre IX, chap. vi.

admis aux graves conférences de son père. « La grandeur de son esprit, dit saint Augustin, me causait une sorte d'épouvante. » Ce précoce génie se révèle dans les dialogues du *Maître*[1], où l'introduisit Augustin, reproduisant exactement les termes mêmes d'Adéodat; celui-ci avait alors seize ans. Le livre des *dix Catégories* tirées d'Aristote lui est adressé. Depuis son baptême, Adéodat avait vécu comme vivent les anges; il avait dix-sept ou dix-huit ans lorsqu'il quitta la terre. Son père nous dit, dans ses *Confessions*, qu'il a gardé d'Adéodat un souvenir qui n'est mêlé d'aucune crainte, car Dieu lui avait pardonné les fautes de son enfance et de son adolescence, et épargné celles de l'âge mûr.

Les trois années d'Augustin aux environs de Tagaste ne furent pas moins fécondes que les six mois passés à Cassiciacum; Augustin s'y appliqua aux Écritures plus qu'il ne l'avait fait jusque-là. Dans l'intérêt de ses études bibliques, il se remit au grec, qui avait inspiré tant d'aversion à son enfance; les diverses éditions des Septante et les meilleurs interprètes grecs, la traduction latine faite sur l'hébreu par saint Jérôme, furent autant de voies qui le conduisirent dans le sanctuaire de la divine parole. Nous avons parlé de

---

[1] Le livre du *Maître* fut composé en 389.

quelques livres commencés à Rome et achevés dans la solitude de Tagaste ; nous avons cité aussi le livre du *Maître* : les autres ouvrages qui sortirent de cette retraite furent les deux livres sur la Genèse contre les manichéens, composés en 389 ; les six livres sur la musique, commencés en 387 et terminés en 389, et le livre de la véritable Religion. Du commentaire de la Genèse, la vérité s'échappe tout armée contre les disciples de Manès. Dans ce travail se montre pour la première fois le pénétrant génie d'Augustin dans l'interprétation des livres divins.

Les six livres sur la musique, composés à des heures de loisir, avaient pour but de mener à Dieu, à l'harmonie éternelle, ceux qui aiment les lettres et la poésie. La musique était comme un moyen de plus qu'Augustin reconnaissait pour arriver aux magnifiques merveilles de l'infini. Dans la Revue de ses ouvrages, le docteur traite sévèrement les six livres sur la musique, parce qu'il les juge au point de vue de la gravité de sa position épiscopale ; de pieux auteurs ont cru devoir accepter cette sévérité. Mais il appartient à l'appréciateur moins exclusif de rendre au génie toute la gloire de ses œuvres, et de le relever lorsqu'il se condamne lui-même par trop de scrupules. L'imagination d'Augustin planait dans l'immensité. Dans son ardent besoin d'ouvrir aux hommes toutes sortes de voies pour les conduire à Dieu, le solitaire de Tagaste s'était arrêté à la musique, qui a toujours eu le privilége de ravir au ciel les âmes d'élite. En 408, l'évêque Mémorius avait demandé cet ouvrage à l'évêque d'Hippone. Celui-ci, dans sa réponse[1], s'excusait de ne l'avoir point encore envoyé; il désirait le corriger, mais le poids des affaires ne lui en laissait pas la liberté. Les six livres traitent seulement du temps et du mouvement; saint Augustin avait le projet d'ajouter encore six autres livres sur la modulation : il dit à Mémorius que, depuis qu'il a été chargé des soins de l'épiscopat, *toutes ces charmantes frivolités lui sont tombées des mains*. Il ne savait même pas à cette époque s'il pourrait retrouver ce qu'il avait fait. Saint Augustin juge les cinq premiers livres fort difficiles à entendre, à moins qu'on n'ait quelqu'un qui, non-seulement puisse distinguer ce qu'il faut dire à chacun des interlocuteurs, mais encore qui puisse faire sonner les longues et les brèves, en sorte que les différentes proportions des nombres s'entendent et frappent l'oreille. Cela est d'autant plus difficile, ajoute-t-il, que les sons des mots apportés en exemple sont entremêlés de certains silences mesurés qu'on ne saurait re-

---

[1] Lettre CI.

connaître, à moins d'être aidé par un homme qui prononce selon les règles. En envoyant à Mémorius le sixième livre, le seul qu'il eût trouvé, il lui disait modestement que les cinq premiers ne valaient pas la peine d'être lus ni étudiés. Il est vrai, d'ailleurs, que le sixième livre est comme un résumé des cinq premiers. Il termine ainsi sa lettre : « Je n'ai point marqué quelles sont les » mesures des vers de David, parce que je les » ignore, ne sachant pas l'hébreu, et parce que » l'interprète latin, en traduisant sur l'hébreu, » n'a pas pu les conserver : l'assujettissement à » la mesure des vers aurait nui à l'exactitude du » sens. Je crois néanmoins, sur la foi de ceux » qui savent cette langue, que ces vers ont une » mesure certaine, car le saint prophète aimait » à faire servir la musique à sa piété, et c'est lui, » plus qu'aucun autre, qui m'a donné de l'amour » pour cette étude. »

Il n'y a peut-être pas quatre hommes en Europe qui aient lu les six livres de saint Augustin sur la *musique*. Cet ouvrage, plein de choses ingénieuses et profondes et qui n'a point reçu, au grand regret de la postérité, le complément que l'auteur avait en vue, est un curieux monument de l'état de l'art dans ces âges reculés. Aujourd'hui que tout le monde s'occupe de musique, sur les bords de la Seine comme sur les bords de la Néva, aux rives du Danube et du Rhin comme aux rives de l'Arno et du Tibre, nous voudrions qu'une bonne traduction française, faite ou dirigée par un homme habile dans la science musicale, popularisât l'œuvre de saint Augustin.

Parmi les ouvrages que produisit Augustin à cette époque, il en est un qui est surprenant, c'est le *Livre de la véritable Religion*. Le fils de Monique, nouveau venu dans la milice évangélique, remue les questions chrétiennes avec une puissance qui semblerait ne devoir appartenir qu'aux vieux athlètes de la foi. On sent monter comme une séve d'inspiration et de vérité dans ce jeune génie qui s'épanouit sous le soleil du christianisme. Nous parlerons avec étendue du Livre de la Religion pour que nos lecteurs puissent tirer profit des pensées et des raisonnements qui s'y trouvent renfermés. L'auteur va toujours au fond des choses; il prend toujours les questions par les racines, et quand on désire faire connaître une œuvre de ce penseur abondant et profond, il faut bien se garder d'une analyse superficielle !

Au milieu des nations polythéistes, il y avait des sages ou philosophes qui professaient sur la divinité des idées différentes de celles du peuple, et qui cependant se mêlaient au peuple, au pied des mêmes autels, sous les voûtes des mêmes temples. Leur penséé propre était opposée aux doctrines qu'ils avaient l'air de pratiquer extérieurement. Socrate jurait par un chien, par une pierre, par le premier objet qui frappait son regard. Les moindres ouvrages de la nature était produits par l'ordre de la divine Providence; ces ouvrages lui paraissaient meilleurs et plus dignes d'adoration que les dieux sortis du ciseau de l'ouvrier. Par là, Socrate voulait avertir les hommes de leur erreur, et ramener leur esprit vers la suprême Divinité; il leur montrait aussi combien il était insensé d'imaginer que ce monde visible fût Dieu lui-même, puisque la moindre parcelle de ce monde, une pierre ou un morceau de bois, eût alors mérité les hommages des mortels, comme faisant partie de la divinité. Socrate proclamait ainsi la croyance à un Dieu unique, auteur des âmes et du monde visible.

Platon écrivit ensuite d'une manière plus attrayante pour plaire, dit Augustin, que puissante pour persuader; car, ajoute-t-il, Dieu n'avait point appelé ces sages à convertir les peuples, à les faire passer de la superstition des idoles et de cette folie universelle au culte du vrai Dieu. Socrate adorait les mêmes idoles que le peuple. Depuis sa condamnation et sa mort, personne n'osa plus jurer par un chien ni donner le nom de Jupiter aux pierres qu'on rencontrait. On se contenta de consigner dans les livres les maximes du maître, et de les conserver dans la mémoire des hommes.

Augustin ne veut pas examiner quels motifs ont pu porter les philosophes d'Athènes à cacher leur véritable doctrine; est-ce la crainte de la mort, est-ce l'inopportunité du temps? Il se dispense de juger cette question; mais, sans offenser les platoniciens de son époque, il ose assurer que l'heure est venue où nul ne peut plus mettre en doute la vraie religion, la vraie voie qui mène à la béatitude.

Platon enseignait que la vérité ne se voit point par les yeux corporels, mais par un esprit purifié; que la corruption des mœurs et les images des choses sensibles éloignent du vrai et engendrent dans l'esprit une multitude de fausses opinions; qu'il faut d'abord guérir notre âme pour qu'elle contemple la forme immuable des choses, la beauté inaltérable ne recevant ni étendue par les lieux, ni changements par les temps, cette beauté que les hommes nient et qui pourtant possède seule l'être souverain et véritable par lequel subsistent toutes les choses dont la durée s'écoule devant nous. D'après l'enseignement de Platon, l'âme raisonnable peut seule, parmi ces choses, jouir, être touchée de la contemplation de l'éternité divine, en tirer son éclat et mériter une vie heureuse. Mais l'âme raisonnable, se laissant atteindre par l'amour et la douleur des choses passagères, s'attachant à la longue accoutumance de cette vie, et aux sens du corps, se perd à la fin dans le vague chimérique de ses imaginations, au point de ne plus comprendre et de tourner en dérision ceux qui proclament l'existence d'un être éternel, visible seulement à l'œil de l'intelligence.

Voilà ce que Platon s'efforçait de persuader à ses disciples.

Si donc un de ces disciples fût venu un jour lui dire : Maître, n'accorderiez-vous pas les honneurs divins à un homme qui persuaderait aux peuples de croire ces vérités à défaut de les comprendre, et qui inspirerait à ses disciples la force de ne pas céder au courant des opinions vulgaires? — Platon aurait répondu qu'aucun homme ne pourrait accomplir une telle œuvre, à moins que la Sagesse de Dieu en choisît un, et l'unît à elle-même : après avoir éclairé cet élu dès le berceau, non par des instructions humaines, mais par l'infusion d'une lumière secrète et intérieure, il faudrait que la divine Sagesse embellît son âme de tant de grâces, la fortifiât d'une constance si ferme, et enfin l'élevât à un tel point de grandeur et de majesté, que, méprisant ce que les autres hommes souhaitent, supportant tout ce qu'ils craignent, faisant tout ce qu'ils admirent, il pût changer le monde entier, et l'entraîner à une croyance salutaire par la puissance de l'amour, et par une irrésistible autorité.

Ainsi aurait répondu Platon :

« Or, s'écrie éloquemment Augustin, si ce que Platon eût dit est réellement arrivé; si tant de livres et d'ouvrages le publient; si d'une des provinces de la terre, la seule fidèle au vrai Dieu, et dans laquelle devait naître l'homme admirable dont nous avons parlé, Dieu a tiré des hommes et les a envoyés à travers l'univers pour y allumer les flammes de l'amour céleste par leurs paroles et leurs miracles; s'ils ont laissé après eux la lumière de la foi répandue dans toute la terre, et, pour ne pas parler des choses passées, si l'on prêche publiquement aujourd'hui dans tous les pays et à tous les peuples *que le Verbe était dans le commencement, que le Verbe était en Dieu, que le Verbe était Dieu, qu'il était dès le commencement dans Dieu, que tout a été fait par lui, et que rien n'a été fait sans lui*; si on prêche le mépris des trésors de la terre, et si on invite à amasser des trésors dans le ciel; si on prêche une morale sublime à tous les peuples de la terre, et s'ils l'écoutent avec respect et plaisir; si le sang de tant de martyrs a fécondé et multiplié les Églises jusqu'aux pays les plus barbares; si on ne s'étonne plus maintenant de voir des milliers de jeunes hommes et de vierges vivre dans la continence, au lieu que Platon, par la crainte de l'opinion de son siècle, n'osa point prolonger la chaste vie qu'il avait commencée, et fit un sacrifice à la nature pour expier cette faute; s'il n'est plus permis maintenant de douter de ces maximes, qu'on ne pouvait d'abord proposer sans extravagance; si dans les villes, les bourgs, les châteaux, les villages, les campagnes, on prêche ouvertement et puissamment de détourner son cœur des choses de la terre, et de le tourner tout entier vers le seul et vrai Dieu; si dans le monde entier les hommes répètent qu'ils ont le *cœur élevé vers le Seigneur* [1], pourquoi demeurer dans l'assoupissement de l'ignorance et de l'erreur? pourquoi aller chercher les oracles de Dieu dans les entrailles des bêtes mortes? Et lorsqu'il s'agit de parler de ces matières, pourquoi aimer mieux avoir Platon à la bouche que Dieu dans le cœur [2]? »

« Les platoniciens, les philosophes qui s'inspirent aujourd'hui encore des doctrines de Pla-

---

[1] Sursum corda; habemus ad Dominum. (Paroles de la Préface de la messe.)
[2] Chap. III.

ton, doivent reconnaître Dieu en cette rencontre, et s'incliner devant le maître qui a convaincu de ces vérités tous les peuples du monde. Qu'ils cèdent à celui qui a accompli cette grande merveille, et que leur curiosité ou leur vaine gloire ne les empêche pas de reconnaître la différence qu'il y a entre les conjectures superbes d'un petit nombre de philosophes, et le salut manifeste et la réforme de toutes les nations[1]. »

Ces derniers mots sont bien dignes d'être médités par les esprits prévenus qui, de nos jours encore, s'obstinent à ne voir dans Jésus-Christ, Messie annoncé, Sauveur de la race humaine tombée, que le continuateur naturel de Platon.

Le chapitre V renferme une remarquable parole : « Nous croyons et nous enseignons comme » fondement du salut des hommes, dit Augustin, » que la philosophie, c'est-à-dire l'amour de la » sagesse et la religion, sont une même chose[2]. »

La vraie religion n'est pas dans la confession du paganisme, ni dans l'impureté de l'hérésie,

---

[1] Ergo cedant ei a quo factum est, nec curiositate aut inani jactantiâ impediantur quominus agnoscant, quid intersit inter paucorum tumidas conjecturas et manifestam salutem correptionemque populorum. Cap. IV.

[2] Sic enim creditur et docetur quod est humanæ salutis caput, non aliam esse philosophiam id est sapientiæ studium et aliam religionem. Cap. V.

ni dans la langueur du schisme, ni dans l'aveuglement du judaïsme, qui n'attend de Dieu que des biens visibles et passagers; mais elle est seulement parmi les chrétiens catholiques qui gardent la pureté des mœurs et la vérité de la doctrine.

Quelquefois, dit Augustin, des injustices s'accomplissent; des chrétiens vertueux sont chassés de la communion de l'Église par des troubles et des tumultes que les méchants excitent contre eux. Alors ceux-là sont couronnés en secret par le père qui les voit dans le secret[1].

Le premier fondement de la religion catholique, c'est l'histoire, c'est la prophétie, qui découvre la conduite de la Providence divine dans le cours des temps, pour le salut des hommes, afin de leur donner une nouvelle naissance, et de les rétablir dans la possession de la vie perdue. L'ineffable bonté du père commun des hommes s'est servie des aventures muables soumises à l'ordre immuable de ses lois pour révéler à tout le monde la suprême perfection de sa nature. C'est ce qu'elle a fait par l'établissement de la religion chrétienne dans les derniers temps. Saint Augustin, au livre Ier, chap. XIII de sa *Revue*, a noté cette pensée, qui semble

---

[1] Chap. VI.

présenter le christianisme comme une œuvre nouvelle; il remarque que la religion chrétienne a précédé l'apparition du Sauveur sur la terre: Elle existait dans les premiers hommes qui croyaient à la naissance, à la mort, à la résurrection future du Messie.

CHAPITRE IX.

Continuation du même sujet.

Avant de descendre plus avant dans les profondeurs de son sujet, Augustin recommande une grande attention à son ami Romanien, à qui le livre de *la véritable Religion* est adressé; il lui répète que s'il y trouve quelque vérité, il doit la recevoir et l'attribuer à l'Église catholique, et que s'il y trouve quelque erreur, il doit la rejeter et la lui pardonner comme à un homme[1]. N'oublions pas qu'Augustin écrivait en face des païens et des manichéens, et surtout contre ces derniers.

Toute existence tire son origine de Dieu, parce qu'il est le principe souverain de chaque chose. Il n'y a point de vie qui soit un mal en tant qu'elle est vie, mais seulement en tant qu'elle penche à la mort, et la mort de la vie n'est autre chose que la *corruption* ou la *méchanceté*. Les Latins lui ont donné le nom de *nequitia*, pour marquer qu'elle n'est rien, et c'est pourquoi ils appellent les méchants *hommes du néant* (*homines nihili.*)

[1] Chap. x.

La vie qui, par une défaillance volontaire, se sépare de son Créateur en se jetant dans l'amour des corps, contre la loi de Dieu, tombe peu à peu dans le néant.

Le corps conserve toujours l'alliance et l'harmonie de toutes ses parties, sans lesquelles il ne pourrait pas subsister. Il est créé par celui qui est le principe et l'origine de l'alliance et de l'harmonie de toutes les choses. Le corps ayant une beauté, sans laquelle il ne serait pas un corps, il s'ensuit que si on veut remonter au Créateur, il faut chercher celui qui est le plus beau de tous les êtres, puisqu'il est la source de toute beauté.

La mort ne vient pas de Dieu. « Dieu n'a point fait la mort, dit la Sagesse, et ne se réjouit point de la perte des vivants. »

Les choses ne meurent qu'en tant qu'elles conservent moins d'être; elles meurent d'autant plus qu'elles sont moins.

Les âmes ont une volonté libre, et voilà pourquoi elles peuvent pécher. Dieu a jugé que ses serviteurs le serviraient mieux s'ils le servaient librement. Les anges servent Dieu librement, et leur adoration n'est utile qu'à eux-mêmes, et non pas à Dieu, parce que Dieu étant par lui-même tout ce qu'il est, n'a pas besoin du bien d'un autre.

Les affections sont à l'âme ce que les lieux

sont au corps; l'âme se meut dans les affections de la volonté, comme le corps dans les espaces des lieux.

La déchéance primitive ayant rendu notre corps sujet à la mort, nous a appris à détourner notre amour des plaisirs du corps pour le porter vers l'essence éternelle de la vérité. La beauté de la justice se réunit ici à la beauté de la miséricorde : comme les biens inférieurs nous ont trompés par leur douceur, ainsi les peines nous instruisent par leur amertume[1]. Tout faible et tout corruptible que soit notre corps, il ne nous empêche pas encore de tendre à la justice et de nous abaisser sous la majesté du seul Dieu véritable. L'homme de bonne volonté qui se remet entre les mains de Dieu trouve, par son assistance dans les peines de cette vie, l'exercice de sa vertu et de son courage.

Arrivant à l'incarnation du Verbe, Augustin y découvre le plus grand témoignage de bonté et d'amour que Dieu pouvait donner aux hommes. Le fils unique, co-substantiel et co-éternel au père, en prenant notre humanité pour l'unir à lui, a montré combien la nature de l'homme est au-dessus du reste des créatures; il aurait pu

---

[1] Et est justitiæ pulchritudo cum benignitatis gratiâ concordans, ut quoniam bonorum inferiorum dulcedine decepti sumus, amaritudine pœnarum erudiamur. Cap. xv.

prendre, pour se montrer au monde, un corps céleste proportionné à la faiblesse de notre vue, mais il s'est revêtu de la même nature qui devait être délivrée ; il s'est fait homme et a voulu naître d'une femme ; c'était honorer l'humanité toute entière. C'est par la persuasion seule que le Verbe fait chair a agi sur les hommes : il a fait des miracles pour prouver qu'il était Dieu, il a souffert pour prouver qu'il était homme. Lorsqu'il parlait au peuple comme Dieu, il désavoua sa mère; toutefois, dans sa jeunesse, il était soumis à son père et à sa mère, selon la parole expresse de l'Évangile[1]. Le Verbe faisait voir, par sa doctrine, qu'il était Dieu, et, par la différence et la succession des divers âges de la vie, qu'il était homme. Quand il voulut agir en Dieu, en changeant l'eau en vin, il dit à sa mère : *Femme, retirez-vous de moi; qu'avons-nous de commun ensemble? Mon heure n'est pas venue.* Mais l'heure étant venue où il devait mourir comme homme, il reconnut cette même mère au pied de sa croix, et la recommanda à celui de ses disciples qu'il aimait le plus. Toute la vie humaine du Sauveur a été une instruction continuelle pour le règlement des mœurs. Sa résurrection a montré qu'il ne se perd rien de la nature de l'homme, rien ne périssant à l'égard de Dieu.

---

[1] Et erat subditus illis.

La manière dont la doctrine divine est enseignée dans la religion chrétienne est le chef-d'œuvre de l'art d'instruire les hommes[1].

Grâce à l'obscurité des Écritures, nous mettons de l'ardeur à chercher la vérité, et nous éprouvons du plaisir à la trouver.

La piété commence par la crainte et s'achève par l'amour : c'est là toute l'économie de l'Ancien et du Nouveau Testament.

Lorsque la grâce de Dieu descendit sur la terre par l'incarnation de la sagesse éternelle revêtue de la nature humaine, Dieu établit des signes ou des sacrements pour entretenir la société des peuples que le christianisme unirait ensemble. Cette société se compose d'une grande multitude de personnes libres, qui sont tenues de ne servir que Dieu seul. Les anciennes prescriptions, sorte de chaînes que les juifs traînaient avec eux, sont abolies ; elles demeurent écrites uniquement pour l'instruction de notre foi et l'éclaircissement de nos mystères. Ces prescriptions ne lient plus les hommes en les rendant esclaves, mais exercent leur esprit en les laissant libres. Un même Dieu a inspiré les deux Testaments, en les proportionnant aux besoins des hommes, à des époques différentes. La Providence immuable gouverne di-

---

[1] Chap. xvii.

versement les créatures muables. On sait que les marcionites, les manichéens et autres hérétiques rejetaient l'Ancien Testament.

Voici qui est directement contre les manichéens.

L'être, à quelque degré qu'il soit, est un bien. Or, tout bien est Dieu ou vient de Dieu. La corruption ou la mort sont un mal, mais tout ce qui se corrompt, tout ce qui meurt est un bien. Le contraire de la corruption et de la mort est un certain ordre naturel, et cet ordre est un bien. Ces biens-là se corrompent, parce qu'ils ne sont pas des biens souverains. Ainsi ces choses viennent de Dieu puisqu'elles sont bonnes, mais elles ne sont pas Dieu, parce qu'elles ne sont pas souverainement bonnes. Dieu, c'est le bien que la corruption ne peut atteindre.

La première corruption de l'âme, c'est la volonté de faire ce que la vérité souveraine lui défend. C'est ainsi que le premier homme a été chassé du paradis, et a passé dans ce monde, c'est-à-dire de l'éternité au temps, des richesses à la pauvreté, de la force à la faiblesse. « Par là, » nous découvrons, dit le profond Augustin, » qu'il existe un bien que l'âme raisonnable ne » peut aimer sans péché, parce que l'ordre au- » quel il appartient se trouve au-dessous d'elle. »

La plume de fer (*stylus ferreus*) a été faite pour

écrire d'un côté et pour effacer de l'autre. Elle est belle dans sa forme, et tout y concourt à l'usage auquel elle est destinée. Mais s'il prenait à quelqu'un la fantaisie d'écrire du côté par où l'on efface, et d'effacer du côté par où l'on écrit, devrait-on accuser la plume d'être mauvaise? Il en est de même de la volonté humaine appliquée aux choses morales.

La beauté du corps est la dernière de toutes, parce qu'elle est emportée dans une perpétuelle vicissitude. Les créatures qui apparaissent dans ce mouvement incessant ne peuvent subsister toutes en même temps. Les unes se retirent pour faire place à d'autres. Ce grand nombre de formes et de beautés passant, l'une après l'autre, dans la révolution des siècles, composent une seule beauté et une seule harmonie. Ces apparitions successives ne sont pas mauvaises, parce qu'elles sont passagères; comme un vers ne laisse pas d'être beau, quoiqu'on n'en puisse prononcer deux syllabes en même temps.

Il y a des gens qui aiment mieux les vers que l'art de faire les vers, préférant le plaisir de l'oreille à la satisfaction de l'esprit. De même il y a beaucoup de mortels qui aiment les choses temporelles sans songer à la Providence divine, qui forme et règle les temps; dans leur amour des créatures passagères, ils ne peuvent souffrir de voir passer celles qui leur sont chères, semblables à un homme à qui on dirait un beau vers, et qui n'en voudrait écouter qu'une syllabe. Cependant on ne trouve personne qui écoute ainsi des vers, et le monde est plein de ceux qui jugent ainsi les choses humaines! Cela arrive, parce que chacun peut aisément écouter, nonseulement tout un vers, mais tout un poëme, au lieu que personne ne peut voir toute la suite des siècles. On prononce les vers devant nous, et on les soumet à notre jugement, et le temps s'écoule inexorablement devant nous, et nous fait souffrir ses vicissitudes. Ceux qui sont vaincus dans les jeux olympiques ne les trouvent plus beaux, et pourtant les jeux ne perdent rien de leur beauté, quoique les combattants y perdent l'honneur de la victoire. Le gouvernement du monde ne déplaît qu'aux méchants et aux damnés, à cause du misérable état où ils se trouvent. Mais le malheur est, pour l'homme vertueux, un sujet de louer Dieu, soit qu'il combatte encore et qu'il remporte des victoires sur la terre, soit qu'il triomphe dans le ciel!

Nos ancêtres ne se sont rendus à la foi chrétienne qu'après des miracles visibles. Depuis qu'ils ont fait éclater leur croyance, les miracles ne sont plus nécessaires. Après l'établissement de l'Église dans toute la terre, qu'est-il besoin de nouvelles preuves de la divinité de Jésus-Christ?

Ici, comme en d'autres ouvrages, Augustin marque les deux voies de l'autorité et de la raison pour arriver à la vérité. En suivant l'autorité on suit encore la raison, dit expressément ce grand homme, lorsque l'on considère qui l'on doit croire. La raison est un magnifique auxiliaire pour monter des choses visibles aux invisibles, des choses temporelles aux éternelles. Il ne faut pas que la beauté, l'ordre, l'admirable harmonie de la création soit pour nous un spectacle inutile, l'objet d'une curiosité passagère. La vue de ces choses doit nous servir comme d'un degré pour passer aux choses immortelles. Demandez-vous d'abord quelle est cette âme qui vit et connaît cet univers; elle doit être plus excellente que le corps, puisqu'elle lui donne la vie. Quelque grande, vaste ou brillante que puisse être une créature purement corporelle, elle ne mérite pas beaucoup d'estime si elle est privée de vie, car, d'après la loi de la nature, la moindre des substances vivantes est préférable à la plus parfaite des substances inanimées. Les animaux ont, comme nous, la vie et des sens; la plupart d'entre eux ont la vue plus perçante que nous, et s'attachent plus fortement aux objets corporels; mais nous avons la raison, qui nous rend supérieurs aux bêtes, qui nous donne la puissance de juger toutes choses, et cette puissance est la gloire et la dignité particulière de l'homme!

Les chapitres trente, trente-et-un et trente-deux renferment des vues belles et profondes sur les arts, sur Dieu considéré comme vérité immuable, règle souveraine de tous les arts. Nous ne découvrons avec les yeux du corps que les plus grossières images de cette règle éternelle : l'œil de l'esprit peut seul l'entrevoir. Il est une beauté, une harmonie mystérieuse venant d'en haut qui, à notre insu, inspire nos jugements dans les arts. Les choses nous paraissent plus ou moins parfaites, selon qu'elles se rapprochent plus ou moins du vague idéal qui vit au fond de notre âme. Les plus belles choses humaines offrent des traits et des marques de l'unité première, type éternel du beau. Cette manière de comprendre les arts leur donne une bien sublime poésie ; elle en fait comme une sorte de réminiscence du ciel.

Dans la suite de ce livre, notre auteur creuse merveilleusement les questions morales. Les lieux, dit-il, nous présentent des objets pour les aimer, les temps nous ravissent ce que nous aimons, et laissent l'âme en proie aux fantômes. Ainsi l'âme s'inquiète et se tourmente sans cesse, s'efforçant en vain de retenir des choses qui la retiennent elles-mêmes : Dieu l'invite à ne plus aimer ce qui ne peut l'être sans trouble et sans travail. L'humanité tomba par l'amour des créatures; elle a achevé sa corruption par l'adoration des créatures qui est l'idolâtrie et le panthéisme; il faut qu'elle se relève et se guérisse par le culte du Dieu unique et l'amour de l'immuable et incorruptible beauté.

Voici une peinture du chrétien qui aime les hommes comme on doit les aimer :

« Celui-là [1], tant qu'il est dans cette vie, se sert de ses amis pour témoigner sa reconnaissance, de ses ennemis pour exercer sa patience, des autres qu'il peut soulager pour leur faire part de sa charité, et des hommes en général pour les embrasser tous dans une même affection. Il n'aime point les choses sujettes au temps, mais il en sait d'autant mieux user. S'il ne peut être également utile à tous les hommes, il les assiste selon leurs conditions. S'il parle à quelqu'un de ses amis avec prédilection, ce n'est pas qu'il l'aime plus que le reste du monde, mais il a une plus grande confiance en lui, et trouve la porte plus souvent ouverte pour arriver à son cœur. Il traite d'autant mieux les hommes attachés aux choses du temps qu'il en est lui-même plus dégagé. Comme il ne peut assister tous les hommes, quoiqu'il les aime d'un égal amour, il manquerait

---

[1] Chap. XLVII.

à la justice s'il ne se dévouait point particulièrement à ceux avec qui il est lié : la liaison de l'esprit est plus grande que celle qui naît des lieux ou des temps, mais la liaison de la charité l'emporte sur toutes [1]. Le parfait chrétien ne s'afflige de la mort de personne, parce que celui qui aime Dieu de tout son esprit sait bien que ce qui ne périt point à l'égard de Dieu, ne périt point aussi à son propre égard. Or, Dieu est le Seigneur des vivants et des morts [2]. Il ne devient point misérable par la misère des autres, comme il n'est point juste pour la justice des autres ; et comme personne ne peut lui ravir ni sa vertu ni son Dieu, personne aussi ne peut lui ravir sa félicité. Si parfois il est ému par le péril, l'égarement ou la douleur d'un autre, cette émotion le porte à le secourir, à le corriger, à le consoler, mais ne lui fait point perdre sa paix. La certitude d'un futur repos le soutient dans tous ses travaux. Qu'y a-t-il qui puisse lui nuire, puisqu'il tire avantage même de ses ennemis ? Celui qui lui commande d'aimer ses ennemis, et dont la grâce les lui fait aimer, le met au-dessus de la crainte de leurs inimitiés. C'est peu que cet homme ne soit point contristé par les tribulations ; bien plus, elles lui

---

[1] Sed ea maxima est quæ prævalet omnibus. Cette phrase du texte n'est pas claire. Nous avons adopté le sens qui paraît le plus naturel.
[2] Saint Paul aux Romains, v, 3.

sont un sujet de joie ; il sait que « l'affliction pro-
» duit la patience, la patience l'épreuve, l'épreuve
» l'espérance, et que notre espérance ne nous
» trompe point, parce que la charité de Dieu a
» été répandue dans nos cœurs par l'Esprit-Saint
» qui nous a été donné [1]. » Qui donc lui nuira ?
qui le vaincra ? L'homme qui, au milieu des choses prospères, s'est avancé dans la vertu, reconnaît, quand le malheur arrive, quel a été son progrès. Tant que les biens périssables abondent entre ses mains, il n'y met pas sa confiance ; mais c'est quand il les perd qu'il reconnaît si ces biens n'avaient pas pris son cœur. Tant que les biens de la vie sont en notre possession, nous croyons ne pas les aimer ; lorsqu'ils commencent à nous quitter, nous découvrons qui nous sommes ; car on ne possédait pas avec amour ce qu'on voit partir sans douleur. »

Ce portrait de l'homme de bien sur la terre aurait arraché des cris d'enthousiasme aux philosophes d'Athènes et de Rome. Il nous semble que la situation de ce juste était celle d'Augustin lui-même depuis sa transformation, et le solitaire de Tagaste n'a eu qu'à peindre à son insu l'état de son âme pour montrer à son ami Romanien ce que c'est que le sage du christianisme.

---

[1] Rom. v, 3-5.

Dans les derniers chapitres de son ouvrage, Augustin prouve ingénieusement que les trois vices : volupté, orgueil et curiosité, donnent eux-mêmes de salutaires avertissements à l'homme, et sont comme la corruption de trois instincts sublimes. On cherche dans la volupté un calme, un doux repos qu'on ne saurait trouver qu'en Dieu. L'orgueil a quelque chose de l'unité et de la toute-puissance, mais ce n'est que pour dominer dans le cours des choses temporelles qui passent. Nous voulons être puissants, invincibles, et nous avons raison de le vouloir, puisque la nature de notre âme a cela de commun avec Dieu à l'image de qui elle a été faite. L'observation des préceptes divins nous donnerait cette grande force : celui-là demeure invincible à qui nul ne peut enlever ce qu'il aime. Quant à la curiosité, c'est une corruption de cette passion pour la vérité, la plus noble des passions de l'homme, que nous cherchons à satisfaire à travers les spectacles et toutes les images de la terre.

En terminant son livre, le fils de Monique exhorte les hommes ses frères à courir avec ardeur vers la sagesse éternelle, à fuir les erreurs religieuses qui, à cette époque, disputaient l'empire au christianisme. L'homme ne doit pas établir sa religion dans ses imaginations et ses fantômes, car la moindre chose véritable vaut mieux que toutes nos inventions. Il ne faut adorer ni les ouvrages humains, ni les bêtes inférieures à l'homme, ni les morts, comme le faisaient les païens en les plaçant au rang des dieux pour prix de leur vertu. Il ne faut point adorer les démons, la terre et les eaux, ni l'air qui tout à coup devient sombre dès que la lumière se retire, ni les corps célestes qui, malgré tout leur éclat, demeurent au-dessous de la vie la plus imparfaite, ni les plantes et les arbres dépourvus de sentiment, ni même l'âme raisonnable qui est plus ou moins parfaite en raison de sa soumission plus ou moins entière à l'immuable vérité. Le dernier des hommes doit adorer ce qu'adore le premier des anges : Dieu, créateur de l'univers et de l'homme, mérite seul les hommages de notre intelligence! La domination humaine a beau s'armer de tyrannie, elle ne saurait empêcher notre pensée de planer dans une entière liberté. Mais nous devons redouter le joug des esprits du mal, parce que ce joug s'étendrait jusque sur notre âme, jusque sur cet œil unique par lequel nous pouvons connaître et contempler la vérité!

Tel est en substance le livre de la *véritable Religion*[1]. Romanien se fit chrétien après l'avoir lu.

---

[1] La traduction du livre de la vraie religion par Dubois, publiée en 1690, est une paraphrase assez terne, où le sens de l'original disparaît plus d'une fois. La traduction d'Antoine Arnauld, qui a pré-

D'autres contemporains en furent vivement frappés. Les hommes de notre temps qui liront ce que nous venons d'en reproduire, ou mieux qui liront l'ouvrage en entier, en recevront une impression profonde. Avec des modifications diverses, la plupart des erreurs ou des systèmes contre lesquels s'armait Augustin ont reparu dans notre monde moral, et ce livre convient à notre âge aussi efficacement qu'il convenait aux générations du quatrième et du cinquième siècle. Lorsque nous considérons la nature du travail que fait parmi nous la vérité, il nous semble que les enseignements du grand Augustin avaient été providentiellement marqués pour la régénération particulière de deux époques : la sienne et la nôtre! Cette idée qui est entrée bien avant dans notre esprit, nous est d'un puissant secours au milieu des difficultés de l'œuvre que nous avons entreprise!

Ainsi que nos lecteurs ont pu déjà l'entrevoir, Augustin est large et sublime dans sa manière de traiter un sujet. Il ne s'arrête jamais à un seul côté des choses, à des aspects particuliers; il ne sépare pas une vérité de ses rapports avec d'au-

---

cédé de quarante-trois ans celle de Dubois, est meilleure; mais ne satisfait pas entièrement. Nous voudrions qu'un écrivain habile dotât notre littérature d'une bonne traduction du *Livre de la véritable Religion* : elle serait d'une haute utilité à notre époque.

très vérités, saisit du regard tout ce qui de près ou de loin correspond à ce qui l'occupe, et son esprit se fait l'invariable loi de considérer les diverses parties avec toutes leurs liaisons et toutes leurs dépendances. Chaque fois qu'il aborde une question, il s'élance au sommet de la vérité éternelle, et de ces hauteurs qui ne sont accessibles qu'au génie aidé de la foi, il voit et juge l'ensemble des choses. Augustin a sa montagne du haut de laquelle il embrasse tout ce qui sort de son sujet, comme on se place sur un point élevé pour découvrir et reconnaître tous les aspects, tous les mouvements, toutes les harmonies d'un grand tableau de la création.

Le livre de la *véritable Religion* est un vaste coup d'œil du génie sur la révélation chrétienne. Profondeur, netteté, logique, science morale, s'y trouvent réunies. L'éloquence y répand souvent ses vives couleurs; une onction véritable vous y pénètre; on y sent remuer les entrailles d'Augustin. Dans sa rapidité, ce livre est une œuvre-mère, où philosophes et théologiens peuvent puiser à pleines mains. En cherchant à arracher les manichéens aux liens de la matière, à ce monde corporel qui envahissait et absorbait leur entendement, qui les étreignait et les emprisonnait comme dans un étroit cachot, Augustin nous aide nous-même à secouer le joug des sens, à percer, en quelque sorte, le mur de cet univers que les passions mettent à la place de Dieu, et derrière lequel s'étendent les régions lumineuses du spiritualisme. L'auteur du livre de la *véritable Religion* avait en vue de faire connaître le christianisme à un ami, sans se préoccuper de prouver notre foi. Or, tel est l'empire de la vérité religieuse, qu'Augustin, voulant seulement exposer la croyance évangélique, l'a prouvée invinciblement.

Antoine Arnauld, le célèbre auteur du livre sur la *fréquente Communion*, l'adversaire redoutable des calvinistes, un des plus savants hommes et des plus forts esprits du dix-septième siècle, qui consuma en de tristes disputes une belle et puissante énergie, a parlé du livre de la *véritable Religion* dans les termes suivants :

« Je n'ai pas besoin de le rendre recomman-
» dable par mes paroles : la lecture en fera assez
» reconnoître l'excellence, et je ne doute point
» qu'il ne donne sujet, autant ou plus que pas un
» autre, d'admirer la grandeur prodigieuse de
» l'esprit et les lumières extraordinaires de cet
» homme incomparable.

» Car qui n'admirera qu'estant entré depuis si
» peu de temps dans la connoissance des mystères
» de la religion chrétienne, et n'ayant point en-
» core d'autre qualité dans l'Église, que celle de

» simple fidelle, il ait pu parler d'une manière si
» noble et si relevée de cette religion divine,
» qu'un Dieu mesme est venu establir sur la
» terre, et former une si excellente idée de son
» éminence et de sa grandeur, que ce n'est pas
» peu de suivre des yeux le vol de cet aigle, de
» pénétrer la solidité de ses raisonnements admi-
» rables, et de contempler les hautes vérités qu'il
» propose, sans estre esbloui d'une si esclatante
» lumière[1]? »

Nous n'aurions garde de prendre Antoine Arnauld pour guide dans les matières de la grâce; mais nous aimons à citer son jugement sur la valeur d'un père de l'Église.

Le livre de la *véritable Religion* fut composé en 390. Augustin, à la date de cette année, l'annonçait à Romanien[2] avec une remarquable simplicité de paroles : « J'ai écrit, lui disait-il, quel-
» que chose sur la religion catholique, selon ce
» qu'il a plu à Dieu de m'inspirer, et j'ai le des-
» sein de vous l'envoyer avant d'aller vers vous,
» pourvu que le papier ne me manque pas ; vous
» voudrez bien vous contenter d'une écriture
» quelconque, sortie de l'officine de ceux qui sont

---

[1] Au lecteur du *Livre de la véritable Religion*. 1 vol. in-8. Paris, 1647.

[2] Lettre XV.

» avec moi¹. » En commençant sa lettre, écrite sur un mauvais morceau de parchemin, Augustin disait à son ami que le papier lui manquait, qu'il n'était guère mieux monté en parchemin, et qu'il avait employé ce qui lui restait de tablettes d'ivoire pour écrire à l'oncle de Romanien; il y avait chez Romanien des tablettes qui appartenaient à Augustin : celui-ci le prie de les lui renvoyer, parce qu'il en a besoin. Ces petits détails intimes, mêlés à d'aussi grandes choses, ont du charme pour nous. Augustin, qui ne perdait pas de vue l'intérêt éternel de son ami, finit sa lettre en l'excitant à dédaigner les choses passagères pour chercher les biens impérissables. Tenons-nous élevés au-dessus de tout ce que nous possédons dans ce monde : plus l'abeille a de miel, plus elle a besoin de ses ailes pour la sauver de son propre trésor, dans lequel elle s'enfoncerait et mourrait.

---

1. Cette dernière phrase se présente de diverses manières dans les différentes éditions des Œuvres de saint Augustin; la voici : *Tolerabis enim qualemcumque scripturam ex officina majorum*, ou bien : *ex officina meorum*, ou bien encore : *ex officina majorini*. Nous avons adopté la seule version qui nous ait paru offrir un sens raisonnable.

CHAPITRE X.

Correspondance de saint Augustin en 390. — Il est ordonné prêtre de l'église d'Hippone. — Description d'Hippone. — Son état présent. — Lettre de saint Augustin à l'évêque Valère.

Augustin et Maxime de Madaure, grammairien ou professeur de belles-lettres, s'écrivaient souvent ; il n'est resté de cette correspondance qu'une lettre de Maxime et une réponse d'Augustin. Le professeur de Madaure craint que ses paroles ne se ressentent de la *caducité de l'âge*, ce qui nous annonce qu'il était vieux, et ce qui pourrait aussi donner à penser qu'il avait été lui-même le maître du jeune Augustin, à l'époque où il étudiait à Madaure. Le vieux Maxime, encore païen, dit à Augustin que l'habitation des dieux sur le mont Olympe est une fable ; mais qu'une vérité bien visible, c'est la protection accordée à Madaure par les divinités debout sur la place publique de la ville. Il croit à un Dieu souverain et éternel, père de toutes choses, dont nul ne sait le vrai nom, mais dont la puissance infinie est adorée sous des dénominations diverses. Il est furieux qu'on préfère des martyrs chrétiens d'Afrique, avec des noms barbares, tels que *Migdon, Sanae, Namptanion, Lucitas*, à Jupiter, à Junon, à Minerve, à Vesta. Il lui semble voir, comme autrefois à la bataille d'Actium, les monstres de l'Égypte lancer des traits impuissants contre les dieux des Romains. Maxime voudrait qu'Augustin, mettant de côté sa vigoureuse éloquence, reconnue de chacun, et sa terrible dialectique, l'instruisît sur ce Dieu, qui est adoré dans le secret des mystères chrétiens. Quant aux païens, ils invoquent leurs dieux au grand jour, et tout le monde peut entendre leurs prières. — Maxime ne doute pas que le fer ou le feu ne détruise sa lettre; mais ses paroles n'en subsisteront pas moins toujours dans l'âme des vrais adorateurs des dieux.

Augustin, dans sa réponse, raille les dieux de l'Olympe et ceux de la place de Madaure, signale le ridicule d'une opinion qui fait de la foule des dieux autant de membres du Dieu véritable, et ne comprend pas que Maxime s'égaye aux dépens de la bizarrerie de certains noms africains inscrits au nombre des martyrs chrétiens; le grammairien de Madaure trouve-t-il plus harmonieux les *Euccadirés* qui figurent parmi les prêtres païens, les *Abbaddiris* qui se montrent parmi les dieux? il n'appartient pas à des hommes graves de s'arrêter à la bizarrerie des noms. Au reste, le nom punique de *Namphanion* signifie un homme qui vient d'un *pied propice*¹, un homme de bon augure. Ce sens ne devrait pas déplaire à Maxime ; il se trouve dans les paroles d'Évandre² à Hercule, pour le prier d'agréer son sacrifice. Le goût et l'oreille d'un païen n'ont pas le droit d'être difficiles lorsqu'on peut leur rappeler le dieu Crottier, la déesse Cloacine, la Vénus Chauve, la déesse Peur, la déesse Pâleur et la déesse Fièvre, et d'autres semblables à qui la superstition romaine a bâti des temples et offert des sacrifices. Pourquoi Maxime reproche-t-il aux chrétiens leurs assemblées secrètes et particulières ? les païens n'ont-ils pas leur dieu Bacchus dont les mystères n'acceptent qu'un petit nombre d'initiés ? et quant à leurs fêtes publiques, faut-il parler de ces bacchanales où les décurions et les autres chefs de Madaure courent les rues comme des furieux ? Maxime, en voulant défendre les dieux, semble donc avoir voulu les exposer à la risée. S'il désire traiter gravement les questions religieuses, il doit s'y prendre autrement. Pour ce qui est de la prétendue adoration des morts chez les chrétiens, il faut que Maxime sache que les disciples de Jésus-Christ rendent les honneurs divins au seul Dieu, créateur de toutes choses.

¹ Pede secundo. Lettre XVII.
² *Enéide*, liv. VIII.

Augustin avait prêté quelques-uns de ses ouvrages contre les manichéens à un de ses amis, appelé Célestin, le même peut-être qui fut pape trente ans après. Il lui écrit pour les redemander, et, touchant rapidement aux questions métaphysiques, il divise en trois classes l'universalité des êtres :

Il y a une nature muable par rapport au lieu et au temps, c'est le corps.

Il y a une nature muable par rapport au temps et non pas au lieu, c'est l'âme.

Enfin il y a une nature qui n'est muable ni par rapport au lieu ni par rapport au temps, c'est Dieu.

Tout ce qui est muable, de quelque manière qu'il le soit, est créature; et ce qui est immuable, c'est le Créateur.

Après avoir établi comme trois régions, celle des corps, celle de l'intelligence et celle de la divinité, Augustin conclut en disant que le chrétien ne s'attache point aux êtres inférieurs, ne s'arrête pas avec un complaisant orgueil dans la région du milieu, et qu'il devient ainsi capable de s'unir à l'être souverain qui est la félicité par essence. C'est en deux mots la religion chrétienne.

Le fils de Monique était déjà comme un astre levé dans le ciel de la vérité catholique; on le saluait de loin, on marchait à sa lumière. On lui adressait des questions, il y répondait; ses livres allaient dissiper les doutes ou détruire les vains systèmes. Avec quelle merveilleuse humilité il en parlait! Dans une lettre à Gayus, qui accompagnait un envoi de tous ses ouvrages, Augustin lui dit que s'il y trouve des choses bonnes et vraies, il ne doit pas les regarder comme venant de lui, mais comme lui ayant été données. Il ajoute avec profondeur en s'adressant à Gayus : « Lorsque nous lisons quelque chose de vrai, » ce n'est ni le livre, ni l'auteur même, qui nous » le fait trouver vrai : c'est quelque chose que » nous portons en nous-même de beaucoup élevé » au-dessus des corps et de la lumière sensible, » et qui est une impression de l'éternelle lumière » de la vérité[1]. » Augustin ne manque pas de répéter que les erreurs de ses ouvrages viennent seules de lui : ce sont les traces des ténèbres de l'esprit de l'homme.

Dans une lettre à un bon chrétien, nommé Antonin, Augustin se plaint de la fausse piété de son temps. Sans prononcer le nom des donatistes, il fait vaguement allusion à leur schisme, qui paraît occuper tristement son esprit.

Depuis qu'Augustin avait été conduit à la foi, il n'avait pas cessé de publier les vérités à mesure qu'elles s'étaient présentées à son intelligence.

---

[1] Lettre XIX.

Mais, pour que l'influence d'un tel génie et d'une telle sainteté fût plus immédiate, plus étendue et plus puissante, il fallait qu'Augustin prît rang dans le sacerdoce catholique ; il fallait qu'il devînt plus particulièrement apôtre par la double dispensation de la divine parole et des sacrements. L'heure était venue où l'Église, par laquelle il avait été si providentiellement tiré de l'erreur, devait le recevoir parmi ses ministres !

Au commencement de l'année 391, un intérêt de religion l'ayant amené à Hippone, il entra dans l'église au moment où l'évêque Valère annonçait aux fidèles qu'il avait besoin d'un prêtre ; la renommée d'Augustin était déjà partout répandue en Afrique ; il est reconnu dans le temple ; la multitude, poussée par une inspiration soudaine, l'entoure, se saisit respectueusement de lui, et le désigne pour prêtre ; l'humilité, la sainte frayeur d'Augustin opposent une résistance inutile. Il ne lui reste plus qu'à se préparer à l'ordination.

Dans un de ses sermons [1], saint Augustin a parlé de son élévation au sacerdoce avec des détails que nous devons recueillir. Le solitaire, s'apercevant du bruit de son nom parmi les serviteurs de Dieu, avait soin de ne pas aller aux

---

[1] Serm. 49. *De diversis.*

lieux qui n'avaient pas d'évêque. « Et je faisais cela autant que je le pouvais, dit Augustin, pour opérer mon salut dans une humble retraite, craignant de me mettre en péril en me plaçant dans de hautes positions. Je me rendis donc à Hippone, pour voir un ami que j'espérais pouvoir gagner à Dieu et amener à notre monastère. J'allais là, me croyant en sûreté, parce que la ville d'Hippone avait un évêque. J'y arrivai avec les vêtements que je portais dans ma solitude. »

Lorsque arriva le jour de la cérémonie, son trouble fut extrême. Pendant qu'il recevait l'onction et les pouvoirs sacrés, d'abondantes larmes s'échappaient de ses yeux. Des gens qui ne comprenaient point ce qu'il y avait d'admirable dans ces larmes, ou plutôt qui en ignoraient la cause, croyaient y voir une sorte de regret de ne pas monter tout de suite au premier rang des honneurs ecclésiastiques : ils donnaient à Augustin des consolations qui étaient bien loin d'adoucir sa douleur intérieure. La vue du fardeau sacerdotal le remplissait d'un saint effroi, d'une inquiétude profonde, que des interprétations grossières transformaient en je ne sais quel mécompte d'ambition !

Augustin avait trente-sept ans quand il fut ordonné prêtre. Dans ces premiers âges chrétiens, l'Église, dont les besoins étaient si grands,

faisait quelquefois arriver d'un seul pas un laïque
au sacerdoce. Remarquons aussi qu'Augustin,
quoique originaire de Tagaste, fut attaché à
l'église d'Hippone; il n'appartenait à l'église de
Tagaste par aucun degré de la cléricature, et
l'usage qui prescrit aux évêques de ne conférer
les saints ordres à un sujet étranger qu'avec l'autorisation de l'évêque de son diocèse, s'est établi
plusieurs siècles plus tard [1]. L'église d'Hippone
avait donc le droit de prendre Augustin, et, grâce
à ce nouveau prêtre, elle sera couronnée dans les
siècles d'une immense gloire. La cité d'Hippone, à cinquante lieues à l'ouest de Carthage,
à quarante lieues au nord-est de Constantine,
avait été jusque-là assez peu illustre, malgré son
surnom de Royale [2] et la prédilection des anciens
rois de Numidie. Quelques rares souvenirs chrétiens s'y rattachaient. Au nombre des évêques du
concile de Carthage, au temps de saint Cyprien,
on trouve Théogène d'Hippone, qui souffrit le
martyre sous Valérien; Hippone avait une église
dédiée à saint Théogène. On citait un saint Léonce,
évêque de cette ville. Elle possédait une *église des
vingt martyrs*, où les catholiques honoraient la

---

[1] Tillemont.

[2] Hippo-Regius. On l'appelait Hippone la Royale pour la distinguer d'une autre Hippone appelée *Hippo-Zarrytes* ou *Diarrytes*, située sur la côte d'Afrique, dans la province proconsulaire.

mémoire des courageux confesseurs de la religion qui avaient laissé à leur pays l'exemple d'une grande foi. Mais c'est Augustin qui devait placer le nom d'Hippone parmi les noms les plus illustres de la terre.

La ville d'Hippone, de trois quarts d'heure de circonférence, était bâtie moitié en plaine, moitié sur deux mamelons; elle avait pour principaux monuments la Basilique de la Paix, les Thermes de Sosius et le château, à la fois palais et forteresse, qui couronnait le plus important des deux mamelons; deux rivières la baignaient, le Sebus, aujourd'hui la Seybouse, et une autre moins considérable que les Arabes nomment *Abou-Gemma* (le Père de l'Église ou de la Mosquée); l'Abou-Gemma [1], qui fait le tour du pays d'Hippone avant de se jeter dans la mer, passe au nord de l'ancienne cité, sous un pont romain dont les onze arches sont encore debout; les Français en réparant ce pont l'ont blanchi et lui ont ainsi enlevé la vénérable teinte des siècles. La Seybouse [2] aux flots jaunes comme les flots

[1] A une heure et demie, au midi d'Hippone, dans la plaine, nous avons vu un pont romain, à trois arches, construit sur l'Abou-Gemma; on l'appelle le pont de Constantine; la voie romaine d'Hippone à Constantine passait sur ce pont. Cette rivière, dont les eaux sont lentes, décrit mille méandres avant de se jeter dans le golfe de Bône.

[2] La Seybouse se forme à Mjez-Hamar, à vingt-quatre lieues au

du Tibre, arrive de la plaine du côté du midi, et devient plus paisible et plus profonde à mesure qu'elle approche; en face de l'antique ville, elle a vingt-cinq pieds d'eau, ce qui prouve que les Romains avaient creusé son lit pour faire de la Seybouse comme un port intérieur d'Hippone, sans compter le port de mer maintenant ensablé où n'apparaissent que de petits bateaux corailleurs. La rive gauche de la Seybouse offre de fréquentes traces du quai romain. Les nombreux vestiges de construction ancienne qui se montrent vers le nord, au delà de l'Abou-Gemma, attestent que la cité s'étendait jusque sur ce point. La colline appelée par les Arabes *Colline Rouge*, à cause de la couleur de quelques parties du terrain, servait de limite à Hippone, du côté du midi. La nécropole s'étendait, hors la ville, sur la rive droite de la Seybouse, dans un espace où nous avons retrouvé des urnes, des vases lacrymatoires et des lampes. Hippone avait devant

sud-ouest d'Hippone, de la réunion de deux petites rivières, dont l'une vient du côté de l'est et se nomme *Oued-Cherf*, et l'autre vient de l'ouest et prend sa source dans le Gebel de Bar; celle-ci se nomme d'abord *Oued-Zenati* et puis Oued-Abou-Amden. J'ai vu le lieu où les deux courants perdent leur nom et forment la Seybouse. Après avoir arrosé, de l'ouest à l'est, le pays de Ghelma, l'ancienne Calame, la Seybouse promène ses eaux dans de riches vallées, se détourne ensuite vers le midi, et son cours à travers une vaste plaine la conduit à Hippone.

elle, à l'orient, la mer immense; au nord-est, les collines boisées où s'élèvent maintenant la Kasbah de Bône, le fort Génois et le phare à la pointe du Cap-de-Garde; au sud-est, la plaine, les dunes jaunes reluisant au soleil sur l'ancienne route de Carthage jusqu'au cap Rosa, le rameau de l'Atlas appelé aujourd'hui montagne des *Beni-Urgin*, du nom des tribus qui l'habitent. Les champs fertiles situés au nord d'Hippone sont dominés par les hautes montagnes de l'Edoug, l'ancien Papua, dont les aspects sévères contrastent avec l'élégante et douce nature environnante. L'Edoug a sur ses versants septentrionaux une forêt de chênes magnifiques, et un aqueduc romain qui portait jadis à Hippone les eaux de la montagne.

Le figuier, l'olivier et l'abricotier, les prairies et les moissons, couvrent les gracieux coteaux d'Hippone, et tout l'espace autrefois rempli d'habitations; la nature a étendu son manteau le plus riche sur le sépulcre de l'antique cité; la végétation a pris la place de tout un peuple, et lorsque, pèlerin de l'histoire, j'ai foulé cette terre illustre, je n'ai point entendu les mille bruits d'une grande ville, mais seulement le murmure de la Seybouse, le chant des oiseaux cachés dans les buissons fleuris et les longs beuglements des vaches gardées par un pâtre maure. Ce lieu où la Providence avait placé un flambeau qui se voyait des quatre coins du monde, j'aimais à le voir paré de tous les trésors de la création; j'écoutais avec joie les mélodies du rossignol à la place où Augustin faisait comprendre aux hommes les divines et éternelles harmonies.

Hippone, comme toutes les villes anciennes remplacées par des cités nouvelles, a servi en quelque sorte de carrière; Bône est sortie de ses débris. La cité antique a gardé peu de choses; la nature seule a survécu à la destruction de la ville épiscopale d'Augustin. En arrivant à Hippone par le pont de l'Abou-Gemma, on rencontre d'abord des restes qui ont dû appartenir à un édifice considérable; un grand pan de mur est debout, entouré de monceaux de ruines jetés violemment sur le sol, très-probablement par un tremblement de terre. Ces débris, en briques et en moellons, sont certainement de construction romaine. Voilà ce que les gens du pays appellent l'Église des chrétiens, *Glisia Roumi*, et voilà aussi ce qu'on appelle aujourd'hui les restes de la Basilique de la Paix. J'ai beaucoup étudié la forme, le caractère, l'ensemble de ces débris, qui raviraient notre esprit s'ils avaient appartenu à la Basilique de la Paix où prêcha pendant plus de trente ans le grand évêque, et je ne puis me convaincre que là ait été la cathédrale d'Hippone. Ce qu'on désigne sous le nom de baptistère est une excavation qui ne saurait donner l'idée du baptistère de l'église de la Paix, situé dans la partie inférieure du temple, et formant comme une enceinte particulière entourée de barreaux. Les restes dont nous parlons, et qui sont enfermés dans un parc de bœufs, se trouvent à l'extrémité nord-est de l'emplacement d'Hippone; or, les cathédrales ne se trouvent pas à l'extrémité, mais au centre des villes. Le nom d'*Eglise des Chrétiens*, donné à ces ruines par les Maures de Bône, fut une vague dénomination appliquée à de grands débris et qui exprimait ou rappelait simplement l'ancienne domination du christianisme sur ces rivages. Les restes désignés sous le nom de *citernes*, et situés au pied du principal mamelon, sont les plus considérables de l'ancienne Hippone; ce sont des restes de thermes, vraisemblablement les Thermes de Sosius, fameux par la conférence de saint Augustin avec le prêtre manichéen Fortunatus. Les divisions des salles sont marquées; on reconnaît la place où furent des colonnes et des piliers; le ciel, ouvert en deux endroits, prouve que ces thermes avaient deux dômes par où entrait la lumière du jour. Une enceinte formant un carré long touche aux bains et fait partie du même édifice. Un enfoncement pratiqué dans le mur est devenu pour les Arabes une espèce de sanctuaire ; des grains d'encens et des charbons, des morceaux de cierges et la trace de la fumée des flambeaux annoncent que la prière a passé par là. Il est une épreuve, une sorte de jugement de Dieu, que le musulman doit subir avant d'aller brûler l'encens dans ce sanctuaire : un bord de mur fort étroit y conduit; celui-là seul est pur qui peut y passer sans tomber; le musulman qui tombe doit se purifier; et, pour cela, il immole une colombe, un coq, des oiseaux. L'immolation d'un oiseau équivaut ici à la confession catholique. Toujours des sacrifices, et des sacrifices sanglants pour l'expiation des péchés ! Ces pratiques religieuses sont accomplies par des Arabes en l'honneur de saint Augustin, qu'ils appellent le *grand chrétien* (Roumi kebir), et dont ils viennent implorer le crédit céleste; saint Augustin est pour eux un puissant ami de Dieu; ils l'invoquent dans leurs besoins et lui demandent de détourner les maladies et les fléaux. Cette tradition arabe, qui nous rappelle l'admiration des païens de l'Afrique pour saint Augustin, est comme une grande et ancienne image de ce beau génie restée confusément dans le pieux souvenir des populations de la contrée.

A peu de distance de ce lieu, au penchant du

mamelon, se voit le monument de saint Augustin, élevé par les évêques de France : c'est un autel[1] en marbre, surmonté d'une statue en bronze du grand évêque, entouré d'une grille de fer. Augustin, la face tournée vers la place où fut Hippone, semble attendre une nouvelle cité chrétienne, pour la protéger et la bénir ! La vue de cette image sur la colline solitaire m'a vivement ému. J'étais allé à Hippone, comme autrefois beaucoup de voyageurs du fond des Gaules, et voilà que je trouvais Augustin.

Le mamelon voisin de la Seybouse est occupé par nos condamnés militaires. Un assez grand pavé de mosaïque en pierre dans la cour de l'atelier, et, sur un autre point du mamelon, quelques pieds de très-belle mosaïque en marbre, donnent à penser que d'importants édifices ont pu s'élever là.

Des débris sans nom sont semés çà et là sur l'emplacement de la cité[2].

---

[1] L'autel porte les armes de l'évêque d'Alger : un pélican qui ouvre son propre cœur pour nourrir ses petits. Le terrain du monument a été concédé à perpétuité par M. Aillaud, un des plus honorables et des principaux colons de Bône ; son nom est gravé sur un des côtés de la base du monument. La statue de saint Augustin a de trop petites dimensions ; elle se trouve comme écrasée en plein air. Il faut la hauteur naturelle au milieu de l'infini du ciel et de l'espace.

[2] Nulle fouille n'a été faite à Hippone. En deux mois, cinquante travailleurs, conduits avec intelligence, mettraient peut-être en lu-

La description et l'état présent d'Hippone nous ont retenu longtemps. J'étais enchaîné à ce pays par le désir de faire comprendre au lecteur quelque chose de cette ville, de ce lieu qui retentit sans cesse dans l'histoire de saint Augustin. Que ne m'a-t-il été donné au moins de retracer une image, une idée, une ombre de la beauté du paysage d'Hippone, telle qu'elle m'a apparu au mois de mai ! Prairies éblouissantes de fleurs, champs de blé que le soleil n'avait point encore jaunis, aubépines séculaires aux troncs épais qu'il faut compter au nombre des antiquités d'Hippone, arbres et plantes où éclatent la vie et la sève : comment traduire ces frais tableaux sur le papier ? Vu du mamelon de la Seybouse, le mamelon d'Hippone, que nous appellerons la colline du monument de saint Augustin, offre des contours d'une grâce infinie ; il se détache de la plaine avec d'harmonieuses et de douces lignes dont l'expression est au-dessus de nos forces. Cette colline a l'air d'être tombée de la main de Dieu, pour servir de piédestal au plus profond penseur de l'antiquité chrétienne. Elle présente à l'imagination quelque chose de la suavité des formes du génie de saint

---

mière des richesses historiques ; peut-être saurions-nous à quoi nous en tenir sur l'emplacement de la Basilique de la Paix. Nous avons rapporté plusieurs médailles d'Hippone.

Augustin. Cet homme, qui voyait dans la création comme dans les arts des degrés pour monter à Dieu, était bien sur les bords de la Seybouse, au milieu d'une terre charmante, en face de la mer, de l'Edough et de l'Atlas, et la nature était sans doute un des motifs pour lesquels il aimait tant sa chère Hippone.

Rentrons dans les vieux siècles et reprenons notre récit.

L'évêque Valère, Grec de naissance, faiblement instruit dans la langue et les lettres latines, souffrait, dans son zèle pastoral, de ne pouvoir assez efficacement accomplir à l'égard de son troupeau l'œuvre de la prédication. Dieu lui-même sembla lui envoyer l'éloquent Augustin : le pieux évêque d'Hippone recevait l'auxiliaire qu'il avait demandé dans de ferventes oraisons. Jusque-là on n'avait jamais vu en Afrique un simple prêtre prêcher devant un évêque. « Il y a dans certaines églises, dit saint Jérôme, la très-mauvaise coutume que les prêtres ne prêchent point en présence des évêques, comme si les évêques leur portaient envie, ou s'ils ne daignaient pas les écouter[1]. »

Valère viola la coutume africaine en faveur d'Augustin, qu'il chargea particulièrement de l'œuvre de la divine parole. Plusieurs évêques

---

[1] Lettre de saint Jérôme à Nepotianus.

du pays le blâmèrent de cette innovation; il ne tint aucun compte de leurs murmures et ne consulta que l'intérêt de son église; il remerciait Dieu, dit Possidius, de lui avoir miraculeusement amené un homme si capable d'édifier l'Église du Seigneur par de salutaires doctrines. « Ainsi allumé et placé sur le chandelier, dit » le biographe de saint Augustin, le flambeau » éclairait tous ceux qui étaient dans la maison. » Bientôt après, la conduite de Valère eut de nombreux imitateurs.

Avant d'exercer l'emploi sublime auquel l'appelait l'évêque d'Hippone, Augustin, se défiant de lui-même, crut avoir besoin de se préparer par le recueillement, l'étude et la prière; il écrivit à Valère pour le supplier de lui accorder des jours de retraite, et sa lettre[1] est un monument où se peignent tous les sentiments de son âme à cette époque. Les fonctions sacerdotales sont faciles et douces, quand on se borne à les remplir avec légèreté; elles sont pénibles, effrayantes, si on veut se conformer aux règles sacrées. Au moment où Augustin commençait à étudier ces règles, Dieu a permis, à *cause de ses péchés* (il n'en voit pas d'autre cause), qu'on lui ait fait violence pour le porter au sacerdoce et le placer à la seconde place du gouvernement du

---

[1] Lettre XXI.

navire, lui qui ne *sait pas seulement manier un aviron*. Augustin pense que Dieu a voulu châtier sa témérité; il avait censuré la plupart des nautoniers, comme s'il avait été meilleur et plus habile, et maintenant qu'il est devenu l'un d'eux, il reconnaît les difficultés dans toute leur étendue. Voilà pourquoi, pendant qu'on l'ordonnait prêtre, il ne pouvait cacher ses pleurs. Depuis ce jour, il est encore bien plus pénétré des difficultés; la force qu'il espérait pouvoir trouver en lui s'est changée en faiblesse. Dieu s'est moqué de lui en le mettant à l'épreuve, et lui a montré tout son néant. Augustin trouvera ce qui lui manque dans les saintes Écritures : « Vous voulez » donc que je périsse, Valère, mon père? s'écrie » Augustin; où est donc votre charité? M'aimez-» vous? Aimez-vous l'église que vous voulez que » je serve dans l'état où je suis? Vous l'aimez » sans doute et vous m'aimez aussi, j'en suis » sûr. Mais vous me croyez propre au saint mi-» nistère, tandis que moi-même je me connais » bien mieux, et je ne me connaîtrais pas moi-» même si l'expérience ne me l'avait appris. »

Augustin demande pour sa retraite le court intervalle qui doit s'écouler entre la date de ses lettres et la fête de Pâques. Lorsque Jésus-Christ le jugera avec toute la sévérité de sa justice, faudra-t-il lui répondre que le vieillard Valère, dans l'excès de son amour et la trop bonne opinion qu'il avait de sa capacité, lui a refusé le temps de s'instruire suffisamment?

Cette lettre, vive et pressante, pleine d'inquiétude religieuse, est sans doute dans la mémoire de tous les ecclésiastiques comme une grande et sainte leçon. Il est à croire que l'évêque Valère se rendit aux instances d'Augustin. Nous ignorons dans quel lieu le nouveau prêtre d'Hippone passa ses jours d'étude et de méditation jusqu'à la solennité pascale.

Une des premières œuvres d'Augustin depuis son élévation au sacerdoce fut l'établissement d'un monastère dans le jardin attenant à l'église d'Hippone. Il y vivait avec son cher Alype, Evode, Sévère, Possidius et d'autres serviteurs de Dieu, *selon la règle établie sous les saints apôtres* [1], dit Possidius. D'après cette règle, nul ne possédait rien en propre, et chacun recevait selon ses besoins. C'est ainsi qu'avaient déjà vécu Augustin et ses amis dans la solitude aux environs de Tagaste. Il faut distinguer ce monastère de la communauté ecclésiastique fondée plus tard par Augustin dans la maison épiscopale, et qui fut comme un séminaire, le premier qu'on ait vu. Dix évêques, dans la suite, sortirent de cette

---

[1] Regulam sub sanctis apostolis constitutam.

communauté. Alype, l'ancien ami d'Augustin, et qui fut évêque de Tagaste; Sévère, qui gouverna l'église de Milève; Evode, celle d'Uzale; Possidius, celle de Calame, formèrent le premier noyau de la communauté d'Augustin; nous connaissons encore les noms de cinq de ses disciples : Profuturus, évêque de Cirta, aujourd'hui Constantine; Fortunatus, son successeur; Urbain, évêque de Sicca [1], aujourd'hui Keff; Boniface, évêque de Cataqua, et Peregrin. Nous ne savons pas le nom du dixième évêque sorti du séminaire de saint Augustin.

Au moment de l'entrée d'Augustin dans le ministère évangélique, il y avait cinq ans que Gildon gouvernait l'Afrique en oppresseur [2]. Les catholiques étaient l'objet particulier des horribles fantaisies de ce puissant Maure que n'a point épargné la verve de Claudien [3].

---

[1] L'ancienne Sicca Veneria.
[2] Gildon se révolta en 386.
[3] De Bello Gildonico.

CHAPITRE XI.

Divers travaux de saint Augustin contre les manichéens. — Le concile d'Hippone. — Lettre de saint Paulin de Nole.

(392-395)

L'élévation d'Augustin au sacerdoce avait eu pour but principal de donner à l'évêque Valère un prêtre qui pût le remplacer dans la prédication de la parole évangélique. Cette fonction, qui n'excluait pas les autres fonctions du ministère sacré, laissait à Augustin, toujours si économe de son temps, le loisir d'écrire. Dans les derniers mois de l'année de son ordination, ou au commencement de l'année suivante (392), le nouveau prêtre d'Hippone, poursuivant sa grande tâche contre le manichéisme, composa le livre de l'*Utilité de la foi*, adressé à Honorat, et le livre des *Deux âmes* en réponse aux manichéens, qui établissaient dans l'homme deux âmes, l'une invinciblement déterminée au bien, l'autre invinciblement déterminée au mal.

Dans son livre de l'*Utilité de la foi*, Augustin dit d'admirables choses sur la nécessité de l'autorité en matière de religion. Il demande si la multitude devra renoncer à la religion, parce qu'à l'aide de la raison elle ne sera pas capable de monter jusqu'à Dieu [1]. Il faut donc que les hommes de génie commencent par marcher eux-mêmes dans la voie commune, la plus sûre pour tous ; c'est l'ordre de la Providence, c'est la loi divine. Ce n'est point par la raison, mais par l'autorité ou le témoignage, que les enfants connaissent leur père et leur mère : c'est une chose de foi. Otez cette foi de la famille, et vous verrez se rompre le lien le plus sacré du genre humain. Que resterait-il debout dans la société humaine si nous ne voulions croire que ce que nous comprenions ? C'est par la foi et non par la raison que Jésus-Christ enseignait les peuples. L'autorité naquit de ses miracles, et la foi naquit de son autorité. Pourquoi, dira-t-on, ne se fait-il plus de miracles ? Augustin répond que les miracles ne toucheraient et n'étonneraient plus personne s'ils se répétaient souvent. La succession des jours et des nuits, le retour des saisons, le pâle dépouillement des arbres et leur renaissance

---

[1] Saint Thomas n'a fait que reproduire la pensée de saint Augustin lorsqu'il a dit : Salubriter ergo divina providit clementia, ut ea etiam quæ ratio investigare potest, fide tenenda præciperet, ut sic omnes facile possent divinæ cogitationis participes esse, et absque dubitatione et errore. (Summa adv. Gentiles, lib. I, cap. IV.)

printanière, la force prodigieuse des semences, la beauté de la lumière, la variété des couleurs, des sons, des parfums, toutes ces merveilles écraseraient celui qui les verrait et les connaîtrait pour la première fois. Mais l'habitude d'assister à ces prodiges nous a rendus indifférents.

Un prêtre manichéen, appelé Fortunatus, s'était fait une renommée; il exerçait une fâcheuse influence sur les catholiques simples, et, dans l'orgueil de sa fausse science, il semblait défier le monde entier. On pria Augustin de conférer publiquement avec Fortunatus sur la loi religieuse; il y consentit, mais le prêtre manichéen hésitait à se mesurer avec un tel adversaire. Cependant, pressé, forcé par les instances des siens et ne pouvant reculer devant le champ de bataille qui lui était ouvert, Fortunatus accepta la lutte. On convint du jour et du lieu : les Thermes de Sosius furent choisis pour théâtre de la conférence. On nomma des notaires ou scribes pour tenir compte de la discussion. Le 28 août (392), la foule des curieux se précipita dans l'enceinte du combat théologique. Cette dispute, qui nous a été conservée[1], dura deux jours. Le maître manichéen ne put échapper aux démonstrations ca-

---

[1] Acta seu disputatio contra Fortunatum manichæum, 392.

tholiques ni soutenir la secte dont il était un des principaux apôtres. Tous ceux qui l'avaient cru jusque-là grand et docte acquirent la preuve de son peu de savoir. La honte obligea Fortunatus de quitter Hippone, où il ne revint plus. Sa défaite atteignait gravement le manichéisme. Les hérétiques sincères qui avaient assisté à la lutte, et ceux qui lurent les actes de la conférence furent ramenés à la vérité catholique.

Une déplorable coutume chez les chrétiens d'Afrique avait plus d'une fois attristé la piété d'Augustin. Sous prétexte d'honorer la mémoire des martyrs, on passait des journées en festins autour des tombeaux des confesseurs de la foi ou dans les églises. Une lettre d'Augustin de l'année 392, adressée à Aurèle, évêque de Carthage, signale ces désordres. Le prêtre d'Hippone sollicite un concile pour détruire ces abus. L'Église de Carthage devra prendre l'initiative. « Autant que j'en puis juger, dit Augustin à l'é-
» vêque Aurèle, il faudra agir en cela sans dureté,
» sans aigreur, sans hauteur. On en viendra à
» bout par voie d'instruction plutôt que par voie
» d'autorité, par des remontrances plutôt que
» par des menaces. C'est ainsi qu'on doit traiter
» avec la multitude et garder la sévérité pour les
» vices des particuliers [1]. » Le petit peuple *char-*

---

[1] Lettre XXII.

nel, comme l'appelle Augustin, croyait que des festins sur les sépulcres soulageaient les âmes de ceux qui ne sont plus. Il y avait une plus sûre manière d'être utile aux morts : les fidèles n'avaient qu'à distribuer aux pauvres ce qu'ils voulaient offrir sur les tombeaux de leurs proches. Nous trouvons ici la preuve que les oblations pour les morts étaient en usage dans l'Église catholique dès le quatrième siècle.

La première lettre d'Augustin, contre les donatistes, appartient à l'année 392. Elle est adressée à Maximin, évêque donatiste de Sinit, l'ancienne Sunites ou Simites, qui s'élevait sur la route d'Hippone à Carthage. Augustin lui reproche d'avoir rebaptisé un diacre catholique ; il a d'éloquentes paroles lorsqu'il excite le courage religieux et la piété de Maximin et qu'il l'invite à placer la vérité au-dessus de toute considération humaine. « Les honneurs et le faste du siècle passent, lui dit Augustin, et devant le tribunal de Jésus-Christ où chacun sera accusé par sa propre conscience et jugé par celui qui en connaît le fond, de quels secours nous pourront être ces trônes élevés de tant de marches, ces chaires couvertes d'un dais, et ces troupes de vierges consacrées à Dieu, qui viennent au-devant de nous en chantant des hymnes et des cantiques ? Nos honneurs d'à présent deviendront pour nous des fardeaux qui nous accableront, et ce qui aujourd'hui nous relève, nous écrasera ! » Augustin s'afflige de cette *rebaptisation* qui violait un principe fondamental de notre foi. Des Juifs qui croyaient Jésus-Christ pendu à une croix, n'ont pas voulu entamer sa robe, et des chrétiens qui croient qu'il est assis dans le ciel à la droite de son père, osent anéantir son sacrement !

Maximin reviendra dans la suite à l'unité catholique.

Nous venons de voir la première lettre d'Augustin contre le schisme de Donat. Voici son premier ouvrage contre ce schisme ; il est de 393 : c'est un psaume en prose composé d'autant de strophes qu'il y a de lettres dans l'alphabet[1] ; chaque strophe renferme douze versets. Cet abécédaire, fait pour être chanté, destiné à la multitude des fidèles, est un excellent résumé des erreurs des donatistes, de leur histoire, de leurs diverses condamnations, et des raisons les plus frappantes pour mettre la foule des catholiques en garde contre le schisme. Il est net et simple et d'une admirable précision. Le verset : « O vous tous qui mettez votre joie dans la paix, jugez de la vérité, » revient à la suite de chaque strophe. Le chant se termine par une prosopopée : c'est

---

[1] Depuis la lettre A jusqu'à la lettre V.

l'Église elle-même qui s'adresse aux donatistes en termes graves et touchants.

Le livre contre Adimante, le célèbre disciple de Manès, composé en 393, conciliait les prétendues contradictions que les manichéens croyaient trouver entre l'Ancien et le Nouveau Testament. Moïse dit dans la Génèse, que Dieu créa le ciel, la terre et la lumière; l'Évangile dit que le monde a été fait par le Verbe qui est Jésus-Christ. Augustin répond que tout chrétien, en lisant la Genèse, reconnaît dans le Dieu créateur l'être infini subsistant en trois personnes, dont la seconde a été le sauveur des hommes. Moïse nous montre Dieu se reposant après la création du monde, et d'après les paroles de Jésus-Christ dans l'Évangile, *le père agit sans cesse*. Augustin répond que le repos dont il est question dans la Genèse marque seulement la fin de la création, et qu'il n'exclut pas l'action par laquelle Dieu conserve et gouverne continuellement le monde. D'après la Genèse, l'homme est fait à l'image de Dieu; et nous lisons dans l'Évangile ces mots adressés aux Juifs : *Vous êtes les enfants du démon* [1]. Augustin répond que l'imitation nous rend comme les enfants de ceux que nous prenons pour modèles, et que l'ensei-

---

[1] Saint Jean, VIII, 44.

gnement nous pétrit à l'image du maître que nous écoutons. Quant à l'apparente contradiction entre les préceptes évangéliques de résignation et de pardon, et les prescriptions judaïques : *œil pour œil, dent pour dent*, Augustin fait observer que Jésus-Christ ne blâmait pas la loi du talion, mais seulement la fausse tradition des scribes et des pharisiens qui en permettaient aux particuliers l'exécution, laquelle devait être réservée aux magistrats : l'Évangile, qui ordonne aux particuliers le pardon des injures, ne défend pas aux magistrats d'en punir les auteurs. Pour ce qui est du divorce, le Sauveur disait aux Juifs : « C'est à cause de la dureté de votre cœur que » Moïse vous a permis de renvoyer vos femmes. » L'autorisation du divorce chez les Hébreux affranchissait de toute peine temporelle, et voilà tout : le divorce en lui-même n'en restait pas moins un mal. L'usure était permise aux enfants d'Israël dans leurs rapports avec les étrangers, pour que les Juifs cupides ne dépouillassent pas leurs frères : la législation mosaïque tolérait de moindres maux en vue d'épargner des maux plus grands. Ce qui, aux yeux des manichéens, impliquait contradiction avec l'Évangile, n'était qu'imperfection.

Le livre contre Adimante fut bientôt suivi des deux livres du Sermon sur la montagne. C'est un admirable commentaire de ce discours du Sauveur où l'on entend le ciel lui-même révéler à la terre une morale d'une pureté, d'une perfection jusque-là inconnues.

Le concile général de toute l'Afrique, qui s'ouvrit à Hippone dans la basilique de la Paix, le 8 octobre 393, sous la présidence d'Aurèle, évêque de Carthage, fut pour Augustin une occasion solennelle de plaider la cause catholique. Tous les primats des diverses provinces africaines étaient présents. Ainsi que nous l'avons déjà remarqué, nul prêtre en Afrique, avant Augustin, n'avait eu le droit de prêcher devant un évêque. Dans ce concile d'Hippone, Augustin reçut l'ordre glorieux de faire un discours sur la foi et le symbole; ce discours devint plus tard un livre que nous avons encore [1]. C'est une belle et profonde explication de tous les articles du symbole; à mesure que l'orateur catholique traite des points sur lesquels les manichéens ont erré, il signale leurs doctrines et fait voir tout leur néant, car il ne fallait laisser au manichéisme ni paix ni trêve. L'autorité d'Augustin, simple prêtre, fut grande dans cette assemblée d'évêques; l'Église d'Afrique put apprendre dès ce moment quel puissant secours la Providence

[1] De Fide et Symbolo.

venait d'envoyer à la vérité chrétienne, poursuivie, méconnue ou mutilée de tant de façons. Le temps nous a conservé peu de chose des actes du concile d'Hippone; il fut porté une décision par laquelle l'évêque de Carthage devait chaque année annoncer aux primats des diverses provinces d'Afrique le jour de la célébration de la Pâque. On fut amené à prendre cette décision par l'erreur de l'Église de Stèfe, dans la partie la plus orientale de la Mauritanie, qui avait célébré la solennité pascale hors de son jour. Le décret du concile d'Hippone devait établir plus d'unité dans le culte catholique. La vénérable assemblée décida aussi qu'on tiendrait tous les ans un concile d'Afrique, tantôt à Carthage, tantôt ailleurs. Des règlements importants pour la discipline de l'Église sortirent du concile d'Hippone. On ordonna qu'on ne lirait rien dans l'Église, sous le nom de diverses écritures, qui ne fût du nombre des livres canoniques. L'abus des festins autour des tombeaux des martyrs et pour le soulagement des morts, abus signalé par Augustin à la piété vigilante de l'évêque de Carthage, ne fut pas oublié sans doute [1].

A cette époque, Augustin n'avait pas encore

---

[1] Tillemont a donné une analyse de vingt-sept canons du concile d'Hippone. (*Mém. ecclés.*, tom. XIII.)

approfondi les matières de la grâce et de la prédestination. Le livre intitulé *Questions sur l'Épître aux Romains*, composé en 394, renfermait une inexactitude que le saint auteur a marquée dans la Revue de ses ouvrages; il pensait alors que la foi venait de nous-mêmes, et qu'elle n'était pas un don de Dieu, ce qui constituait une erreur désignée plus tard sous le nom de semi-pélagianisme. Le Commentaire de l'Épître aux Galates, qui suivit de près le Commentaire de l'Épître aux Romains, renfermait une phrase dont le jansénisme s'est armé pour appuyer le système des *deux délectations* : « Il est nécessaire, disait Augustin, que nous opérions selon ce qui nous plaît davantage [1]. » Mais les jansénistes ont prêté à saint Augustin une pensée qu'il n'eut jamais. Trois ans avant les deux Commentaires dont ils se sont tant réjouis, saint Augustin, dans le *Livre des Deux Ames*, avait dit tout le contraire de ce que lui ont fait dire les jansénistes. Au sujet des deux âmes des manichéens, l'une bonne l'autre mauvaise, Augustin avait déclaré que rien ne pouvait leur être imputé à péché, si elles agissaient par contrainte, et non point par leur volonté propre [2]. L'irrésistible pouvoir de la dé-

---

[1] Quod amplius nos delectat, secundum id operamur necesse est.
[2] Chap. XII, 17.

lectation terrestre dont nous parlent les jansénistes est tout à fait semblable à l'invincible détermination au mal dont parlaient les manichéens; Augustin renversait d'un seul coup ces deux sortes d'hérétiques, lorsqu'il écrivait : « Si » la nécessité est telle que la résistance soit im- » possible, ces âmes ne pèchent point [1]. » Nous ajouterons avec saint Augustin, que la délibération est la marque d'une volonté libre, et que le repentir, après une action mauvaise, témoigne qu'on pouvait bien faire [2].

L'ami intime d'Augustin, Alype, évêque de Tagaste, avait envoyé à saint Paulin de Nole les principaux travaux du grand athlète de la foi contre les manichéens. En 394, Paulin écrivant à Alype en son nom et au nom de sa femme Thérasie, unie désormais à Jésus-Christ seul, le remerciait de l'envoi de ces livres, qu'il regardait comme des ouvrages inspirés d'en haut. Durant cette année, Paulin, écrivant à Augustin lui-même, parlait des cinq ouvrages envoyés par Alype qui, disait-il, nourrissaient son âme et guérissaient ses maux. « O véritable sel de la terre; » s'écriait le prêtre de Nole en s'adressant au » prêtre Augustin; ô véritable sel de la terre, qui

---

[1] Si ita coguntur ut resistendi potestas non sit, non peccant.
[2] Chap. xiv, 22.

» préserve nos cœurs de la corruption des erreurs
» de ce siècle! ô lampe! si dignement placée sur
» le chandelier de l'Église, dont la lumière, nour-
» rie de l'huile sainte des sept dons du Saint-Es-
» prit, se répand sur toutes les villes catholiques,
» dissipe les ténèbres des hérétiques, et dégage
» la vérité par la splendeur d'une parole lumi-
» neuse! » Le grand Paulin est plein d'amour et
d'admiration pour Augustin ; il est heureux de ces
cinq livres, sorte de pentateuque contre le manichéisme, qui lui permettent de s'entretenir chaque
jour avec lui, et de respirer le souffle de sa bouche. « Elle est (votre bouche), lui dit-il, comme
» une source d'eau vive, comme une veine de la
» fontaine éternelle, parce que le Christ est de-
» venu en vous la source d'eau qui rejaillit dans
» l'éternelle vie. Aussi mon âme a-t-elle une soif
» ardente de vous, et ma terre a désiré s'enivrer
» de la fécondité de votre fleuve¹. » Saint Paulin
envoyait à saint Augustin, en même temps que
sa lettre, un pain, en signe d'union et d'amitié.
C'était alors l'usage que les évêques et les prêtres
envoyassent à leurs amis des pains en signe de
communion ; le plus souvent ces pains avaient été
bénits à table. Une marque particulière d'honneur, c'était d'envoyer un pain sans le bénir,

¹ Lettre XXV.

pour que l'évêque ou le prêtre qui devait le recevoir, le bénît lui-même. En adressant un pain à Augustin, saint Paulin le priait d'en faire *un pain de bénédiction.*

Nos lecteurs n'ont pas oublié le jeune Licentius, qui prenait une si intéressante part aux entretiens philosophiques de Cassiciacum. L'année 395 nous fait songer aux vives inquiétudes d'Augustin sur ce jeune homme, dont les voies n'étaient pas selon Dieu. Licentius, resté en Italie, à Rome peut-être, avait écrit une épître en vers au prêtre d'Hippone, son ancien maître ; au milieu du fracas mythologique de cette épître, le fils de Romanien regrettait les jours passés dans la retraite de Cassiciacum auprès d'Augustin, s'attristait de sa vie, et célébrait le génie et les vertus de l'homme dont l'absence était pour lui un malheur de toutes les heures. Il s'affligeait des liens qui le retenaient, et qu'il était prêt à briser, disait-il, pour aller joindre Augustin au premier signal. Augustin lui répondit par une touchante lettre [1], où il considère les affaires de ce monde comme un bruit importun que fait autour nous la chaîne de notre mortalité. Il parle à Licentius des fers pesants d'ici-bas, et du joug léger de Jésus-Christ ; lui reproche de s'occuper de la perfection de ses

---

[1] Lettre XXI.

vers, et de laisser le désordre dans son cœur; de craindre d'offenser les oreilles des grammairiens par des syllabes mal arrangées, et de ne pas craindre d'offenser Dieu par la dépravation des mœurs. Il l'engage à aller voir Paulin à Nole, et à apprendre de ce saint homme comment on passe des joies humaines aux joies plus sûres de l'Évangile. C'est à Romanien qu'Augustin remettait sa lettre pour Licentius; il lui remettait aussi une lettre pour saint Paulin [1], dont les dernières pages recommandent au saint personnage de Nole celui qu'il appelait son fils. Le prêtre d'Hippone demandait au prêtre de Nole, comme le plus grand témoignage d'amitié, un sévère examen de ceux de ses ouvrages qui étaient entre ses mains; il le conjurait d'être pour lui ce juste que souhaitait David pour le corriger et le châtier : Paulin ne doit pas être de ces hommes qui répandent sur la tête le parfum de flatterie que le roi-prophète craignait si fort. L'année suivante, dans une lettre écrite à Romanien, Paulin adressait à Licentius une allocution moitié en prose, moitié en vers, pour le presser d'écouter la voix d'Augustin, et d'aller à Dieu, qui est placé au-dessus des incertitudes de la vie et de la fragilité des empires. Nous ignorons ce que devint ensuite Licentius.

[1] Lettre XXVII.

Les deux derniers écrits d'Augustin avant son épiscopat, ce sont le livre de *la Continence* et le livre *du Mensonge*, que nous devons distinguer d'un autre livre *Contre le mensonge*, composé vingt-cinq ans plus tard. Le prêtre d'Hippone attaque vivement, dans cet écrit, l'opinion de ceux qui supposaient de la part de saint Paul (*Épître aux Galates*) un mensonge officieux. Nous verrons en son lieu la dispute d'Augustin avec le vieux Jérôme, l'illustre solitaire de Bethléem.

CHAPITRE XII.

Le Traité du libre arbitre.

(395)

Il nous faut placer ici un ouvrage d'Augustin, commencé à Rome après la mort de sa sainte mère, continué en Afrique dans la retraite de Tagaste, et qui ne fut achevé qu'en 395[1]; cet ouvrage est le *Traité du libre arbitre*, traité important parmi tous ceux où Augustin creuse les grandes questions de cette métaphysique chrétienne dont il est le créateur. Dans le *Traité du libre arbitre*, divisé en trois livres, de même qu'en des ouvrages dont nous avons parlé précédemment, la sagesse éternelle est montrée à l'homme comme son souverain bonheur; des torrents de clarté sont répandus pour résoudre le problème de l'origine du mal et de la prescience divine. Le pélagianisme n'avait pas encore paru; Au-

---

[1] Le P. de Vitry, jésuite, a fait une Dissertation critique sur le temps auquel saint Augustin acheva ses trois livres du *Libre arbitre*. (*Mémoires de Trévoux*, novembre 1717, p. 1906.)

gustin ne toucha que légèrement aux questions de la grâce; toutefois, le peu qu'il en dit est conformé à la doctrine qu'il soutiendra avec tant de force et d'autorité, lorsque Pélage et Célestius auront levé leur drapeau. Le *Traité du libre arbitre* a la forme du dialogue; saint Augustin adoptait fréquemment cette forme, qui était propre aux philosophes anciens. Il s'entretient dans cet ouvrage avec son ami Évode. Recueillons quelques traits de ce beau travail.

Après avoir établi que rien dans la création n'égale la raison humaine en excellence, en sublimité, et qu'au-dessus de cette raison humaine il existe un souverain bien, une sagesse infinie, source de toute perfection et de toute joie, Augustin s'afflige et s'étonne de voir les hommes douter du bonheur qui s'attache à la possession de la vérité. Les uns, séduits par des attraits périssables auprès d'une épouse aimée, ou même auprès d'une courtisane, s'écrient qu'ils sont heureux; et nous, quand nous tenons la vérité entre nos mains, nous doutons si nous le sommes! Les autres, pressés par la soif et arrivés au bord d'une source pure, ou pressés par la faim et prenant place à un festin abondant et délicat, répètent qu'ils sont heureux; et lorsque la vérité désaltère et nourrit notre intelligence, nous n'avons pas encore le bonheur! Ceux-ci se proclament heureux au milieu des fleurs et des parfums, et le souffle de la vérité ne nous semble pas un parfum assez suave! Ceux-là sont ravis, jusqu'à l'extase, d'une belle voix, des sons mélodieux d'un instrument, et nous, quand l'éloquent et harmonieux silence de la vérité pénètre dans notre âme par des routes inconnues, nous cherchons ailleurs la vie heureuse! L'or et l'argent, l'éblouissante blancheur des perles, le vif éclat des flambeaux sur la terre et des astres dans le ciel, qui ne s'adresse qu'aux yeux, procurent de grandes jouissances à des cœurs humains, et nous, quand la vérité vient éclairer notre raison avec ses splendeurs les plus magnifiques, nous sommes assez grossiers pour ne pas y trouver notre félicité!

De même qu'à la lumière du soleil on fait choix de divers objets pour y arrêter doucement ses regards, ou bien qu'avec des yeux perçants et forts on contemple le soleil même, ainsi, à la lumière de la vérité éternelle, on peut s'attacher à quelques vérités immuables et particulières, tandis que des esprits plus pénétrants s'élèvent jusqu'à la souveraine vérité, où tout se voit à découvert. Si je mettais mon bonheur à regarder le soleil, et que je pusse le faire constamment sans en être ébloui, combien de fois aurais-je le regret de le perdre, soit qu'il se couche, soit qu'un nuage ou des vapeurs l'enveloppent! Et lors même que la joie de voir la lumière du jour ou d'entendre une belle voix ne me serait jamais ravie, quel bien si considérable me reviendrait-il d'une chose qui me serait commune avec les bêtes? Telles ne sont pas les joies qui découlent de l'éternelle sagesse, et telle n'est point la vérité pour ceux qui la cherchent. La vérité n'est pas importunée par la foule de ceux qui vont l'entendre, et n'est pas obligée de les écarter; elle ne change pas de lieux et ne passe pas avec le temps; c'est un soleil que les nuits ne nous enlèvent point et que les nuages ne peuvent atteindre. De quelque extrémité du monde que se tournent vers elle ceux qui l'aiment, elle leur devient présente, et son éternelle immensité les embrassera tous. Elle n'est nulle part et ne manque en aucun lieu; elle avertit au dehors, elle instruit au dedans, et pas un homme n'a le pouvoir de la corrompre; personne ne peut juger d'elle, et personne sans elle ne peut bien juger.

Augustin, qui avait nourri sa jeunesse de l'étude de la philosophie antique de la Grèce, parle des *nombres* comme des proportions et des convenances de chaque chose. On sait que Pythagore, cherchant le *principe des choses*, créa la doctrine des nombres; il considérait l'univers comme une vaste harmonie: il parvint à cette grande pensée, après avoir reconnu dans le monde physique les proportions et les lois sur lesquelles se fondent la géométrie et l'arithmétique. La notion des nombres représentait pour les pythagoriciens toute figure, toute grandeur ; le nombre et la réalité étaient pour eux inséparables. Ils trouvaient dans les notions morales elles-mêmes je ne sais quelle régularité absolue qui caractérise les combinaisons géométriques. C'est ainsi que la justice se trouvait contenue dans cette formule : *Un nombre réputé plusieurs fois semblable à lui-même* ; par là on fondait la justice sur l'égalité, la réciprocité. Les platoniciens reproduisirent quelques parties de ce système, dont nous ne prétendons pas donner l'explication entière. Augustin en avait conservé des idées qui devaient aider la créature intelligente à s'élever jusqu'à Dieu. D'après lui et aussi d'après Pythagore et Platon, toute chose dans les cieux et sur la terre, dans l'air et dans les eaux, empruntait aux nombres, c'est-à-dire aux proportions, son existence, ses beautés. Le principe des nombres est le principe des êtres, puisque nulle chose n'existe sans être revêtue de nombres. Les nombres et les proportions servent de règles aux hommes, pour donner à la matière diverses formes. Si les membres de l'artisan se remuent avec harmonie, ce mouvement est produit par les nombres. Lorsque mon corps avec ses justes proportions reste immobile, les nombres sont dans le lieu; si ce corps nous offre la beauté de ses mouvements, les nombres seront dans le temps. Le nombre a la vie en lui, mais sa demeure n'est point dans les lieux, ni sa durée dans les âges. Élevons notre esprit et nous découvrirons le nombre éternel, et nous verrons la vérité resplendir sur son trône. A mesure que nos yeux deviendront plus purs et plus perçants, nous aurons une vue plus distincte de l'éternelle sagesse.

O sublime sagesse! s'écrie Augustin, douce et riante lumière d'une intelligence épurée, guide sûr et fidèle; malheur à ceux qui, s'éloignant de vous, s'en vont errer loin de ces routes lumineuses, et qui, dans ces ouvrages, aimant mieux ces ombres que nous-mêmes, ne reconnaissent point les traits de votre main puissante, et les signes que vous nous faites pour nous avertir et nous rappeler sans cesse l'excellence de ces beautés éternelles; car ces traits imprimés sur les créatures, c'est toute leur gloire, toute leur séduction. L'artisan, par la beauté de son œuvre, ne semble-t-il pas nous inviter à ne point arrêter trop longtemps notre admiration sur lui, mais à la faire monter plus haut? O divine sagesse! ceux dont le cœur se repose sur ces ouvrages sans s'élever jusqu'à vous, sont semblables à des hommes ignorants et grossiers qui, attentifs au discours d'un orateur éloquent, s'extasieraient de l'agrément de la voix et de l'arrangement des mots, sans se préoccuper du sens des paroles ! Malheur à ceux qui, repoussant ces splendeurs, se plaisent à s'envelopper de leurs ténèbres : en tournant le dos au soleil, il ne leur reste plus que des ombres dans les joies brutales vers lesquelles ils se précipitent, et le plaisir même qu'ils rencontrent ne vient que de l'éclat de votre lumière, dont ces ombres sont environnées !

Il y a un modèle éternel et immuable par lequel subsistent toutes les formes données aux créatures, quelles qu'elles soient. La beauté des corps, c'est l'impression de la beauté souveraine répandue sur tous les êtres. Il n'est pas de manière plus magnifique de prouver l'existence de Dieu.

Un mot sur l'origine du mal.

La volonté libre est un bien, puisque sans elle aucune action louable ne peut s'accomplir. Or, Dieu seul est le principe de tout bien, donc la volonté libre nous a été donnée par Dieu lui-même.

Augustin distingue les grands biens, qui sont les vertus; les biens moyens, qui sont les puissances de l'âme, sans lesquelles on ne saurait bien vivre; les petits biens, qui sont la force et la beauté des corps. La volonté est un bien moyen qui sert à obtenir les plus grands biens; le mal, c'est le mouvement déréglé de cette volonté, qui se sépare du bien immuable et s'attache aux biens passagers. On demandera d'où vient ce mouvement qui se sépare du bien immuable; Dieu ne peut pas en être l'auteur assurément. Ce mouvement est une défaillance; or, toute défaillance vient du néant. Ce mouvement est volontaire; il est en notre pouvoir; il n'existera pas, si nous ne le voulons pas; l'homme demeure donc dans son indépendance.

Passons à la prescience de Dieu.

Nous disons qu'elle ne nous empêche pas de pécher par une volonté libre.

L'homme ne pèche point, parce que Dieu l'a prévu, mais Dieu voit le péché à l'avance, parce que l'homme l'a commis. Dieu, connaissant toutes les choses futures, ne peut pas ignorer les actions que doivent commettre ses créatures. Dieu voit par sa prescience ce que je fais par ma volonté.

Si j'étais prophète, les choses futures n'arriveraient pas de telle manière, parce que je les aurais prédites, mais je les prédirais de telle manière, parce que c'est ainsi qu'elles s'accompliraient. La connaissance de l'avenir n'est pas la contrainte de l'avenir. De même que, par mon souvenir, je ne suis pas cause que le passé soit arrivé, de même Dieu, par sa prescience, ne condamne pas l'avenir à un accomplissement nécessaire. Dans l'ordre des choses humaines, Dieu n'est pas l'auteur de ce qu'il prévoit.

Il ne faut pas dire que l'homme eût été mieux fait s'il n'avait pas pu se souiller de péchés : c'est comme si, en regardant le ciel, vous ne vouliez pas qu'on eût créé la terre. La terre n'a-t-elle pas aussi sa magnificence? Il y a, dit Augustin, dans la misère qui suit le péché, quelque chose qui contribue à la perfection du monde, car cette misère tient à l'ordre éternel. Lorsque les hommes purs sont heureux, l'univers est dans toute sa beauté; lorsque ceux qui pèchent sont misérables, l'univers ne laisse pas aussi d'être beau. La perfection et la beauté de l'univers subsistent toujours dans la double condition de la joie du juste et de la misère du pécheur. Ils mentent ceux qui disent qu'ils auraient mieux aimé ne pas être que d'être malheureux, car, tout malheureux qu'ils sont, ils n'en continuent pas moins leur vie et n'ont garde de se tuer. C'est que l'être est un grand bien. Parmi ceux qui se donnent la mort, il en est certainement bien peu qui croient sortir tout à fait de l'existence; la plupart cherchent le repos, cherchent autre chose que leur misère, mais ne pensent pas entrer dans le néant. Augustin relève en toute rencontre la nature humaine ; c'est ainsi qu'il nous montre l'âme, même dans le péché, mille fois plus excellente encore que les meilleures et les plus belles choses de l'univers, parce qu'elle peut encore adorer Dieu et le comprendre; c'est ainsi qu'il trouve dans la condamnation du vice une preuve de la dignité de notre nature.

Le tort que nous avons de juger les choses humaines au point de vue de notre heure fugitive, a souvent inspiré à Augustin des considérations frappantes : nous en avons remis ailleurs quelques-unes en lumière. Le saint docteur revient sur ce point à la fin du *Traité du libre arbitre*. Ce qui est renfermé dans le temps, dit-il, se trouvant placé en un certain ordre, le futur ne paraît succéder au passé que par la défaillance et le dépérissement des choses, afin que toute la beauté des temps dont la nature est de s'écouler comme un fleuve, arrive à sa dernière perfection. Nous tombons dans un excès d'ignorance, quand nous nous plaignons de la fin des choses : elles n'ont d'action et de durée qu'autant qu'elles en ont reçu de celui à qui elles doivent tout et à qui elles rendent tout. Que celui qui s'afflige de voir les créatures s'évanouir fasse attention au discours même par lequel il exprime son affliction : si quelqu'un, uniquement occupé du sens de ses paroles, se délectait à chaque syllabe au point de ne pas vouloir qu'elle finît pour faire place aux autres syllabes dont le passage successif forme la liaison et le corps du discours, ne le regarderait-on pas comme un insensé ?

Nous aimons à ramener la pensée de nos lecteurs sur ces questions capitales et à leur en montrer la solution lumineuse, parce qu'elles soulèvent constamment devant l'œil de l'esprit des tourbillons de poussière qui lui dérobent la vérité. Nous voudrions faire tomber toutes les barrières imaginaires qui s'élèvent entre l'homme et le Dieu des chrétiens. Nous voudrions exciter au fond de l'âme humaine une brûlante énergie pour se rapprocher de ce qui est grand et beau par essence. De même que, par notre intelligence, nous exerçons l'empire sur les animaux de la terre, ainsi, par une raison forte, nous pouvons exercer l'empire sur nos passions. S'il est vrai que Dieu seul soit au-dessus d'un cœur où règne la vertu, pourquoi ne pas donner plus souvent ce magnifique spectacle au monde ?

CHAPITRE XIII.

Avénement de saint Augustin à l'épiscopat. — Les donatistes. — Lettres de saint Augustin à Proculéien, à Eusèbe, à Simplicien.

Augustin était pour l'Église d'Hippone un trésor que le vieil évêque Valère gardait avec une tendre inquiétude; les fidèles eux-mêmes avaient toujours peur de le perdre, et, dans sa lettre à l'évêque Aurèle, Augustin, s'excusant de ne pouvoir se rendre à Carthage, lui disait : « Ceux » d'Hippone ne me laisseraient jamais aller aussi » loin; leurs frayeurs sur ce point sont excessi- » ves : il s'en faut bien qu'ils se fient à moi » comme je me fierais à vous [1]. » La renommée d'Augustin, qui chaque jour grandissait, ne faisait que redoubler l'effroi du premier pasteur d'Hippone; il tremblait qu'on ne lui ravît pour l'épiscopat ce beau génie qui illuminait l'Afrique de magnifiques clartés. Il avait fini par le faire cacher, et ceux qui le cherchaient ne le trouvèrent point. Valère se décide donc à écrire secrètement

[1] Lettre XXII.

au primat de Carthage pour le prier de venir consacrer le prêtre Augustin qu'il désire associer au gouvernement de l'Église d'Hippone : les affaires pèsent trop sur sa vieillesse ; il a besoin d'être soulagé de ce poids religieux. Mégale, évêque de Calame, primat de Numidie, d'autres évêques, le clergé d'Hippone, la multitude des fidèles, sont avertis de la volonté de Valère. Une allégresse universelle accueillit les intentions de Valère. Mégale avait refusé d'abord son adhésion à l'élévation d'Augustin, alléguant pour motif une absurde calomnie dont il demanda ensuite publiquement pardon. Aurèle de Carthage n'ayant pu se rendre à Hippone, ce fut Mégale lui-même qui conféra à Augustin l'ordination épiscopale. Il fallut lutter avec l'humilité d'Augustin qui voulait se dérober à ce fardeau. On eut plus tard connaissance du huitième canon du concile de Nicée, qui défendait de donner deux évêques à une même Église. Augustin s'en ressouviendra dans sa vieillesse. Toutefois l'Église catholique s'est affranchie de ce règlement, quand l'intérêt d'un diocèse a paru le demander ; et même dans ce cas on ne reconnaît jamais dans un même diocèse que l'autorité d'un seul évêque. L'anniversaire de l'ordination épiscopale d'Augustin fut, dans la suite, une fête chère au pasteur et au troupeau. Il nous reste deux sermons de saint

Augustin prononcés dans ces solennités touchantes.

Le sacre d'Augustin avait eu lieu vers la fin de l'année 395, un peu avant la fête de Noël. Cette nouvelle se répandit rapidement dans le monde catholique, qui en remercia le ciel. Au commencement de l'année 396, Augustin l'annonçait à saint Paulin; l'ardeur du saint homme Valère, les vœux et les acclamations de tout le peuple, lui avaient paru comme la manifestation de la volonté divine; il y avait eu d'ailleurs des exemples de coadjuteurs [1], et Augustin se serait reproché une trop opiniâtre résistance. Il parle de cette dignité comme d'un lourd fardeau qu'il porterait avec moins de difficulté et d'amertume si Paulin venait le voir. Il lui demande les ouvrages du *très-saint pape* [2] Ambroise, où le pontife de Milan réfute ceux qui soutiennent que Jésus-Christ a beaucoup appris dans Platon [3]. Ces ouvrages de saint Ambroise ne sont point parvenus jusqu'à nous.

Paulin exprimait les sentiments des catholiques, ses contemporains, lorsque, dans sa lettre à Romanien [4], il célébrait comme un bonheur

---

[1] Nonnullis jàm exemplis precedentibus.
[2] Le titre de *pape* se donnait alors à tous les évêques.
[3] Lettre XXXI.
[4] Lettre XXXII.

pour l'Église, l'avénement d'Augustin à l'épiscopat. Les Églises d'Afrique sont assez favorisées pour recevoir les paroles de vie de la bouche de ce grand homme, dont l'élévation nouvelle n'est qu'une effusion plus abondante des bienfaits du Seigneur. La consécration d'Augustin ne donnait pas un successeur au vénérable Valère, mais seulement un aide, un compagnon : l'Église d'Hippone a pour évêque Augustin sans avoir perdu Valère. C'est la récompense de la simplicité et de la pureté de cœur du saint vieillard. « Réjouissons-nous donc,
» dit Paulin, en celui qui seul sait accomplir de
» grandes et d'admirables choses, et qui fait que
» plusieurs sont comme un seul dans une même
» demeure. Sa miséricorde a visité son peuple,
» il a élevé une forteresse dans la maison de
» David, son fils; il a envoyé du renfort à son
» Église pour briser les cornes des pécheurs,
» comme dit le prophète; c'est-à-dire pour ter-
» rasser les manichéens et les donatistes. »

Lorsque Augustin fut élevé à l'espicopat, les donatistes couvraient l'Afrique; la plus grande partie des chrétiens de ces contrées appartenaient au schisme. L'Église africaine en était dévorée comme d'une effroyable plaie; et cette plaie, s'élargissait sans cesse. La question religieuse avait établi la division dans les foyers domestiques;

l'unité morale des familles était brisée. L'époux et l'épouse n'avaient pas le même autel; ils juraient par Jésus-Christ de rester unis l'un à l'autre, et n'étaient pas d'accord sur Jésus-Christ; les enfants dormaient sous le même toit que leurs pères, et priaient dans des Églises différentes; ils disputaient sur l'héritage du Sauveur avec ceux dont ils espéraient l'héritage, dit Augustin[1]. Les maîtres et les esclaves étaient partagés sur leur maître commun qui avait pris lui-même la forme d'un esclave pour délivrer les uns et les autres[2]. Des jours bien autrement mauvais que les jours de la persécution païenne s'étaient levés sur l'Église d'Afrique. Les variations, qui sont l'éternel caractère de l'erreur, avaient établi quatre partis dans le schisme des donatistes : ces partis étaient les claudianistes, les priminianistes, les maximinianistes et les rogatistes. Ces derniers se montraient les plus modérés. On put compter en Afrique jusqu'à quatre cent dix évêques donatistes! Une sorte d'excommunication impie pesait sur les fidèles. L'évêque Faustin, le prédécesseur de Valère, avait défendu de cuire du pain à Hippone pour les catholiques : ils étaient en bien petit nombre dans cette ville. Qu'ils seront prodigieux les efforts

[1] Lettre XXXIII, à Proculéien.
[2] *Ibid.*

d'Augustin pour guérir tant de maux et rétablir l'unité !

Proculéien remplissait à Hippone les fonctions d'évêque donatiste. Evode, dont le nom est connu de nos lecteurs, l'ayant rencontré dans une maison, et lui ayant entendu exprimer le désir de conférer avec Augustin, celui-ci s'empressa d'écrire à Proculéien pour se mettre à sa disposition. Augustin commence par dire à l'évêque donatiste que, malgré son égarement, il l'honore; ce n'est pas seulement en considération de la dignité de la nature humaine, qui est commune à tous les deux, et qui les unit dans une même société, mais c'est à cause de certaines marques d'un esprit pacifique qui reluisent particulièrement dans Proculéien. Quant à l'amour qu'il lui porte, il va aussi loin que l'ordonne celui qui nous a aimés jusqu'à l'ignominie de la croix. Augustin est prêt à employer tout ce qu'il plaira à Dieu de lui donner de force et de lumière pour examiner les causes de division de l'Église à qui Jésus-Christ avait dit, en la quittant: *Je vous donne ma paix, je vous laisse ma paix.* Evode, dans sa discussion avec Proculéien, avait manqué de mesure, et l'évêque donatiste s'en était plaint; le coadjuteur de Valère prie Proculéien de pardonner à la jeunesse d'Evode et à son ardent amour pour la foi. Ceux qui nous redressent peuvent n'être que des pécheurs ; mais quand ils nous avertissent et nous éclairent, ce ne sont plus eux qui parlent, c'est la vérité même, la vérité éternelle. Il ne faut pas que les torts d'Evode détournent Proculéien de son pacifique dessein. Pour que la conférence soit utile, on écrira tout ce qui sera dit. Si Proculéien l'aime mieux, on pourra se préparer à la conférence publique et décisive par lettres, ou de vive voix, et avec des livres sur la table, dans le lieu qu'il choisira. Les lettres seront lues au peuple de part et d'autre. Pour ce qui est du vieux Valère, en ce moment absent, Augustin se porte fort de lui faire accepter tout ce qui aura été décidé.

Après une peinture de la division de l'Église, Augustin remarque qu'on a chaque jour recours aux évêques pour le jugement des affaires temporelles, et trouve déplorable que les évêques ne s'occupent pas de juger entre eux l'affaire de leur salut, et du salut de leur troupeau. Chaque jour on s'incline, on s'abaisse profondément devant des évêques pour se mettre d'accord sur l'or ou l'argent, les bestiaux ou les propriétés, et les évêques ne s'accordent point eux-mêmes sur le divin chef qui s'est abaissé plus profondément encore puisqu'il est descendu des hauteurs du ciel jusque sur l'opprobre de la croix !

Dans une lettre [1] écrite peu de temps après à Eusèbe, un ami de Proculéien s'afflige vivement d'un odieux scandale. Un jeune catholique, coupable d'avoir battu sa vieille mère, et de l'avoir cruellement maltraitée, même dans les saints jours où les lois étaient désarmées [2], avait été repris par son évêque. Ce mauvais fils, dans son dépit furieux, menaça sa mère de se jeter parmi les donatistes, de la tuer ensuite elle-même, et bientôt le voilà dans le sanctuaire des donatistes, vêtu de la robe blanche des néophytes, et recevant le baptême pour la seconde fois! Augustin fit dresser acte de ce sacrilége dans les registres de l'Église d'Hippone. Ce jeune homme, qui avait frappé ses deux mères, l'une selon la chair, l'autre selon la foi, ces donatistes qui avaient osé montrer comme un homme pur, comme un homme nouveau, le malheureux dont les blancs vêtements cachaient une pensée de parricide, inspiraient à Augustin une grande douleur. Il ne voulut pas garder le silence, il protesta. « Dieu me garde, s'écriait-il, d'être assez lâche
» pour ne pas parler de peur de déplaire aux
» donatistes, lorsqu'il me dit par son apôtre que
» le devoir de l'évêque est de réprimer ceux qui

---

[1] Lettre XXXIV.
[2] Au temps de carême, on suspendait la poursuite et le supplice des criminels. (*Code de Gratien*, liv. III, tit. XII, *De feriis*.)

» enseignent l'erreur! » Dans cette lettre à Eusèbe, Augustin souhaite encore de pouvoir déterminer Proculéien à accepter une conférence; il se contentera de dix témoins honorables comme le désire Proculéien. L'évêque donatiste aurait voulu qu'Augustin se fût rendu à l'assemblée donatiste de Constantine, et voudrait encore qu'il parût dans le concile que les schismatiques doivent tenir à Milève. Mais Augustin déclare qu'il n'a rien à entreprendre hors de son diocèse, à moins que ses confrères l'appellent; il n'est chargé que de l'Église d'Hippone, et n'a affaire qu'à Proculéien. Si l'évêque donatiste d'Hippone se trouve trop faible pour la lutte, il peut appeler à son secours ceux de ses collègues qu'il lui plaira de choisir.

« Après tout, ajoute Augustin, je ne comprends pas ce qu'un vieux évêque comme Proculéien (car il se prétend évêque) peut craindre en moi, qui ne suis qu'un novice : serait-ce ma connaissance des lettres humaines qu'il n'a peut-être point apprises, ou auxquelles il s'est peu appliqué? Mais qu'importent les lettres humaines dans une question qui se doit décider uniquement par l'Écriture, par les registres publics ou les actes des Églises? Il doit être bien plus habile que moi dans ces choses-là, dont il s'occupe depuis si longtemps. Cependant nous avons présentement ici mon collègue Samsucius, évêque de Tours [1] (en Numidie); il ne connaît aucune des choses que redoute Proculéien; je le prierai de se mettre à ma place, et, quoiqu'il soit peu instruit dans l'art de la parole, et qu'il n'ait pour lui que la vraie foi, Dieu l'assistera dans la lutte. Il ne reste donc à Proculéien aucun prétexte de nous renvoyer à je ne sais quoi, et de refuser de traiter entre nous ce qui nous regarde uniquement; pourtant je suis prêt à conférer avec tous les évêques donatistes qu'il lui plaira d'appeler à son secours. »

Proculéien reculait devant la conférence qu'il avait paru d'abord désirer; il avait peu de goût pour une grave dispute, et préférait s'en rapporter au jugement de Dieu; c'était plus commode pour l'amour-propre et pour l'erreur, et, pendant ce temps-là, le schisme pouvait poursuivre le cours de ses violences. Eusèbe, à qui Augustin avait eu recours, semblait décliner toute intervention, et ne voulait pas, disait-il, se *rendre juge entre des évêques*; Augustin n'avait jamais entendu lui donner cette mission, et ne s'était adressé à lui que pour constater des faits; c'est ce qu'il tient à préciser dans une nouvelle lettre écrite à Eusèbe [2]

---

[1] Episcopus Turrensis.
[2] Lettre XXXV.

On prétend que Proculéien n'aurait pas reçu dans sa communion le jeune homme si gravement coupable envers sa mère, s'il avait su toutes ses fureurs; eh bien, aujourd'hui qu'il les connaît, pourquoi ne le chasse-t-il pas de sa communion? Augustin dénonce à Eusèbe un autre fait : un sous-diacre de l'Église de *Spare* entretenait des relations suspectes avec des vierges consacrées à Dieu ; on voulait le tirer du désordre, et comme il méprisait les avis salutaires de ses chefs, il fut privé de sa cléricature. Irrité de ce châtiment, le sous-diacre passa dans les rangs des donatistes, qui le rebaptisèrent. Deux de ces vierges, qui faisaient valoir avec lui un fonds appartenant à l'Église, l'avaient suivi et avaient été rebaptisées aussi. Depuis lors, le sous-diacre courait avec des troupes de circoncellions et de femmes vagabondes, et goûtait toute l'impure liberté que lui refusait l'Église catholique. Il faut qu'Eusèbe informe de cela Proculéien, afin que l'évêque donatiste ne garde pas dans sa communion un homme qui s'y est jeté par le seul dépit d'avoir subi une dégradation, en punition de ses déréglements. Ce n'est pas ainsi que procède Augustin vis-à-vis des clercs donatistes dégradés qui se présentent pour entrer dans la communion catholique ; il ne les reçoit qu'à la condition qu'ils subiront l'humiliation de la pénitence. La dénonciation de ces faits à Proculéien, par un acte public, est un droit dont nul ne peut dépouiller Augustin *dans une ville romaine.*

En terminant sa lettre, le coadjuteur de Valère signale à Eusèbe des traits où se révèle son caractère doux et patient. La fille d'un fermier de l'Église d'Hippone, reçue catéchumène parmi les catholiques, avait été gagnée par les donatistes, rebaptisée et mise au rang des vierges. Son père voulait la faire rentrer de force dans la communion catholique ; Augustin déclara qu'il ne la recevrait que si elle revenait librement et de son propre choix ; or, la jeune fille ne se montrait pas disposée à ce retour ; le fermier croyait devoir employer les coups pour lui inspirer des sentiments meilleurs, mais Augustin lui défendit de la toucher et de lui faire le moindre mal. Il ne répondit que par le silence, et en contenant les hommes de sa suite, lorsque, traversant le pays de Spare, il eut à souffrir un torrent d'injures de la part d'un prêtre donatiste d'Hippone.

Il fut donc impossible à Augustin d'amener Proculéien à une discussion solennelle. A défaut d'autres moyens pour confondre le chef des donatistes d'Hippone, il ruinait le schisme dans des sermons qui frappaient très-vivement les esprits. Les donatistes de bonne foi qui l'écoutaient sortaient de l'église avec la conviction de leur erreur, et ne songeaient plus qu'à se ranger à l'unité catholique ; les fidèles, qui voyaient la vérité se dérouler devant eux avec tant de clarté et d'évidence, emportaient l'espérance de la destruction du schisme, et saluaient joyeusement un avenir de paix.

Le dernier mois de 396, ou le premier mois de 397, vit naître le livre du *Combat chrétien*. C'est une éloquente exhortation au combat pour mériter la palme de l'heureuse éternité. Cassiodore en conseillait la lecture à ceux qui, ayant foulé aux pieds le siècle, versaient leurs sueurs dans les combats chrétiens.[1]

On se souvient du vénérable Simplicien, à qui Augustin s'était ouvert à Milan, au moment où s'accomplissait dans son âme le dernier travail de la vérté. Le saint vieillard ne perdit plus de vue le sublime jeune homme qu'il avait aidé à franchir le dernier pas qui le séparait de l'Église catholique ; après s'être réjoui de son entrée dans la foi, il avait béni de loin les succès d'Augustin dans la défense de la religion chrétienne. Une lettre[2] de Simplicien, élevé depuis peu à la place de saint Ambroise sur le siége épiscopal de Milan, était venue apprendre à Augustin que le saint

---

[1] De Instut. divin. litt., cap. XVI.

[2] Cette lettre est de 397. Saint Ambroise était mort le 4 avril de cette même année.

homme lui gardait amour et admiration. Augustin lui répondit avec bonheur, et la manière dont il parlait des livres qui lui avaient valu les louanges de Simplicien est empreinte d'une modestie toute chrétienne. Il se trouvait suffisamment payé de sa peine, puisque Simplicien avait daigné lire ses ouvrages; le Seigneur, sous la main de qui Augustin tenait son âme abaissée, lui avait accordé ce bonheur afin de le tirer de ses inquiétudes, car, soit par inhabileté, soit par inadvertance, il craignait de faire de faux pas dans le champ de la vérité, quelque aplani qu'il puisse être. « Sachant de quel esprit vous êtes animé,
» disait-il à Simplicien, je sais à qui je plais
» quand je vous plais; le distributeur et le dis-
» pensateur de tous les dons spirituels rassure
» mon obéissance par le jugement que vous pro-
» noncez. Pour tout ce que mes écrits renferment
» de digne de votre amour, Dieu a dit : Que cela
» soit, et cela a été fait. Ainsi, dans l'approba-
» tion que vous donnez à mes livres, Dieu a vu
» que ce qu'il a fait est bon. »

Simplicien, dans sa lettre, avait posé des questions tirées des Écritures, qu'il priait Augustin de traiter. Ce fut l'origine des deux livres à Simplicien [1], où de hauts problèmes théologiques

---

[1] De diversis quæstionibus ad Simplicianum, libri duo.

sont résolus avec une grande lumière. Cet ouvrage, le premier que composa Augustin après son épiscopat, marque la fin de son semi-pélagianisme, comme si, par une faveur du ciel, Augustin, évêque, eût cessé d'être faillible en matière de foi. Le premier des deux livres à Simplicien renferme la solution de la question de *la vocation selon le décret de la volonté divine*[1]. Nous parlerons de ces graves et difficiles choses quand nous serons arrivés aux traités de *la prédestination des saints* et du *don de la persévérance*.

---

[1] Saint Paul aux Romains, VIII, 28.

CHAPITRE XIV.

Lettre à Glorius, etc. — Conférence avec Fortunius à Tubursum.

Augustin, évêque, continua sa lutte contre le manichéisme. Obligé de porter tout le poids du gouvernement de l'Église d'Hippone, après la mort de Valère, il fit marcher de front la polémique et les devoirs d'un premier pasteur. Il y avait une lettre de Manichée qu'on appelait la *Lettre du fondement*, parce qu'elle renfermait toutes les opinions ou croyances de la secte. Augustin prit une à une toutes les idées qui s'y trouvaient exprimées, et les réfuta[1]. Il commença par contester à Manichée le titre d'*Apôtre de Jésus-Christ* dont il s'était couvert comme d'un bouclier pour protéger ses erreurs, et prouva qu'il avait usurpé aussi le titre de *Paraclet*. Il combattit la doctrine des deux principes et l'hypothèse de leur combat avant la création du monde, montra la fausseté des promesses de Manichée, qui avait prétendu tout expliquer, et fit comprendre aux

---

[1] Contra epistolam Manichæi quam vocant fundamenti liber unus, année 397.

esprits les moins pénétrants que la nature de l'âme humaine ne pouvait pas être confondue avec la substance divine. Il règne dans cet écrit beaucoup de modération et de douceur. Au début de son livre, Augustin « prie le seul
» vrai Dieu tout-puissant de qui toute chose est
» tirée, par qui et en qui toute chose subsiste, de
» lui donner un esprit de bienveillance et de paix
» dans la poursuite de l'hérésie des manichéens. »
Il ne s'agit pas de perdre, mais de ramener ceux qui sont dans l'erreur.

« Que ceux-là s'irritent contre vous, dit Au-
» gustin aux manichéens, qui ne savent pas avec
» quelle peine on trouve la vérité, avec quelle
» difficulté on se garantit des erreurs; qui ne sa-
» vent pas combien il en coûte pour s'élever, à
» l'aide de la sérénité d'un esprit pieux, au des-
» sus des images matérielles. Que ceux-là s'irri-
» tent contre vous, qui ne savent pas combien il
» est difficile de guérir l'œil de l'homme intérieur
» en sorte qu'il puisse regarder son soleil : ce
» soleil n'est pas celui que vous adorez avec les
» yeux de la chair et qui brille également pour
» les hommes et pour les animaux; mais c'est le
» soleil dont il est dit dans le prophète[1] : *Le so-*
» *leil de la justice s'est levé pour moi.* C'est le soleil

---

[1] Malach., IV.

» dont il est dit dans l'Évangile : *C'était la véri-*
» *table lumière qui éclaire tout homme venant en ce*
» *monde*[1]. Que ceux-là s'irritent contre vous, qui
» ne savent pas ce qu'il faut de soupirs et de gé-
» missements pour comprendre quelque chose
» de Dieu. Que ceux-là enfin s'irritent contre
» vous, qui ne sont pas tombés dans vos erreurs.
» Pour moi, qui, tant et si longtemps ballotté, ai
» pu reconnaître ce que c'est que cette vérité qui
» se perçoit sans le mélange des fables vaines;
» pour moi malheureux, qui ai pu mériter à
» peine d'être délivré de vos imaginations, de
» vos systèmes, de vos erreurs, qui, pour écar-
» ter les ténèbres de mon intelligence, me suis
» soumis si tard aux caressantes invitations du
» plus doux des médecins; moi, qui ai pleuré si
» longtemps pour qu'il me fût donné de croire à
» cette substance immuable et pure dont nous
» parlent les livres divins; moi, qui ai recherché
» avec tant de curiosité, écouté avec tant d'atten-
» tion, cru avec tant de témérité, prêché avec
» tant d'ardeur et défendu avec tant d'opiniâtreté
» toutes ces rêveries qui vous occupent et vous
» enchaînent, je ne puis m'irriter contre vous;
» je dois vous supporter maintenant comme on
» m'a supporté au temps de mes erreurs, je

[1] Saint Jean, I, 9.

» dois agir à votre égard avec la même patience
» que m'ont montrée mes proches, alors que
» j'errais en aveugle et en furieux dans vos
» croyances. »

La lettre d'Augustin aux seigneurs Glorius, Eleusius, Félix et Grammaticus [1], écrite en 398, est comme un discours qui montre les donatistes dans leurs condamnations diverses, leurs inconséquences et leur désertion de la véritable doctrine chrétienne. Ce schisme fut un des plus mémorables exemples de l'aveuglement des hommes quand le voile des passions tombe sur leurs yeux. Les donatistes se présentaient comme les représentants de la véritable Église répandue dans le monde entier, et chaque jour dans les Écritures ils lisaient des noms d'Églises avec lesquelles ils n'avaient pas de communion. Ils disaient dans leurs assemblées : *La paix soit avec vous*, et ne voulaient point de paix avec les peuples à qui ces divines Écritures ont été adressées. On leur répétait en vain qu'on ne participe aux œuvres des méchants qu'en les approuvant. Ceux qui n'approuvent point le mal et qui n'osent entreprendre d'arracher l'ivraie avant le temps de la moisson, de peur d'arracher aussi le froment, n'ont rien de commun avec les méchants que

---

[1] Lettre XLIII.

l'autel de Jésus-Christ; ils ne participent pas à leurs actions quoiqu'ils demeurent dans la même communion, et se rendent, au contraire, dignes de louanges en tolérant pour l'amour de l'unité ce que l'amour de la justice leur fait haïr. Jésus-Christ, faisant écrire par saint Jean, dans l'Apocalypse, à l'ange d'Éphèse, c'est-à-dire au pasteur de l'Église d'Éphèse, loue le pasteur de *cette première charité* qui l'avait aidé à supporter les faux apôtres; c'est à cette charité qu'il l'exhorte à revenir lorsqu'il le presse de rentrer dans la pratique de ses premières œuvres. Ainsi donc, quand même les crimes reprochés à des catholiques seraient véritables, l'Église catholique aurait raison de supporter les coupables en vue de conserver l'unité. Aaron ne supporta-t-il point la multitude qui descendit jusqu'à fabriquer et à adorer une idole? Moïse ne supporta-t-il point les Israélites qui murmuraient contre Dieu et outrageaient la sainteté de son nom? David souffrit Saül, son persécuteur; il vengea sa mort et l'appela le Christ du Seigneur par respect pour le mystère de son onction. Depuis l'avénement de Jésus-Christ, les exemples d'une sainte tolérance sont bien plus nombreux. Et quoi de plus solennel que l'exemple de Jésus lui-même supportant Judas, l'homme infâme qui devait le vendre aux Juifs!

La conduite des donatistes sur ce point était

en contradiction avec leurs propres maximes. Pourquoi supportaient-ils les violences, les meurtres, les incendies des circoncellions? Pourquoi avaient-ils supporté les maux dont l'évêque Optat de Thamugade couvrit l'Afrique?

Les archives publiques, les registres des églises, les écritures les plus authentiques et les mieux entourées d'autorité, témoignaient des aberrations et des défaites des donatistes. Augustin leur mettait devant les yeux un autre livre; ce livre, c'était la terre entière, qui montrait l'accomplissement des promesses éternelles faites au Verbe incarné : « Vous êtes mon fils et je
» vous ai engendré aujourd'hui; demandez-moi,
» et je vous donnerai toutes les nations pour hé-
» ritage, et la terre tout entière pour la possé-
» der. » Quiconque est séparé de communion avec cet héritage doit se regarder comme déshérité, et quiconque attaque cet héritage cesse de faire partie des enfants de Dieu. « Que vous
» a fait, ô donatistes! l'Église de Corinthe? s'écrie
» Augustin; et ce que je dis de cette Église, je le
» dis de toutes les autres qui sont répandues dans
» les plus lointaines parties de l'univers. Que
» vous ont donc fait ces Églises, qui n'ont pu
» avoir connaissance de vos œuvres, qui ne sa-
» vent pas quels hommes vous avez diffamés?
» Quoi! parce qu'en Afrique Cécilien a déplu à

» Lucille, la lumière de Jésus-Christ s'est éclip-
» sée sur la terre ! »

Cette Lucille dont parle Augustin était une femme de Carthage qui, réprimandée par Cécilien alors qu'il était encore diacre, avait gardé de la haine contre lui. Elle fut la première cause de la tempête qui menaça Cécilien, et gagna à prix d'or assez d'évêques pour amener une condamnation du pontife de Carthage, faussement accusé d'avoir livré aux païens les divines Écritures. Le schisme des donatistes avait été une œuvre d'intrigue; des femmes y jouèrent secrètement un grand rôle. Une femme avait servi à l'établissement du schisme; une autre, dont le nom ne nous est pas connu, servit à sa division. Ses intrigues, selon le témoignage d'Augustin, aidèrent Maximien, diacre donatiste de Carthage, à faire déposer l'évêque Primien dans l'assemblée de Cabarsus (393), et à se mettre à sa place.

A la fin de sa lettre à Glorius, Augustin dit qu'il n'est au pouvoir de personne d'aller effacer dans le ciel les promesses de Dieu, ni d'anéantir son Église sur la terre.

Le donatisme étant devenu la grande misère de l'Église d'Afrique, Augustin saisissait toutes les occasions de conférer avec des évêques de ce schisme. Après la mort de Profuturus, évêque de Constantine, dont l'amour pour la pauvreté a mérité des louanges, Augustin se mit en route avec son ami Alype, pour lui donner un successeur. Tubursy, par où il passa, avait un évêque donatiste appelé Fortunius, qu'il désirait voir; il voulut le devancer à cause de son âge, et se rendit chez lui avec les hommes de sa suite. Lorsqu'on sut dans la ville l'arrivée d'Augustin, la foule se porta vers lui. Le bruit d'une conférence s'était vite répandu. On se précipitait dans la demeure de Fortunius, comme pour assister à un spectacle, plutôt que pour y chercher des lumières religieuses; à peine un petit nombre arrivait avec la pensée de découvrir la vérité. La dispute entre Augustin et Fortunius commença au milieu d'une confusion extrême; chacun parlait au hasard, et ni prières ni menaces de la part des deux évêques ne pouvaient obtenir le silence. Ils étaient cependant parvenus à entamer assez sérieusement la matière, mais le manque de scribes laissait la dispute s'évanouir sans profit pour la plupart des auditeurs. Fortunius ne s'en plaignait pas; aussi fallut-il insister pour obtenir des scribes, et ceux qui se mirent en devoir d'écrire étaient les moins habiles. Le tumulte, du reste, ne tarda pas à les empêcher de continuer les écritures. Les deux évêques n'en poursuivirent pas moins la conférence. Augustin en donne la substance dans sa lettre adressée à Glorius, à Elensius et aux deux Félix (398)[1].

Fortunius avait commencé la conférence par un éloge de la manière de vivre d'Augustin, qu'il connaissait d'après les récits de ses amis. Il avait ajouté que les travaux d'Augustin seraient excellents, s'ils étaient faits par un homme qui fût dans l'Église. De là, on vient à examiner quelle est la véritable Église. Sera-ce celle qui, d'après les promesses de l'Écriture, couvre toute la terre, ou celle qui, renfermée en Afrique, se compose uniquement d'un certain nombre d'Africains? Fortunius voulait d'abord soutenir que sa communion se trouvait partout; mais Augustin l'ayant convaincu de son impuissance à lui donner des *lettres de communion* ou *lettres fermées*, sorte de passe-ports catholiques pour toutes les églises, l'évêque donatiste renonça à ce moyen de défense, qui pourtant décidait de la question. Il s'arma de ces paroles de Jésus-Christ : « Prenez garde aux faux pro-
» phètes; car il s'en présentera à vous qu'on
» prendrait au dehors pour des brebis, mais qui
» au dedans sont des loups ravissants; vous
» les reconnaîtrez à leurs œuvres. »

Augustin fit observer à Fortunius qu'il pouvait

[1] Lettre XLIV.

employer contre lui le même passage. Alors celui-ci parla des persécutions de son parti en des termes fort exagérés; il voyait dans cette persécution le témoignage de la véritable foi, et s'écriait : « Heureux ceux qui souffrent persécution pour la justice, parce que le royaume des cieux leur appartient! » Augustin lui prouva que les donatistés n'avaient point souffert pour *la justice*, puisqu'ils s'étaient séparés sans raison de la communion des plus anciennes églises du monde, des églises d'outre-mer. Fortunius répondit que les églises d'outre-mer avaient commencé à faillir en consentant à la prétendue persécution suscitée par Macaire.

Macaire et Paul, deux personnages de la cour de Constant, avaient été chargés, vers le milieu du quatrième siècle, de distribuer les aumônes impériales aux pauvres des églises d'Afrique. Il leur arriva d'exhorter les schismatiques à rentrer dans l'unité, ce qui déplut fort à Donat, évêque de Carthage, et à un autre Donat, évêque de Bagaye. Les deux prélats donatistes voulurent s'en venger en déchaînant les bandes des circoncellions. Il était plus facile de lancer à travers le pays ces troupes de furieux, que de les arrêter ensuite; les circoncellions échappaient à l'autorité des évêques donatistes; on fut obligé de recourir à la milice impériale pour se défendre contre ces bandes terribles. Macaire et Paul eurent besoin d'une escorte qui protégeât leurs personnes et leurs aumônes ; des soldats de cette escorte ayant été maltraités par les circoncellions, leurs compagnons ne voulurent point laisser impunie l'audace des assaillants, et les prudentes remontrances de leurs chefs ne purent les empêcher de commettre des excès; mais nulle violence, nul meurtre ne s'accomplit avec *la participation, le conseil ou l'aveu des évêques catholiques*[1]. Telle fut l'origine du nom de *macarienne* que les donatistes avaient donné à l'Église, et tels furent les temps *macariens* tant de fois reprochés aux catholiques.

Fortunius, dans ses moyens de défense, ne négligea donc pas le souvenir des excès commis à l'époque du passage de Macaire. Augustin lui répondit que la complicité des églises d'outremer dans ces désordres était une supposition gratuite, et que quand même la complicité s'établirait, il faudrait que les donatistes pussent prouver qu'avant ce temps ils étaient en communion avec les églises de toute la terre. Là-dessus Fortunius produisit un certain livre renfermant la preuve que le concile de Sardique, tenu en 347, avait écrit à des évêques africains

[1] Optat. liv. III.

du parti de Donat. Mais Augustin découvrit que ce concile était arien et qu'il condamnait le grand Athanase.

L'évêque donatiste de Tubursy était un bon vieillard d'un esprit modéré; il parla avec un certain regret de la réitération du baptême, passée en coutume chez les donatistes, et déplora les énormités de son parti. On demeura d'accord que dans ces sortes de conférences il ne fallait pas s'objecter mutuellement les violences des méchants, et que la grande et unique affaire était l'examen du point d'où le schisme prenait naissance. On se sépara avec l'idée de réunir dix évêques catholiques et dix évêques donatistes pour achever cet important débat. Augustin voudrait dérober la nouvelle conférence au tumulte de la foule, et propose comme lieu de réunion quelque paisible bourgade dans le territoire de Tubursy ou de Tagaste.

Cette conférence si désirée n'eut pas lieu. Les donatistes n'aimaient pas les explications ni l'exposé des faits; ils les fuyaient surtout depuis que la Providence avait mis entre les mains d'Augustin la défense de la foi catholique.

Il est question, à la fin de cette lettre, de la secte des *célicoles* ou adorateurs du ciel, qui avaient établi un nouveau baptême, quoiqu'ils n'appartinssent à aucune des communions chrétiennes.

Le code de Théodose les range à côté des juifs et des samaritains; leurs idées religieuses se confondaient assez avec celles des *hypsistaires*[1], les adorateurs du Très-Haut.

Augustin eut un entretien avec le chef des célicoles à Tubursy; il ne nous dit pas quel en fut le résultat. Ambassadeur de la vérité, le coadjuteur de Valère plaidait sa cause contre toute espèce d'ennemis.

[1] Les hypsistaires étaient ainsi appelés du mot grec ὕψιστος (le Très-Haut).

CHAPITRE XV.

Zèle de saint Augustin pour la prédication. — Conduite des évêques vis-à-vis du polythéisme. — Les quatre livres de l'Accord des Évangélistes. — Le livre des choses qu'on ne voit pas. — Le livre sur la manière de catéchiser les ignorants. — Sur le travail des moines.

Lorsque ses devoirs ou les besoins de l'Église d'Afrique le conduisaient dans quelque ville, Augustin, sollicité par les pasteurs et les fidèles du lieu, ne refusait jamais de faire entendre la vérité catholique. Le zèle de la maison du Seigneur dévorait son âme; il voyait l'Église attaquée de tous côtés par les hérétiques, les païens et les juifs; il aurait voulu que sa parole eût pu être écoutée partout à la fois. Les basiliques de Carthage retentissaient de la voix d'Augustin, à chaque voyage qu'il faisait dans la métropole africaine. Parmi les motifs qui l'animaient ici, nous devons placer le désir d'édifier la ville qui avait été le principal témoin des erreurs de sa jeunesse. Quand il se rendit au concile général de Carthage tenu en 398, à ce concile dont les cent quatre canons sont un trésor pour la discipline de l'Église [1], l'éloquent évêque réunit plus d'une fois sans doute autour de lui dans les basiliques la multitude des fidèles.

Les païens avaient assigné quatre siècles à la durée du christianisme. L'année 399 devait voir la croix tomber et les dieux reprendre tout leur empire. Or, dans cette année, l'exécution de la loi de l'empereur Honorius acheva de faire crouler les idoles. On a dit que saint Augustin et d'autres évêques cherchaient partout des idoles pour les briser; cela est faux. Pas une ligne de notre grand évêque n'a autorisé le renversement d'une statue de divinité. S'il se rencontrait des idoles dans des domaines offerts à l'Église, il était tout simple qu'on les mît en pièces, puisqu'on se conformait par là aux intentions des donateurs; mais nous ne trouvons dans l'histoire ecclésiastique aucun acte contre le polythéisme en dehors des lois ou des conventions : les dieux n'eurent jamais à souffrir de l'arbitraire épiscopal. Les pontifes de Jésus-Christ se contentaient de montrer aux peuples le néant de l'idolâtrie ; ils laissaient la vérité poursuivre librement ses triomphes. Les évêques d'Afrique applaudirent à l'ordonnance d'Honorius; ils l'avaient même sollicitée ; et ceci prouve encore qu'on ne procé-

---

[1] Baronius.

dait point contre le polythéisme par caprices, par violences illégales, mais que dans ces grandes révolutions morales la loi ne cessait point d'être la seule règle.

Le grand défenseur de l'unité de l'Église ne laissait pas les donatistes s'endormir dans leur erreur. Dans une lettre à son parent Severin, tombé dans le schisme, il lui disait¹ : « Le parti
» de Donat, qui ne s'étend pas hors de l'Afrique,
» outrage le reste de la terre. Cette branche,
» morte pour n'avoir pas voulu porter des fruits
» de paix et de charité, ne prend pas garde
» qu'elle est retranchée de la racine des Églises
» d'Orient, d'où l'Évangile a été porté en Afri-
» que. »

« Mon père agit sans cesse, » disait le Verbe fait homme. Le génie, quand il s'inspire de l'amour de la vérité, a quelque chose de cette activité divine, et ne se repose jamais. Tel fut surtout le génie d'Augustin. A chaque pas que nous faisons dans son histoire, nous rencontrons un nouvel ouvrage, et les difficultés de notre tâche s'accroissent de toute la prodigieuse fécondité de ce grand homme. L'année 400 fut une des plus riches années de la vie d'Augustin. Nous y trouvons dix ouvrages, parmi lesquels

---

¹ Lettre LII, année 399.

figurent les *Confessions*, et dont l'un, l'ouvrage contre Fauste, se compose de trente livres. Nous donnerons une idée de ces diverses productions.

Les quatre livres *De l'accord des évangélistes*, particulièrement dirigés contre les païens, offrent aujourd'hui un aussi intéressant sujet d'étude qu'autrefois; car les modernes adversaires du christianisme ont renouvelé contre l'Évangile les mêmes arguments, les mêmes chicanes que les païens du quatrième siècle. Augustin établit fortement l'autorité des évangélistes, qui sont au nombre de quatre, comme pour répondre aux quatre parties de l'univers. Il y a deux forces dans l'âme, l'une active, l'autre contemplative; l'une qui va, l'autre qui est arrivée, l'une qui s'efforce de purifier le cœur pour le rendre digne de voir Dieu, l'autre qui voit Dieu; l'une qui travaille, l'autre qui se repose. Ces deux forces ou vertus sont figurées par les deux épouses de Jacob : Lia est laborieuse, Rachel contemple le principe des choses. Trois évangélistes s'attachent aux actions et aux paroles du Sauveur dans son passage sur la terre, le quatrième laisse les faits et les discours de Jésus-Christ pour s'occuper soigneusement de l'unité de la Trinité, du bonheur de l'éternelle vie, de la contemplation des choses sublimes. Les quatre animaux de l'Apocalypse représentent les quatre évangélistes. Saint Matthieu est le lion, saint Luc est le veau, pour désigner la *grande victime* [1], saint Marc est l'homme, parce que c'est surtout dans ses récits qu'apparaît l'humanité du Messie; saint Jean est l'aigle, parce qu'il s'élance par-dessus les nuages de l'humaine faiblesse, et qu'il contemple avec des yeux fermes et pénétrants la lumière de l'immuable vérité. Tel est le quadrige sur lequel le Seigneur, dit Augustin, a parcouru l'univers et l'a soumis à son joug, qui est doux et léger.

Les païens demandaient pourquoi Jésus-Christ n'avait rien écrit lui-même, et pourquoi il avait laissé à d'autres le soin de marquer ce qu'il fallait croire. Augustin leur répond qu'ils auraient donc cru ce que le Sauveur aurait écrit lui-même. Il les prie de considérer combien de philosophes ont chargé leurs disciples de mettre leurs enseignements par écrit. Pythagore et Socrate n'ont pas laissé une ligne; or, pourquoi les païens, qui acceptaient Pythagore et Socrate, repousseraient-ils Jésus-Christ par la raison qu'il n'a rien écrit? Si, par les récits de la renommée, ajoute Augustin, Jésus-Christ est aujourd'hui reconnu comme le plus sage, le plus parfait des

---

[1] Propter maximam victimam sacerdotis.

hommes, pourquoi, sur le témoignage d'une plus grande renommée, ne serait-il pas reconnu comme Dieu? Les païens proclamaient le Christ le plus sage des hommes, et pourtant le Christ n'avait jamais parlé de sa sagesse! L'Église catholique le proclame Dieu : que répondre à cette grande autorité? Augustin prouve ensuite la divinité du Sauveur. Tout ce premier livre est beau. Les trois autres montrent, par le rapprochement des textes et la netteté des interprétations, la constante harmonie qui règne dans les évangélistes.

Les deux livres des *Questions des Evangiles* sont pleins de lumière et de solutions heureuses.

Dans le livre *Des choses qu'on ne voit pas*, et qui tend à établir la nécessité de la foi, Augustin fait observer que souvent, dans la marche ordinaire de la vie, nous croyons sans avoir vu. Le bon vouloir d'un ami ne se voit point, et cependant on y croit. Otez la foi des choses humaines, une immense et horrible confusion nous apparaît. Pour les croyances chrétiennes, comme pour l'amitié, il y a des indices de vérité : l'accomplissement des prophéties est le grand témoignage de la foi catholique. Les choses accomplies nous portent à croire les choses qui ne se voient pas. Les livres des juifs, nos ennemis, témoignent de la vérité de notre religion. Les juifs ont été dispersés sur tous les points de la terre, pour que les preuves du christianisme fussent répandues partout. Mais quel plus grand témoignage de la divinité du christianisme, que la ruine du polythéisme et la transformation du monde, accomplie au nom d'un homme insulté, flagellé, crucifié; accomplie par des disciples ignorants et grossiers, par des pêcheurs et des publicains chargés d'annoncer la résurrection et l'ascension qu'ils déclarent avoir vues, et de prêcher l'Évangile à toutes les nations, dans des langues qu'ils n'ont point apprises !

Augustin s'adressant aux catholiques ses contemporains, les exhorte à ne pas se laisser abuser par les païens, les juifs, les hérétiques et les mauvais frères. La prophétie divine a parlé afin que les faibles ne soient point troublés. L'Époux du Cantique des cantiques, c'est-à-dire le Seigneur Christ, a dit en parlant de son Église : « Comme le lis brille au milieu des ronces, ainsi » mon amie s'élève au milieu des filles de la » terre. » Quand le filet jeté à la mer sera retiré sur le rivage qui signifie ici la dernière époque du monde, alors aura lieu la séparation des poissons.

Le livre *Sur la manière de catéchiser les ignorants*[1], écrit à la prière d'un diacre de Carthage,

---

[1] De catechizandis rudibus.

est un précieux traité de l'art d'enseigner la religion. On y trouve des conseils et des préceptes pour rendre les leçons à la fois utiles et attrayantes. Pour échapper à cet écueil de l'ennui qui menace toujours les catéchistes, Augustin dit au diacre de Carthage qu'il ne doit pas s'inquiéter si son propre discours lui paraît long et fastidieux : l'auditeur peut ne pas en juger ainsi. Celui qui parle a l'idée du mieux, et c'est pour cela que souvent il trouve médiocre ce qu'il dit; Augustin lui-même est rarement content de ses discours. Avant d'ouvrir la bouche, il voit les pensées qu'il serait utile d'exprimer; puis, quand sa parole lui semble incomplète, il s'attriste de ce que sa langue ne puisse suffire à l'abondance de son cœur; la pensée traverse son esprit comme un éclair, et la parole est lente et embarrassée. « Il » faut, dit l'évêque d'Hippone, que ma mémoire » s'occupe de retenir les idées, pendant que je » prononce une à une les syllabes pour les ex- » primer. C'est ce qui me fait paraître le discours » languissant et ennuyeux; mais l'attention de » ceux qui m'écoutent me donne à croire qu'ils » y trouvent quelque chose d'utile. Ce motif me » détermine à continuer un ministère profitable » à ceux dont je suis le pasteur. » Augustin ajoute que pour produire des fruits heureux les choses n'ont pas besoin d'être exprimées aussi parfaitement qu'on le voudrait. Tant que nous sommes dans cette vie, Dieu n'apparaît qu'en énigme; il n'est pas en notre puissance de nous affranchir tout à fait des liens terrestres et de percer le nuage qui voile les secrets éternels.

Ce livre renferme beaucoup d'importantes choses. Augustin veut faire aimer aux catéchistes leur tâche; il la relève, l'environne d'intérêt et de charme, et s'appuie de l'exemple du divin Maître, qui se fit si petit pour parler aux hommes. Il n'y a pas de dévouement dans le cœur de celui qui ne sait pas s'abaisser. « Comment
» Jésus-Christ, s'écrie Augustin, se serait-il pré-
» paré à se sacrifier pour les hommes, s'il lui
» avait paru trop pénible de s'incliner à leurs
» oreilles? Voilà pourquoi il se fit petit au milieu
» de nous, comme une mère au milieu de ses en-
» fants. Comment, sans amour, pourrait-on trou-
» ver quelque charme à murmurer des demi-
» mots? et cependant les hommes désirent être
» pères pour avoir de ces soins et de ces com-
» plaisances. Il est plus doux pour une mère de
» présenter à son enfant une nourriture toute
» délayée, que de manger elle-même de solides
» aliments. Il faut se ressouvenir aussi de la
» poule, qui réchauffe ses petits sous ses plumes,
» et brise sa voix pour les appeler autour d'elle. »

Si la répétition des choses les plus simples

nous fatigue, soumettons-nous-y par un amour de frère, de père et même de mère. Une affection compatissante et vraie confond les cœurs en un seul, et ceux qui écoutent croient parler, et celui qui parle croit apprendre ce qu'il enseigne. Il est des monuments superbes, des cités magnifiques, des paysages charmants qui ne nous touchent plus, par l'habitude où nous sommes de les voir; mais s'il nous arrive de les montrer à des amis qui ne les connaissent pas, notre plaisir se renouvelle dans le plaisir qu'ils éprouvent, et nous jouissons plus ou moins, selon le degré d'affection qui nous lie à ces amis. N'y a-t-il point une plus vive joie à apprendre à connaître Dieu à ceux qui l'ignorent? et notre esprit ne doit-il pas se sentir plus profondément renouvelé par la contemplation de ces divines choses toujours nouvelles?..

L'évêque d'Hippone conseille de faire asseoir l'auditeur, pour ne pas trop le fatiguer en le tenant longtemps debout; il observe que cela se passe ainsi dans quelques villes *d'au-delà les mers*, c'est-à-dire en Italie et dans les Gaules. La coutume contraire suivie en Afrique nous explique la brièveté de la plupart des sermons de saint Augustin. « Ne soyons pas aussi exigeants, dit » l'évêque, lorsque nous instruisons nos frères » ou ceux que nous voulons rendre nos frères.

» Pourquoi ne les ferions-nous pas asseoir devant
» nous? La pauvre femme de l'Évangile, Marie,
» sœur de Lazare, n'était-elle pas assise, en écou-
» tant Notre Seigneur, devant lequel les anges se
» tiennent debout? Du reste, ne soyons pas longs,
» annonçons d'avance que nous serons courts,
» et tenons notre promesse. »

On se plaint parfois de quitter, pour catéchiser, quelque chose que l'on croit plus important. Nous sommes bien incertains sur le plus ou moins d'utilité de nos œuvres. Nous ne connaissons pas assez les desseins de Dieu. « Combien de pensées
» passent par le cœur de l'homme! dit le Sage;
» mais les desseins de Dieu vont toujours s'ac-
» complissant. »

Augustin nous initie dans la diversité de ses impressions lorsqu'il parle devant les multitudes; l'allure de son discours, sa forme et ses idées, sa manière de commencer et de finir, varient selon le caractère, l'éducation, l'état, la patrie, l'âge, le sexe, les besoins religieux de ceux qui l'écoutent. Il fallait assurément une merveilleuse facilité de parole pour satisfaire ainsi tant de besoins différents.

Le livre *Sur la manière de catéchiser les ignorants* est un des écrits où se révèle avec le plus d'énergie et d'étendue l'amour d'Augustin pour la pauvre humanité. C'est l'inspiration évangélique dans ce qu'elle a de plus complet et de plus touchant. Notre siècle, qui estime si fort le dévouement à l'humanité, ne saurait rester froid devant cette admirable manière de s'abaisser jusqu'aux dernières misères de l'ignorance et de les guérir !

Lorsque des communautés religieuses commencèrent à s'établir à Carthage, les unes vécurent du travail, les autres ne voulurent vivre que des offrandes des fidèles, pensant accomplir ainsi les préceptes évangéliques : « Voyez les
» oiseaux du ciel ; ils ne sèment point ni ne mois-
» sonnent, et n'amassent pas dans les greniers,
» et votre Père céleste les nourrit : n'êtes-vous
» pas beaucoup plus qu'eux ?... Considérez com-
» ment croissent les lis des champs ; ils ne tra-
» vaillent ni ne filent : or, je vous dis que Salo-
» mon dans toute sa gloire n'était pas vêtu comme
» l'un d'eux... Ne vous inquiétez donc point, di-
» sant : Que mangerons-nous, ou que boirons-
» nous, ou de quoi nous vêtirons-nous ? » Là-dessus, des disputes avaient éclaté parmi les clercs, et l'Église en était troublée. L'évêque Aurèle, de Carthage, pressa Augustin de mettre fin à ces querelles par l'intervention de sa puissante parole ; dans un livre intitulé *Du travail des moines*, l'évêque d'Hippone montra le travail comme étant la loi de tous et aussi comme étant la loi des monastères ; il cita l'exemple de saint Paul,

qui tirait de son industrie son pain de chaque jour. Quant aux paroles de l'Évangile sur les oiseaux et les lis, elles nous font songer à la Providence, nous invitent à ne pas trop nous préoccuper des besoins d'ici-bas, mais ne nous affranchissent point de la loi du travail. Les paresseux de la terre n'ont pas le droit d'interpréter à leur profit cet Évangile qui nous ordonne de ne pas chercher le repos tant que dure le voyage.

Augustin voulait que les moines employassent une partie de leur temps aux labeurs manuels. Lui-même prenait Jésus à témoin qu'il aurait mieux aimé travailler de ses mains à certaines heures et consacrer les autres heures à la prière et à l'étude des Écritures, que d'être tristement obligé, en qualité d'évêque, de s'occuper des affaires d'autrui, de juger des procès, et de porter le poids d'innombrables soucis. Les moines auxquels il commandait le travail n'auraient pas pu, sans injustice, l'accuser de mettre sur leurs épaules des fardeaux qu'il aurait à peine touchés du bout du doigt. Augustin ne parlait que de ses charges et de ses soucis d'évêque. Mais quelle vie fut plus laborieuse que la sienne! quel homme plus qu'Augustin eut jamais le droit de prescrire le travail!

Les cénobites, ennemis du travail manuel, portaient de longs cheveux, imitant encore en cela les oiseaux, qui ne se dépouillent pas de leur plumage; Augustin les avertit avec sa charité accoutumée; ils craignaient qu'*une sainteté tondue obtînt moins de respect qu'une sainteté chevelue.* L'évêque d'Hippone leur cite ces mots de l'Apôtre : « Quand vous passerez au Christ, le voile » sera ôté. » Il faut entendre par là, ajoute l'évêque, le voile qui était placé entre la face de Moïse et le peuple d'Israël, et, dans les temps chrétiens, la chevelure des saints. Le grand Apôtre avait dit aussi : « L'homme ne doit pas voiler sa tête, » puisqu'il est l'image et la gloire de Dieu. » Augustin veut donc que la tête des moines soit tondue et couverte d'un cilice.

Notre docteur ne fut pas le seul personnage de l'Église qui prescrivit aux moines le travail des mains. Saint Grégoire de Nazianze et saint Basile, dans leurs constitutions monastiques, saint Jean Chrysostome dans beaucoup de passages de ses homélies, saint Jérôme, saint Ephrem, saint Euthème, le concile d'Autun, saint Bernard, ont établi l'importance des labeurs manuels pour les cénobites : en effet, quel plus puissant moyen de dompter le corps, de l'asservir à la loi morale ! Au dix-septième siècle, Mabillon, qui avait à venger la gloire des Bénédictins, plaida la cause de l'étude contre Rancé, dont M. de Chateaubriand s'est fait l'historien.

CHAPITRE XVI.

Trois livres contre la lettre de Parménien. — Les sept livres du baptême contre les donatistes.

Il nous suffira d'indiquer le livre des *Annotations sur Job*, et nous nous arrêterons aux trois *Livres contre la lettre de Parménien*. Ce Parménien avait été évêque des donatistes à Carthage. Il n'appartenait pas à l'Afrique ; saint Optat[1] l'appelle deux fois *peregrinum* (étranger). Les donatistes cherchaient au loin des prosélytes ; Parménien fut un de ceux qu'ils attachèrent à leur cause. Sa lettre, réfutée par Augustin, était adressée à un donatiste appelé Tichonius, homme d'un esprit vif et d'une abondante élocution ; celui-ci proclamait l'universalité de l'Église, tout en demeurant dans le schisme africain ; les donatistes le condamnèrent dans un concile. Parménien avait entrepris de prouver à Tichonius que la véritable Église ne devait pas être répandue par toute la terre. Ses assertions, fondées sur une interprétation inexacte des livres saints, offraient des dangers pour les fidèles, et ce fut d'après

[1] Du schisme des donatistes.

l'ordre de ses frères[1] que l'évêque d'Hippone renversa l'œuvre de Parménien.

Dans le premier livre de sa *Réponse*, Augustin établit, par l'Ancien et le Nouveau Testament, que toute la terre est promise au Messie et à son Église. Il fait parler l'église de Philadelphie, dont le nom grec signifie *amour fraternel*. Elle dit aux donatistes africains qu'elle est séparée d'eux par les mers et les longues distances; elle ignore ce qu'ils font, ce qu'ils annoncent : quel mal peuvent-ils lui reprocher? de quoi peuvent-ils l'accuser? Le Seigneur, qui a racheté le monde entier au prix de son sang, et dont le prophète avait si longtemps auparavant chanté les mystérieuses ignominies, n'a point laissé entre Philadelphie et l'Afrique des espaces vides et sans chrétiens. Ces espaces renferment des fidèles qui peuvent adresser aux donatistes le même langage que Philadelphie, et le monde entier, excommunié par les schismatiques africains, a le droit de faire entendre les mêmes plaintes.

Augustin rappelle les diverses condamnations des donatistes, et leur répugnance à s'expliquer sérieusement avec les catholiques. Il montre que les martyrs des donatistes ne méritent pas ce nom glorieux; ce qui fait l'honneur du martyre

---

[1] Jubentibus fratribus.

ce n'est pas le supplice, mais la cause pour laquelle on souffre. Voilà pourquoi le Sauveur a dit : *Bienheureux ceux qui souffrent la persécution* POUR LA JUSTICE! L'évêque d'Hippone aborde une question grave, celle de savoir si les princes chrétiens ont le droit de réprimer les hérétiques et les schismatiques. Nous aurons occasion de revenir sur cette question, qui, pour être résolue avec vérité, a besoin d'être examinée, non pas au point de vue de nos idées modernes, mais au point de vue des temps et des sociétés au milieu desquels vivait saint Augustin. Les donatistes avaient-ils bien le droit de se plaindre des violences exercées contre leur conscience, eux qui ne se faisaient pas faute de violences de toute nature, eux qui lançaient les circoncellions comme des dogues furieux à travers les populations catholiques? Ils trouvaient bon de se servir des lois impériales pour chasser des basiliques les maximianistes, qui étaient vis-à-vis d'eux comme des schismatiques, et n'auraient pas voulu que les catholiques eussent profité de ces mêmes lois pour protéger leur unité! Augustin les enfermait dans ce dilemme : Ou vous pensez, leur disait-il, qu'il n'est permis de rien faire contre les hérétiques et les schismatiques, ou vous pensez qu'on peut agir ; dans le premier cas, pourquoi poursuivez-vous les catholiques de vos constantes hostilités? Dans le second cas, pourquoi vous plaignez-vous des atteintes portées à votre repos? et de plus, montrez-nous que vous avez souffert plus de choses de la part des empereurs catholiques, que vous n'en avez fait souffrir vous-mêmes, soit par vos juges, soit par le roi des barbares, Gildon, soit par les fureurs insensées des circoncellions!

Les donatistes à qui Julien rendit les basiliques avaient dit de l'apostat couronné, que la justice seule trouvait place auprès de lui[1]. La sainteté chrétienne, persécutée par Julien, n'était donc pas la justice!

Dans le deuxième livre de la réponse d'Augustin à Parménien, Augustin rétablit le vrai sens des passages de l'Écriture, dont l'interprétation erronée trompait la simplicité des fidèles.

Dans le troisième et dernier livre, Augustin réfute, au sujet de la séparation des bons et des mauvais dans ce monde, l'objection des donatistes, tirée de l'Épître de saint Paul aux Corinthiens[2]. Le grand apôtre défend aux fidèles *de se mêler aux fornicateurs*[3]. Augustin explique que l'excommunication catholique ne rompt pas l'unité, puisqu'elle a pour unique but d'amener

---

[1] Quod apud eum sola justitia locum haberet.
[2] l. I. 5. 11.
[3] Non commisceri fornicariis.

le coupable au repentir; elle n'arrache point, mais elle corrige[1]. Jésus-Christ a dit : « Laissez » l'ivraie et le froment croître ensemble jusqu'à » la moisson. » Augustin, toujours fidèle aux lois de la mansuétude, veut que ceux qui châtient leurs frères le fassent avec une humble charité et une sévérité bienveillante, de manière à ne pas oublier qu'ils sont leurs serviteurs, à l'exemple du divin Maître. Un passage de ce troisième livre nous parle des pauvres que nourrissait l'Église ; en punition d'un désordre scandaleux, on était retranché du nombre de ces pauvres, nourris au banquet de l'aumône.

« *Quoi de commun entre la paille et le froment?* » avait dit Jérémie[2]. Parménien concluait de ces mots que le prophète d'Anathot ordonnait de faire la séparation sur la terre. Le genre humain, dit Augustin, se trompe-t-il au point de ne pas reconnaître Parménien comme le vanneur? Donat, Majorin et Parménien ont donc été comme les trois cornes d'un van dans la main du Seigneur pour faire la moisson de l'univers, et l'Afrique a été choisie pour être le séjour de la portion purifiée! Mais si le pur froment est en Afrique, pourquoi les affreux excès des circoncellions,

---

[1] Non ad eradicandum sed ad corrigendum.
[2] XXIII, 28.

pourquoi tant de vices et de souillures parmi les donatistes? Jérémie, par ses paroles, appelle le temps où, la moisson faite, la paille sera séparée du bon grain sous les yeux du juge des vivants et des morts.

Les sept livres *du Baptême contre les donatistes* méritent notre attention.

Le baptême peut-il être donné en dehors de la communion catholique, par des hérétiques ou des schismatiques? Oui. Les donatistes disaient alors : Si vous, catholiques, vous recevez notre baptême, qu'avons-nous de moins que vous? — Ce n'est pas votre baptême que nous recevons, leur répondait Augustin, mais c'est le baptême de Dieu et de l'Église. Le baptême ne vous appartient point; ce qui vous appartient, ce sont vos sentiments dépravés, vos actes sacriléges, votre séparation impie. La charité vous manque; la charité sans laquelle tout est inutile selon l'Apôtre.

Le grand nom de Cyprien revenait souvent sur les lèvres des donatistes. L'illustre évêque de Carthage avait dit qu'un homme baptisé hors de la communion catholique devait recevoir de nouveau le baptême, lorsqu'il revenait à la foi. Il s'était trompé; alors un concile général n'avait pas encore résolu cette question. Augustin est admirable en parlant de l'erreur de Cyprien : « Le Seigneur, nous dit-il, n'avait pas sur ce point révélé la vérité à Cyprien, pour faire éclater la piété, l'humilité, la charité de ce grand homme, dans la conservation de la paix de l'Église. Cyprien, cet évêque de tant de mérite, de tant de cœur, de tant d'éloquence et de vertus, se trompa sur le baptême, mais il eut soin de ne pas briser l'unité de l'Église et d'inspirer des sentiments doux et fraternels aux quatre-vingts évêques qui se trompaient avec lui. Si un tel génie s'était séparé de l'Église, quel parti il eût créé ! Que d'hommes se seraient rangés sous un nom pareil ! On se serait appelé plus volontiers cyprianiste que donatiste. Cyprien n'était pas un fils de perdition, mais un fils de paix !... Il y eut donc quelque chose que ne vit point ce grand homme, doué d'une si vive illumination intérieure, pour laisser voir quelque chose de plus sublime encore : la charité ! Je vous montre une voie plus haute, nous dit saint Paul : si je parle la langue des hommes et des anges sans avoir la charité, je serai comme l'airain sonnant, comme la cymbale retentissante. Cyprien pénétra donc un peu moins dans la vérité, pour mieux découvrir l'entrée secrète du sacrement. Mais si, connaissant tous les sacrements, il n'avait pas eu la charité, il n'eût été rien. Malgré ce qui lui a manqué de la vérité, comme il a cependant gardé la charité humblement, fidèlement, fortement, il a mérité de parvenir à la couronne du martyre, afin que si, dans l'humaine condition, quelque nuage avait obscurci la lumière de son intelligence, il fût dissipé par la glorieuse sérénité de son sang éclatant...... Quoique ce saint homme eût pensé sur le baptême autrement qu'il le fallait, comme l'ont démontré dans la suite les décisions fondées sur l'examen le plus sérieux et le plus complet, il demeura dans l'unité catholique, se réhabilita par la fécondité de la charité, et fut purifié par la faux du martyre. »

Augustin insiste sur la différence entre l'erreur de Cyprien et l'erreur des donatistes. Cyprien ne sortit jamais des voies de la paix et de l'unité. Les donatistes n'imitent que ce qui a été blâmé dans le grand évêque de Carthage, et n'imitent pas sa persévérance dans l'union catholique.

Dans le deuxième livre *du Baptême*, l'évêque d'Hippone prouve que les donatistes ont tort d'invoquer en leur faveur l'autorité de saint Cyprien, car le pontife de Carthage a toujours soutenu la nécessité de maintenir l'unité de l'Église. Par une contradiction manifeste, les schismatiques africains s'armaient de l'autorité de Cyprien dans la réitération du baptême, et la repoussaient dans les questions de paix, de concorde et de fraternité : ils glorifiaient une moitié de l'homme, et rejetaient l'autre moitié. Le même homme dont ils se servaient pour protéger leurs erreurs, les condamnait.

Augustin donne des leçons dont tous les siècles peuvent profiter lorsqu'il examine, à propos de saint Cyprien, pourquoi Dieu permet parfois que les grands génies de l'Église se trompent. Dieu le permet pour éprouver leur sentiment à l'égard de l'unité, à l'égard de la vérité. Cette double épreuve a tourné à la gloire de Cyprien. « Si ses écrits ne le disent pas, s'écrie Augustin, ses mérites le témoignent; si on ne trouve pas la lettre, le martyre l'atteste; si un concile d'évêques ne le proclame pas, l'assemblée des anges le proclame. Il est mort dans l'unité catholique. Nous sommes hommes; vouloir savoir quelque chose d'une autre manière qu'elle n'est, c'est une tentation humaine. Aimer trop sa propre opinion ou repousser les opinions meilleures au point d'arriver au sacrilége d'une communion rompue et à la formation d'un schisme ou d'une hérésie, c'est une présomption diabolique. N'aspirer à savoir aucune chose autrement qu'elle n'est, c'est une perfection angélique. Comme nous sommes actuellement des hommes, comme nous ne sommes des anges que par l'espérance et que nous ne serons leurs égaux que dans la résurrection du siècle futur, si nous ne pouvons pas avoir ici-bas la perfection angélique, n'ayons pas au moins la présomption du démon. Voilà pourquoi l'Apôtre dit : *Ne soyez saisis que par une tentation humaine.* Or, il est du caractère de l'homme de chercher à savoir quelque chose autrement. »

Toutes ces considérations sont d'une douce profondeur et devraient servir de règle dans le jugement des grandes erreurs que nous offre l'histoire religieuse et philosophique.

Les livres troisième et quatrième sont une réfutation des passages de l'épître de saint Cyprien à Jubaianus contre la validité du baptême des hérétiques. Dans le baptême, il ne faut considérer ni celui qui donne ni celui qui reçoit, mais il faut considérer uniquement ce qui est donné : la puissance du sacrement est indépendante de toute chose. L'interprétation perverse des paroles évangéliques, les erreurs du ministre, n'invalident point le baptême du Christ.

Le cinquième livre traite de la fin de l'épître de saint Cyprien à Jubaianus, de son épître à Quintus, de sa *synodique* adressée aux évêques de Numidie, et de son épître à Pompéius. Les livres sixième et septième sont consacrés à l'examen du concile de Carthage, tenu sous l'inspiration de saint Cyprien, et des sentences de ce concile au sujet du baptême des hérétiques.

Ce qui frappe dans cet ouvrage, outre la puissance des raisonnements et des explications catholiques d'Augustin, ce sont les pieux et touchants égards de ce génie pour un autre génie chrétien qui se trompa sur un point de la foi, et dont l'erreur était devenue une arme dangereuse entre les mains des donatistes. Le cœur d'Augustin se révèle tout entier dans ces heureux et magnifiques efforts pour excuser un grand homme. Le souvenir du martyre de Cyprien lui apparaît comme sa justification la plus sublime. Combien il se montre tendre et modeste, en combattant l'erreur du grand évêque de Carthage, dont l'autorité ne l'épouvante point parce que l'humilité de Cyprien l'encourage [1]! Augustin rappelle que Dieu se sert des petits et des insensés afin de confondre les grands et les sages; et c'est ainsi qu'il y a plus de vérité dans *les lettres des pêcheurs que dans les écrits des orateurs*. Augustin, dans l'expansive effusion de son âme, demande à Cyprien de prier pour lui, et de lui donner son amour pour la paix de l'Église. S'il proclame quelque chose de vrai contre Cyprien, il le proclame avec toute la terre, et ce n'est pas lui Augustin qui l'a découvert. L'évêque d'Hip-

---

[1] Non me terret auctoritas Cypriani, quia reficit humilitas Cypriani. Livre II.

pône ne voit dans ses propres discours que des *essais enfantins*[1]. Augustin est aussi grand par son humilité que par son génie.

A la suite de tant de travaux qui vengeaient la foi chrétienne et catholique, et la relevaient dans l'esprit des peuples, la situation de l'Église d'Afrique devenait meilleure. L'erreur cessait d'avoir raison, aucune attaque ne restait sans réponse. « C'est ainsi qu'avec l'aide de Dieu, dit le pieux biographe[2] d'Augustin, l'Église, longtemps opprimée et séduite par les hérétiques, surtout par les donatistes, commença à lever la tête en Afrique. » Possidius ajoute que les hérétiques se jetaient avec une ardeur égale à celle des catholiques sur les ouvrages d'Augustin. Ces ouvrages n'étaient la propriété de personne; chacun pouvait en faire prendre des copies, et le génie d'Augustin brillait pour tous. La haute doctrine et le doux parfum du Christ, pour nous servir des expressions de Possidius, se répandirent rapidement dans toute l'Afrique, et l'Église d'au delà les mers s'en réjouissait.

[1] Infantilia rudimenta.
[2] Possidius.

CHAPITRE XVII.

Les trente-trois livres contre Fauste le manichéen. — Les Confessions.

(400)

On se souvient de Fauste de Milève, que les manichéens avaient tant vanté au jeune Augustin, et dont la conversation fut un si grand mécompte pour le fils de Monique. Fauste avait composé un ouvrage contre la foi chrétienne et la vérité catholique. L'ouvrage étant tombé entre les mains de l'évêque d'Hippone et de ses frères, ceux-ci lui demandèrent d'y répondre. Augustin accueillit leur vœu. Il entreprit une réponse « au » nom et avec l'aide du Seigneur et Sauveur Jé- » sus-Christ, afin de montrer que le plus perçant » génie et la langue la plus éloquente ne sont » rien si le Seigneur lui-même ne dirige les pas » de l'homme. » Ces trente-trois livres sont autant de discussions, ainsi qu'Augustin le dit lui-même dans la Revue [1] de ses ouvrages. Fauste et

[1] Livre II, ch. VIII.

Augustin sont mis en scène. L'évêque catholique met dans la bouche du célèbre manichéen les paroles tirées de son propre ouvrage, et puis il y répond avec plus ou moins d'étendue, selon que les matières le commandent. Nous avons déjà apprécié divers travaux d'Augustin contre les manichéens, et l'analyse détaillée des trente-trois livres de réponses à Fauste amènerait ici d'inutiles répétitions. Notre meilleur parti est donc de résumer en quelques pages les points les plus saillants des réponses du grand évêque.

Fauste appelait les catholiques des *demi-chrétiens* ; Augustin appelle les manichéens de *faux chrétiens*, et le leur prouve. Ils demeurent donc inférieurs aux catholiques, car être quelque chose à demi c'est être imparfait, et ce qui est imparfait reste supérieur à ce qui est faux. Fauste niait la généalogie du Christ ; le Christ est de la race de David ; saint Paul anathématise les opinions contraires. D'après les manichéens, l'Esprit-Saint n'avait pas fécondé le sein d'une vierge, mais le sein de la terre, pour donner naissance au Christ. « Le premier homme, dit saint Paul, né de la » terre, est terrestre ; le second, né du ciel, est » céleste. » Les manichéens calomniaient l'étoile des mages pour rattacher le Christ à toutes les étoiles du firmament dans le prétendu combat entre la lumière et les ténèbres. Les chrétiens ne placent personne sous l'irrésistible influence des astres ; l'étoile de Bethléhem fut un signe et non pas un décret du destin. Jésus a dit qu'il était fils de l'homme, mais il a dit aussi qu'il était fils de Dieu, qu'il était la voie, la vérité et la vie. Fauste et ses pareils ne craignaient pas de se proclamer les fidèles disciples de Jésus-Christ, et leur vie et leurs doctrines formaient une détestable opposition avec l'Évangile; au lieu de la résurrection glorieuse promise par le christianisme, les manichéens annonçaient une bizarre renaissance qui devait changer les justes en fruits et en légumes, destinés à servir de nourriture aux élus de la secte. Les manichéens exécraient les sacrifices de l'Ancien Testament; l'immolation des bêtes leur inspirait de la pitié; mais ces hommes, pleins de compassion pour les animaux, laissaient mourir de faim les pauvres qui leur demandaient l'aumône. Et de quel droit reprochaient-ils au culte mosaïque les sacrifices sanglants, eux dont la nourriture habituelle était une effroyable boucherie, puisqu'ils prêtaient une vie et une âme à tout ce qu'ils mangeaient! C'étaient des substances divines, des membres de Dieu même qu'ils broyaient sous leurs dents! « O bienheureux légumes, s'écrie Augustin avec » ironie, ô bienheureux légumes, à qui, après » avoir été arrachés par la main, coupés par le

« fer, rôtis par le feu, broyés par les dents, il
» est donné pourtant d'arriver tout vivants jus-
» qu'à l'autel de vos entrailles ! et combien sont
» à plaindre les animaux, qui, sortant de leurs
» corps, ne peuvent entrer dans les vôtres[1] ! »

Fauste n'avait rien vu dans les prophètes hébreux qui annonçât le Messie ; le même Fauste déclare accepter pleinement le témoignage de saint Paul. Or, le grand apôtre parle de *l'Évangile comme ayant été promis par les prophètes dans les Écritures*[2], et dans plus d'un passage de ses épîtres, il considère Jésus-Christ comme la perfection et le complément de l'ancienne loi. Augustin passe en revue tous les points par lesquels l'antique parole hébraïque a prophétisé le règne spirituel du Christ. Il trouve dans les six jours de la Genèse et dans le repos du septième jour une figure de l'histoire tout entière du genre humain. Les six jours que Dieu employa pour la consommation de ses œuvres, ce sont les six âges de l'humanité en ce monde à travers la succession des temps. Avant saint Augustin, quelques auteurs chrétiens, entre autres Lactance, avaient vu dans les six jours de la création une représentation prophétique des six mille ans qui de-

---

[1] Livre VI, paragr. 6.
[2] Rom. I, 1-3.

vaient être la durée du monde. D'après l'interprétation d'Augustin, l'espace depuis Adam jusqu'à Noé comprend le premier âge ; depuis Noé jusqu'à Abraham, le second ; depuis Abraham jusqu'à David, le troisième ; depuis David jusqu'à l'émigration à Babylone, le quatrième ; depuis l'exil à Babylone jusqu'à l'humble avénement du Sauveur, le cinquième. L'âge où nous sommes, l'âge chrétien, est le sixième ; il durera jusqu'au jugement solennel du genre humain. Le septième jour, qui fut pour le Seigneur le jour du repos, est une image du repos des saints dans la vie à venir : ce septième jour n'a pas de soir ; rien n'y décline, rien n'y périt. C'est dans le sixième jour de la Genèse que l'homme est créé à l'image de Dieu ; dans l'âge actuel, qui est l'âge chrétien, un esprit nouveau nous est donné par une création nouvelle à l'image de notre Dieu. De même que la femme fut tirée du premier homme endormi, ainsi l'Église est née du sang du Christ mourant.

Moïse avait dit : « Maudit soit tout homme qui » aura été suspendu sur un bois [1] ! » Fauste, qui prétend aimer le Christ, déteste Moïse à cause de cette malédiction lancée, selon le manichéen, contre Jésus crucifié. Mais si le Christ fut pendu à

---

[1] Deut. XVII, 3.

un gibet, si ses mains et ses pieds furent percés de clous, le Christ avait donc un corps vulnérable et mortel, et c'est ce que les manichéens n'avaient jamais voulu admettre. Si les blessures et les cicatrices du Christ n'eurent rien de réel, il est faux qu'on l'ait attaché à une croix. Fauste ne pouvait donc citer ici Moïse qu'en reniant un des points les plus capitaux des doctrines des manichéens vis-à-vis de Jésus-Christ. Augustin, expliquant ensuite la malédiction de Moïse, rappelle que la mort a été produite par le péché, que le Christ n'a point commis le péché, et fait observer que la malédiction de Moïse porte sur le péché seul et sur la chair corrompue.

Les manichéens, définissant à leur manière le mystère du Dieu en trois personnes, disaient que le Père habitait dans une certaine lumière secrète, que la vertu du Fils habitait dans le soleil, sa sagesse dans la lune, et que l'Esprit-Saint habitait dans l'air. Augustin démontre philosophiquement tout ce qu'il y a d'absurde dans cette manière de comprendre la Trinité. Il fait voir que le manichéisme et ses chimères se trouvent infiniment au-dessous du paganisme, qui s'appuyait au moins sur des réalités. L'hypothèse du principe créateur de la matière, appelé hyle, principe en dehors de Dieu, est mise en pièces avec une merveilleuse abondance d'arguments et d'idées. Le souvenir de ses erreurs passées revient de temps en temps à l'esprit d'Augustin : « O Église catholique! s'écrie-t-il, que mes périls » vous servent, vous à qui sert aujourd'hui ma » délivrance! »

Augustin venge la mémoire des patriarches et des prophètes attaqués par les manichéens [1]. Non-seulement le langage, mais encore la vie même de ces personnages, fut prophétique. Le royaume tout entier des Hébreux fut prophète. La secrète sagesse de Dieu se révélait dans les actes des personnages bibliques aussi bien que dans leurs paroles. Cette nation était comme une grande image de l'avenir. Augustin entre dans un examen approfondi des actions des patriarches et des prophètes, et discute leur moralité. Un péché, c'est un désir, une parole ou une action contraire à la loi éternelle. La loi éternelle, c'est la volonté divine ou la volonté de Dieu. L'homme est corps et âme, mais c'est dans l'âme seule que se retrouve l'image de Dieu. Augustin justifie Abraham d'avoir eu commerce avec Agar et d'avoir fait passer Sara pour sa sœur auprès de Pharaon. Quant à ce qui se passa entre Loth et ses filles, l'Écriture le raconte, mais ne le loue point. Lorsque Isaac, mari de Rebecca, prétendit

[1] Livre XXII.

n'être que son frère, il ne fut pas plus coupable que son père Abraham. Fauste reprochait à Jacob ses quatre épouses comme un crime; mais l'usage et les mœurs autorisaient Jacob; nul précepte ne lui interdisait d'épouser plusieurs femmes. Ce n'était point une pensée charnelle, mais une pensée d'ordre et de religion qui animait le fils d'Isaac. Parmi les épouses de Jacob, deux étaient libres et deux étaient esclaves. Saint Paul avait vu dans l'épouse esclave et dans l'épouse libre d'Abraham une figure de l'Ancien et du Nouveau Testament; Augustin voit dans les deux épouses libres de Jacob une image de la double vie que le christianisme nous a faite, la première toute de combat en ce monde, la seconde qui sera la possession de Dieu dans la vie future. Il avait déjà fait sa remarque symbolique sur Lia et sur Rachel, dans un ouvrage que nous avons déjà apprécié[1]. Il l'accompagne ici de diverses observations ingénieuses qui nous éloigneraient trop de notre sujet. Augustin défend tour à tour le repentir de David, la justice des guerres de Moïse, la convenance de la parole du Seigneur au prophète Osée pour changer la femme de mauvaise vie en épouse fidèle.

Après avoir répondu aux nombreuses subtilités

---

[1] De l'accord des Évangélistes.

amassées par les manichéens contre l'Église catholique, le grand évêque, comme fatigué d'avoir eu tant de fois inutilement raison dans ses disputes, demande ce qu'il doit faire, puisqu'à chaque preuve tirée des écrits des apôtres, les adversaires opposent pour toute réponse la falsification des Écritures, sans pouvoir l'appuyer du moindre témoignage! Quels sont les écrits qui auront de l'autorité, si ceux des évangélistes et des apôtres n'en ont pas? De quel livre sera-t-on sûr si les lettres des apôtres publiées par eux, acceptées par l'Église, répandues à travers toutes les nations, paraissent d'une origine incertaine? Quand des écrits apocryphes se sont produits dans l'Église, l'Église en a fait justice, et ces tentatives d'altération n'atteignaient point l'immuable caractère de la vérité des livres saints. Est-il un grand homme d'ailleurs dont le nom n'ait servi à protéger pour un temps des ouvrages qui ne lui appartenaient pas? Que de livres produits sous le nom d'Hippocrate, le prince de la médecine! On s'était rapproché de son langage et de ses idées pour mieux tromper les hommes, mais la pénétration des bons juges a reconnu le mensonge. Il en a été de même de Platon, d'Aristote, de Cicéron, de Varron et de plusieurs autres; la critique des siècles a fait la part de la vérité. Pour ce qui est des prétendues contradictions entre les évangélistes, Augustin fait observer que des narrations inégales ne sont pas des narrations contraires ; Matthieu et Luc, Jean et Marc se complètent les uns par les autres, mais ne se contredisent jamais.

« Je vous avertis, » dit Augustin aux manichéens en terminant son trente-troisième et dernier livre, « je vous avertis, si vous voulez pré-
» férer l'autorité des Écritures à toute autre, de
» suivre cette autorité qui, depuis le temps de la
» vie du Christ, par la dispensation des apôtres
» et la succession des évêques sur leurs siéges,
» jusqu'à l'époque où nous sommes, a été trans-
» mise à toute la terre, pure, claire et respectée.
» Là vous verrez se dissiper les obscurités de
» l'Ancien Testament, et s'accomplir les choses
» annoncées. Si c'est la raison seule qui vous
» conduit, considérez d'abord qui vous êtes et
» combien vous êtes peu propres à comprendre
» la nature, je ne dirai pas de Dieu, mais de
» votre âme : il ne s'agit pas de la comprendre
» par une croyance vaine, mais par une démons-
» tration certaine, selon ce que vous dites vou-
» loir vous-mêmes. Et comme vous ne le pouvez
» pas (et tant que vous serez dans cette disposi-
» tion vous n'y parviendrez point), admettez du
» moins cette vérité qui a sa place si naturelle
» dans toute intelligence humaine, savoir, que la

» nature et la substance de Dieu sont absolument
» immuables et incorruptibles ; ou bien croyez,
» et aussitôt vous cesserez d'être manichéens, et
» vous deviendrez un jour catholiques. »

L'impossibilité de la raison humaine de résoudre les problèmes de la philosophie revient dans cet ouvrage comme dans beaucoup d'écrits d'Augustin. D'ailleurs cette impossibilité n'est pas une opinion, c'est un fait aussi ancien que l'homme, et le génie si réfléchi, si profond d'Augustin devait en être singulièrement frappé. Notre origine et celle du monde, notre nature, notre fin, le spectacle de l'univers, la vie et la mort, ce sont là des mystères livrés aux disputes de la terre, mais impénétrables à la simple raison. Il en est des grands problèmes philosophiques comme de ces hautes et abruptes montagnes à travers lesquelles on s'efforcerait inutilement de se frayer un chemin : à leurs pieds, les sentiers et les routes se croisent en sens contraires, mais nulle voie n'est ouverte sur leurs flancs. Nous sommes ainsi condamnés à nous traîner en bas, dans les mille chemins divers, jusqu'à l'heure où, la foi nous donnant des ailes, nous pouvons atteindre d'un bond les plus grands sommets.

Dans l'appréciation des ouvrages d'Augustin, appartenant à l'année 400, nous n'avons pas cité encore la plus importante de ces compositions, l'immortelle peinture du cœur humain, appelée *Confessions*[1]. Nous avons puisé dans cette œuvre des faits et des couleurs pour mettre rapidement sous les yeux de nos lecteurs la jeunesse du grand penseur catholique; mais il y a quelque chose de plus qu'une confession dans ce prodigieux monument de l'humilité et du génie d'Augustin. Après qu'il a raconté la mort de sa sainte mère, Augustin ne raconte plus rien; c'est à ce sépulcre, creusé à l'embouchure du Tibre, qu'il termine sa propre histoire. Alors commencent des considérations sur les facultés de l'homme, sur les merveilles de la mémoire; un examen de conscience, plein de vues profondes au sujet des trois vices ou passions : volupté, curiosité, orgueil. Nous trouvons d'ardentes prières à Dieu, pour comprendre les saintes Écritures, ce firmament étendu au-dessus de l'homme; nous trouvons des recherches tour à tour ingénieuses, hardies et sublimes, sur la nature du temps et le caractère de l'éternité. La première moitié de l'ouvrage est l'histoire de l'âme humaine, cherchant la vérité et le bonheur loin de Dieu, et ne trouvant enfin la vérité et le bonheur qu'en Dieu.

---

[1] Les *Confessions*, composées de treize livres, ont été plus d'une fois traduites en français. La dernière version française est de M. Moreau, qui s'occupe d'enrichir notre littérature des principaux ouvrages de saint Augustin.

Le dernier tiers du livre des *Confessions* égale, s'il ne le surpasse, tout ce que la philosophie a produit de plus élevé, de plus profond. A notre avis, jamais l'infini de Dieu et les abîmes de l'homme n'ont été scrutés avec plus de pénétration et de force, et la beauté transparente du langage est toujours digne de la grandeur des pensées. Le vol de l'aigle africain devient quelquefois si audacieux, que nous ne le suivons plus qu'avec une sorte d'épouvante; il nous conduit à des hauteurs devant lesquelles on sent de l'effroi, comme à l'approche de la majesté de Dieu. Ceux qui ont beaucoup lu Bossuet reconnaîtront que le grand évêque de Meaux avait soigneusement étudié le grand évêque d'Hippone dans ses *Confessions*. L'*Elévation sur les Mystères*, cette œuvre capitale du génie de Bossuet, nous semble avoir son idée première, son germe magnifique dans plusieurs chapitres de la seconde moitié des *Confessions*, comme le *Discours sur l'Histoire universelle* est né de la *Cité de Dieu*, dont nous parlerons plus tard. Le livre des *Confessions*, écrit dans le pays d'Afrique, aux dernières lueurs de la civilisation romaine, excite la surprise et nous apparaît comme un tour de force du génie. C'est à la fois un beau poëme, une belle histoire, un beau traité de philosophie. Nous croyons qu'un homme véritablement intelligent quel qu'il pût être, pourvu qu'il fût sincère, ne pourrait pas lire et méditer ce livre sans devenir chrétien. Nous n'ajouterons rien de plus sur un ouvrage que tout le monde a lu [1].

[1] On lira à la fin du deuxième volume de cet ouvrage un excellent morceau de M. Villemain, qui complétera notre appréciation des *Confessions*. L'œuvre du saint évêque d'Hippone et l'œuvre de Rousseau s'y trouvent comparées.

CHAPITRE XVIII.

Nature de ce travail. — Crispinus de Calame. — Concile de Carthage en 401. — Les livres sur le Mariage et sur la Virginité. — Les trois livres contre Pétilien. — Le livre de l'Unité de l'Église. — Dangers que court saint Augustin avec les circoncellions.

(401-404)

L'historien de saint Augustin a peu d'événements à raconter. Sa principale tâche est de faire connaître l'homme et ses œuvres, les doctrines et tout le mouvement d'idées dont l'évêque d'Hippone était devenu le centre admirable, et les différentes opinions religieuses qu'il fut obligé de combattre afin de dégager la vérité chrétienne et catholique de ce qui n'était pas elle. Le plus souvent il s'agit donc pour nous d'interroger, d'étudier, d'apprécier la correspondance d'Augustin et ses ouvrages si nombreux. C'est là un rude labeur, et, pour que la plume ne tombe pas de nos faibles mains, nous avons besoin de nous redire à nous-même que, jusqu'à ce jour, la grande figure d'Augustin n'a pas été suffisamment mise en lumière, que son œuvre si grande et si forte n'a point été encore montrée tout entière aux regards de la multitude des lecteurs, et que notre travail, où se découvrent les origines, les bases, le vrai caractère de la religion chrétienne, pourra être de quelque utilité aux esprits studieux, aux cœurs portés vers les choses divines.

Crispinus, évêque donatiste de Calame, avait acquis le domaine de Mapale ou Mapalie[1], auprès d'Hippone, et fait rebaptiser de force quatre-vingts catholiques de ce lieu. Augustin en fut affligé; il aurait eu le droit de soumettre Crispinus à l'amende de dix livres d'or, portée par un édit de l'empereur Théodose, mais il aima mieux lui écrire[2], pour lui inspirer la crainte de Dieu, au lieu de la crainte des puissances de la terre. Qu'aurait à répondre l'évêque donatiste si Jésus-Christ lui disait : Quoi! Crispinus, vous estimez plus ce qui est sorti de votre bourse, pour réduire vos paysans à se laisser rebaptiser, que ce qui est sorti de mon flanc pour laver et baptiser toutes

---

[1] *Mapalia* est un mot punique passé dans la langue latine, et qui signifie huttes ou cabanes. Salluste emploie ce mot pour désigner les demeures des paysans de Numidie. On trouvera à la fin du deuxième volume une traduction des pages où l'historien des guerres de Jugurtha décrit le pays d'Afrique.

[2] Lettre LXVI.

les nations du monde! — Augustin propose à Crispinus des moyens pour rendre aux consciences leur liberté. Il suffira d'une discussion entre lui et l'évêque donatiste; cette discussion sera traduite en langue punique pour que les paysans de Mapale la comprennent; on les affranchira de toute crainte vis-à-vis de leur nouveau maître, et puis ils choisiront librement le parti qui leur paraîtra le meilleur. Crispinus fera observer peut-être que les paysans ne seraient pas en état de comprendre la moindre de ces questions, mais alors pourquoi a-t-il abusé de leur simplicité pour les enrôler dans la communion des donatistes? Si, au contraire, ils sont capables de comprendre, ils se décideront de leur plein gré, après avoir entendu les deux évêques. Augustin prévoit l'objection de quelques pauvres donatistes, forcés par leurs maîtres de passer dans la communion catholique; il propose de leur donner le moyen de se prononcer en toute liberté et avec connaissance de cause. Les donatistes fuyaient toujours l'épreuve d'une discussion; Crispinus n'accueillit point la proposition de l'évêque d'Hippone.

Nous trouvons Augustin au concile de Carthage, tenu le 13 septembre 401. On s'y occupa de discipline ecclésiastique; ces sortes de questions revenaient toujours dans les grandes assemblées catholiques; à chaque abus, à chaque désordre qui se produisait, on opposait d'utiles règlements. Il fut défendu, dans ce concile, à tout évêque, d'élever à la cléricature un moine qui ne serait pas de son diocèse, ou de le nommer supérieur d'un de ses couvents. Le sujet le plus important du concile fut la question des donatistes; on examina par quelle voie on pourrait opérer leur retour. Augustin, qui s'était placé à la tête de cette polémique, fut sans doute celui de tous les évêques dont les avis réunirent le plus de suffrages.

L'évêque d'Hippone défendit la même année (401.) l'honneur du mariage [1] et l'honneur de la virginité [2] contre les attaques de Jovinien, ce moine hérétique, qui faisait la guerre à la morale, comme pour justifier les désordres de sa vie. Dans son ouvrage sur le mariage Augustin fait voir tout ce qu'il y a de social, de religieux et de providentiel dans l'union légitime de l'homme avec la femme, et en même temps il trace aux époux leurs devoirs. Dans son ouvrage sur la virginité, il montre la haute dignité des vierges dont Marie est le modèle divin, et leur prescrit particulièrement la vertu de l'humilité! Pour qu'elles soient dignes de suivre partout l'Agneau dans les célestes demeures, il faut qu'elles marchent ici-bas

---

[1] De bono conjugali liber unus.
[2] De sancti virginitate liber unus.

sur les traces de celui qui disait : « Les renards
» ont leur tanière, les oiseaux du ciel ont leurs
» nids, mais le fils de l'homme n'a pas où repo-
» ser sa tête. »

Dans l'année 400, Augustin se trouvant de passage à Constantine avec Alype et Fortunat, on lui avait apporté une lettre de Pétilien, évêque donatiste, adressée à ses prêtres. Ce Pétilien, né à Constantine, de parents catholiques, s'était montré au barreau avant d'entrer à l'Église; les donatistes, ardents au prosélytisme, l'enlevèrent lorsqu'il était catéchumène catholique, le baptisèrent et l'ordonnèrent prêtre malgré lui. Pétilien n'était pas sans talent : une fois jeté dans la communion des donatistes, il attaqua les catholiques, en mêlant à ses paroles toute la violence de son caractère. Les prêtres et les fidèles de Constantine avaient prié Augustin de répondre sans retard à la lettre de Pétilien, dont ils lui présentaient une partie seulement; l'évêque d'Hippone accueillit leur prière. Il écrivit sa réponse en forme de lettre pastorale, adressée *aux frères bien aimés confiés à sa garde;* en finissant, il leur disait ces mots, qu'il ne faudrait oublier en aucun temps, dans les luttes philosophiques ou religieuses : « Mes frères, retenez toutes ces choses
» pour les pratiquer et les enseigner avec une active
» douceur. Aimez les hommes, tuez les erreurs.

» Présumez de la vérité sans orgueil, combattez
» pour la vérité sans violence. Priez pour ceux que
» vous reprenez et que vous persuadez. » Cette
première lettre d'Augustin compose la première
partie de son ouvrage contre Pétilien. L'ouvrage
a trois livres ; le deuxième livre, écrit en 402,
est une réfutation de la suite de la lettre de l'évêque donatiste, en forme de dialogue entre Augustin et Pétilien, dans la bouche de qui se retrouvent les paroles de sa lettre. A la fin de ce
deuxième livre, qui est étendu et d'une vive et
puissante logique, Augustin désigne sous le nom
de *Montagnards* (Montenses) certains donatistes
de Rome ; d'après la chronique de saint Jérôme,
on les appelait ainsi parce que leur église était
sur une montagne ; d'après saint Optat, parce
que le lieu de leurs assemblées, situé hors de
Rome, était une caverne fort élevée, à laquelle
on montait par des degrés. Dans une de ses lettres [1], Augustin donne aussi aux donatistes de
Rome le nom de *Cutzupites*; nous ignorons la signification de ce mot.

L'évêque d'Hippone pouvait dire comme le
psalmiste : « J'étais pacifique avec ceux qui haïs-
» saient la paix. » Un grand amour de concorde
et d'unité religieuse animait sa polémique ; il dé-

---

[1] Lettre LIII à Générosus, 400. Il est question aussi des cutzupites
ou *cutzupitains* (cutzupitanis), dans le livre de *l'Unité de l'Église*.

fendait la vérité catholique avec une constante mansuétude, mais ses adversaires donatistes ne l'imitaient pas. Un torrent d'injures contre Augustin s'échappa de la bouche de Pétilien. Le grand docteur répondit à ses outrages : sa lettre, adressée à Pétilien lui-même, forme son troisième livre contre l'évêque donatiste. Cette réponse est sublime à force de modération et d'humilité évangélique; Augustin ne se met pas en peine de se défendre, et se borne à faire observer à Pétilien qu'il n'a rien dit de sa cause, et qu'il n'a pu repousser aucune des réponses catholiques. « Si je lui rendais injure pour injure, dit Augustin, nous serions coupables tous les deux. Quand je dispute en paroles ou par écrit, dit-il encore dans un autre endroit, je ne cherche pas à l'emporter sur un homme, mais à dissiper une erreur. » Le grand évêque montre en quelques pages rapides la fausse situation des donatistes. Le champ où le chrétien doit semer, c'est le monde, et non pas l'Afrique seulement; ce n'est point au temps de Donat, mais à la fin des siècles, que doit se faire la moisson. Combien Augustin est touchant et admirable lorsque, s'adressant aux catholiques, ses frères bien-aimés, il leur répète qu'il s'inquiète peu des injures! Chien vigilant de son cher troupeau d'Hippone, il aboiera toujours bien plus pour la défense de ses brebis que pour la sienne propre. Pétilien s'était armé, contre le saint évêque, du souvenir des fautes et des erreurs de sa jeunesse ; mais Augustin n'avait-il pas suffisamment détesté toute l'époque de sa vie antérieure à son baptême, et n'avait-il pas loué Dieu, son libérateur? Les *Confessions*, qui avaient été lues par tant de monde, n'auraient-elles pu apprendre à Pétilien le repentir et les sentiments intérieurs d'Augustin?

« Lorsque j'entends blâmer cette partie de
» ma vie, ajoute Augustin, quel que soit le sen-
» timent qui inspire ce blâme, je ne suis pas
» assez ingrat pour m'en plaindre. Plus on at-
» taque mes fautes passées, plus je loue le mé-
» decin qui m'a guéri. Pourquoi travaillerais-je
» à me défendre sur mes égarements anciens et
» pardonnés, sur ce passé dont Pétilien a dit
» beaucoup de choses fausses, mais dont il n'a
» pas dit beaucoup de choses qui sont trop vraies?
» Pour ce qui est de ma vie depuis mon baptême,
» vous la connaissez tous; il serait superflu d'en
» parler. Ceux qui ne me connaissent pas ne
» doivent pas pousser l'injustice à mon égard
» jusqu'au point de mieux aimer croire Pétilien
» que vous-même. Car s'il ne faut pas croire les
» louanges d'un ami, il ne faut pas croire non
» plus les médisances d'un ennemi. Restent les

» choses inconnues aux hommes, les choses dont
» la conscience seule est témoin, et dont les
» hommes ne peuvent juger. Pétilien, parlant de
» la conscience d'un autre, soutient qu'au fond
» je suis manichéen; et moi, parlant de ma
» propre conscience, je dis que cela n'est pas.
» Choisissez qui vous devez croire. Mais il n'est
» pas besoin de cette courte et facile défense :
» il ne s'agit pas ici du mérite d'un homme,
» mais de la vérité de la sainte Église..... Si, en
» enlevant les grains de l'aire du Seigneur, j'en-
» traîne en même temps de la terre et de la
» paille, quoi d'étonnant que je souffre l'injure
» de la poussière qui s'élève? Lorsque je cherche
» les brebis perdues de mon maître, quoi de sur-
» prenant que je sois déchiré par les dards des
» langues épineuses? »

Non-seulement dans ses livres, mais aussi dans ses discours en pleine assemblée, Augustin convenait saintement et courageusement de cette vie passée dont s'emparaient les donatistes acharnés à sa poursuite. Cet humble grand homme, expliquant à Carthage le psaume trente-six, disait aux donatistes : « Vous reprenez mes
» anciens péchés; et que faites-vous en cela de
» considérable? Je suis plus sévère pour les con-
» damner que vous ne l'êtes vous-mêmes. J'ai
» détesté le premier ce que vous blâmez. Plût à

» Dieu que vous voulussiez m'imiter, et que l'er-
» reur dans laquelle vous êtes engagés devînt
» un jour pour vous une erreur passée ! » Les paroles suivantes achèvent de peindre la beauté de l'âme d'Augustin, de cette âme qui aspirait à la perfection céleste, et luttait à toute heure pour se débarrasser des dernières impressions de la terre : « Je n'ignore pas que j'ai encore des dé-
» fauts dont les donatistes peuvent me repren-
» dre ; mais il ne faut pas qu'ils prétendent les
» connaître. J'ai beaucoup à travailler au dedans
» de moi-même pour combattre mes mauvais
» désirs. J'ai de continuelles guerres à soutenir
» contre les tentations de l'ennemi qui veut me
» perdre. Je gémis devant Dieu dans le senti-
» ment de ma faiblesse ; et Dieu sait ce que mon
» cœur enfante pour ainsi dire, lui qui voit les
» douleurs et les tranchées spirituelles que je
» souffre. Celui devant qui nous gémissons est
» le seul qui sache ce que nous sommes. » Augustin priait les catholiques de Carthage de laisser croire sur son compte aux donatistes tout ce qu'ils voudraient, de ne pas disputer avec eux sur ce qui lui était personnel, mais de réserver leurs efforts et leur zèle pour la cause de l'Église, bien indépendante de la sienne propre. « Et que
» suis-je moi ? disait-il ; suis-je l'Église catho-
» lique ? C'est assez pour moi de lui appartenir. »

« Vous prétendez que je suis mauvais, ajoute-t-il
» en s'adressant aux donatistes; j'aurais bien
» d'autres choses à me reprocher. Mais ne vous
» occupez pas de moi; venons au fond; exami-
» nez ce qui regarde l'Église; voyez où vous êtes.
» De quelque côté que la vérité vous parle,
» écoutez-la, de peur que vous ne soyez déshé-
» rités de ce pain céleste en vous obstinant à
» chercher les défauts du vase dans lequel il est
» renfermé. »

Dans l'intervalle du deuxième au troisième livre contre les lettres de Pétilien, Augustin écrivit aux catholiques de son diocèse une nouvelle lettre en réponse à l'évêque donatiste de Constantine. Nous n'en donnerons pas l'analyse détaillée; nous craindrions de fatiguer le lecteur par des redites. A la distance des siècles, cette question se présente d'ailleurs à notre esprit avec un tel caractère de simplicité, que la solution ne souffre pas l'ombre d'un doute. Dans sa nouvelle lettre aux catholiques, appelée aussi le *Livre de l'unité de l'Église*, le grand évêque revient à ce point fondamental qu'il s'agit d'établir: où est l'Église? est-elle chez les catholiques ou chez les donatistes? Le caractère de la véritable Église est son universalité; les livres divins en font foi; or, les donatistes n'étaient qu'en Afrique; les catholiques, au contraire, couvraient toute la terre. Le parti de Donat ne se maintenait qu'en profitant de certaines obscurités ou ambiguïtés des Écritures.

A défaut d'arguments et de bonnes raisons, les donatistes opposaient à l'évêque d'Hippone les flèches et le fer des circoncellions. Lorsque ses devoirs, son zèle ou sa charité conduisaient Augustin en divers pays, combien de fois les circoncellions envahirent les routes par où il devait passer! C'était une noble proie désignée à leur fureur, et les courses pieuses de l'évêque éveillaient mille projets homicides. Souvent il échappait à de noirs complots en suivant des chemins par où on ne l'attendait pas; quand il avait trompé la vigilance de l'ennemi, la vengeance s'exerçait sur des clercs ou des fidèles. Un jour il arriva que le grand docteur tomba entre les mains des circoncellions et fut accablé de coups. Une autre fois on guettait son passage avec la ferme intention de lui ôter la vie; les ennemis s'étaient placés sur la route même que l'évêque avait prise; mais sa mission religieuse n'était pas encore terminée; la Providence permit que le guide d'Augustin et de ses compagnons se trompât de chemin et les égarât tous. C'est ainsi que l'ennemi attendit en vain et dévora sa menace.

NOTES ET ÉCLAIRCISSEMENTS.

MÉMOIRE

SUR LES MARTYRS DE CONSTANTINE ET SUR L'IDENTITÉ DE CONSTANTINE ET DE CIRTA, ADRESSÉ A L'ACADÉMIE DES INSCRIPTIONS ET BELLES-LETTRES.

> Tant il y a de puissance d'enseignement dans les lieux ! *Tanta vis admonitionis in locis !*
> Cic. *De fin. bon. et mal.*
>
> Les martyrs ont vaincu le monde : *Vicerunt martyres mundum.*
> Saint Augustin, *Serm. de temp. barb.*, n° 6.

Les dernières années du règne de Valérien furent signalées par une persécution violente qui ensanglanta l'Afrique. Parmi les chrétiens qui perdirent la vie dans ces jours d'épreuve, l'Église recommande au pieux souvenir des fidèles Cyprien, évêque de Carthage ; Théogène, évêque d'Hippone [1], et deux habitants de *Cirta* [2], nommés Marien et Jacques, dont la mémoire fut longtemps en vénération dans la Numidie. Leur martyre

---

[1] Aug., serm. 311, n° 10.
[2] Aujourd'hui Constantine.

dut avoir lieu vers l'an 259 de notre ère. Saint Augustin composa un sermon [1] pour le jour de leur fête, que le calendrier de Carthage place la veille des nones de mai (le 6 mai), et que d'autres martyrologes renvoient au 30 avril.

L'Afrique n'est pas la seule contrée qui ait honoré d'un culte spécial la mémoire de ces deux martyrs. Il existe une ville, en Ombrie, dont la cathédrale a été dédiée sous leur invocation. Quelques auteurs italiens assurent même que leurs restes y sont conservés.

La relation de leur martyre, consignée dans les Actes de Ruinart [2], a été écrite par un de leurs amis, qui en fut témoin. C'est pour l'Afrique un des monuments précieux de cette époque, sur laquelle l'histoire nous a transmis si peu de détails.

Nous donnons la traduction d'un extrait de ce récit: nous n'y avons conservé que les passages relatifs aux faits que nous nous proposons de discuter.

MARTYRE

DE MARIEN, DE JACQUES ET D'UN GRAND NOMBRE D'AUTRES CHRÉTIENS EN NUMIDIE.

« Frères, vous connaissiez Marien et Jacques; vous
» saviez, outre la communauté de vie et de foi, les liens
» de famille qui nous unissaient. Toujours animés de la

---

[1] Aug., serm. 284, n° 2.
[2] Act. martyr., p. 194.

» même pensée, nous voyagions ensemble en Numidie,
» lorsque nous arrivâmes à un lieu appelé *Mugua*, con-
» tigu aux faubourgs de *Cirta*. Cette ville était alors
» livrée, plus que toute autre, aux horreurs de la per-
» sécution. Le président de la province faisait recher-
» cher et saisir tous les chrétiens, non-seulement ceux
» qui, échappés aux persécutions précédentes, avaient
» conservé la liberté sans qu'il en coûtât rien à la
» foi, mais ceux encore qui, chassés de leur pays, lan-
» guissaient depuis longtemps dans l'exil.

» Parmi ces derniers on amena à son tribunal deux
» évêques, Agapius et Secundinus, qui daignèrent ac-
» cepter nos soins hospitaliers, jusqu'au bienheureux
» combat que ce président, instrument aveugle de la
» volonté divine, leur réservait, et laissèrent, en nous
» quittant, *Marien* et *Jacques*, exaltés par leur exemple.
» Deux jours après, la *villa* que nous habitions, si-
» gnalée comme une retraite chrétienne, fut envahie
» par une multitude furieuse qui me saisit tout d'abord
» et me traîna de *Mugua* à *Cirta*. Le tour de nos
» frères arriva bientôt, car ils s'écrièrent : Nous aussi,
» nous sommes chrétiens. On les interrogea, ils per-
» sistèrent et furent jetés en prison.

» Bientôt ils eurent à souffrir mille tortures. Le sol-
» dat *stationnaire*, ministre de ces cruautés, était as-
» sisté dans son office par les magistrats de *Centu-
» riones* et de Cirta. *Jacques*, déjà éprouvé par la per-
» sécution de Décius, déclara qu'il était chrétien et

» de plus diacre. *Marien* n'était que lecteur. Quels
» supplices n'imagina-t-on pas pour ébranler leur foi !
» *Marien* fut suspendu par l'extrémité des doigts, les
» pieds chargés de poids inégaux; mais leur courage
» grandissait dans les souffrances et triompha. Ils
» furent reconduits dans la prison, et tous les chrétiens
» confondirent leurs prières et leurs actions de grâce
» à Dieu.

» Ils sortirent encore, quelques jours après, pour
» comparaître au prétoire : le juge de Cirta les ren-
» voyait au président avec le procès-verbal de leur con-
» fession. Après avoir renouvelé devant lui leurs ef-
» forts pour hâter l'issue de cette longue et laborieuse
» épreuve, on les rendit encore à cette prison de Lam-
» bèse, qui se rouvrait pour la troisième fois. Les pri-
» sons ! ce sont les seules hôtelleries que l'on réserve
» aux justes !

» Cependant le sang chrétien ruisselait : chaque jour
» un grand nombre de fidèles retournait à Dieu ; mais
» le tour de nos amis n'arrivait pas, et ils commen-
» çaient à s'affliger, tant la victoire leur paraissait
» lente et tardive.

» Enfin la promesse divine s'accomplit, *Marien*, *Jac-*
» *ques* et tous les clercs furent conduits sur le bord
» du fleuve, au lieu qui devait les voir mourir. Il était
» dominé par deux hautes collines qui s'élevaient sur
» chaque rive et en facilitaient la vue.

» Les apprêts furent ingénieux : comme il n'y avait

» pour tant de têtes qu'un seul bras et un seul glaive,
» le bourreau, pour simplifier l'exercice de son minis-
» tére, imagina de les disposer tous sur une même
» ligne qu'il parcourut lui-même. Il évita ainsi les em-
» barras de l'accumulation sur un même point. Suivant
» l'usage, on leur banda les yeux ; mais leur âme resta
» libre et clairvoyante, et ils se communiquaient entre
» eux toutes les merveilles du monde splendide qu'une
» contemplation intellectuelle leur révélait. Animé de
» l'esprit des prophètes, *Marien* proclamait avec con-
» fiance que le sang du juste allait être vengé ; sa voix
» semblait déjà descendre des régions célestes pour
» prédire au siècle persécuteur tous les fléaux expia-
» toires qui le menaçaient.

» Quand tout fut consommé, la mère de Marien,
» ivre de la joie des Machabées, se précipita sur le
» corps de son fils ; elle se glorifiait de lui avoir donné
» le jour, et elle embrassait, transportée d'amour et de
» ferveur, ses restes inanimés et sa tête sanglante. »

Quelle est la ville où s'accomplit le fait principal, celui du martyre? Est-ce à Lambèse ? est-ce à Cirta (Constantine)? C'est dans celle-ci que se passent les premières scènes : il semble naturel que le drame s'y dénoue : mais la prison de Lambèse, où les principaux personnages se trouvent tout à coup transportés, semble détruire cette supposition si vraisemblable, et jette dans l'esprit une confusion que la fin du récit ne dissipe pas.

L'abbé Fleury, en rapportant le fait, ne cherche

pas à l'éclaircir. Il traduit la difficulté sans la résoudre ; il la complique même par un contre-sens qui le fait pencher pour Lambèse.

Les recherches publiées par une commission de l'Académie des Inscriptions et Belles-Lettres ne supposent même pas que cela puisse faire question, et placent sans hésiter la scène à Lambèse.

Le corps illustre à qui nous devons ces savantes recherches a trop de droit à notre respect, son impartialité nous inspire trop de confiance, pour que nous en appelions à d'autres qu'à lui-même lorsque ses décisions laissent quelques doutes dans notre esprit. Nous avons étudié le texte rapporté dans la collection des Actes de Ruinart, et le résultat de cet examen a été de nous convaincre *que tout s'était passé à Cirta* et rien à Lambèse. . . . .
. . . .

La ville dans laquelle *Marien* et *Jacques* reçurent le martyre est située sur les bords d'un fleuve. Ce n'est pas à l'oued Serka, qui prend sa source à quelques lieues de Lambèse, dans les gorges de l'Auras, que la dénomination pompeuse de fleuve peut convenir. Elle sied beaucoup mieux au Roumel.

Enfin, aussitôt après l'exécution, la mère de Marien se précipite sur le corps inanimé de son fils. Elle assistait donc à cette terrible scène. Elle avait pu ; il est vrai, le suivre à Lambèse ; mais le texte n'en dit pas un mot, et c'est un détail intéressant qu'il n'eût pas manqué de nous faire connaître que ce long voyage entrepris, dans de telles circonstances, par une femme et par une mère.

C'est donc à *Cirta* même, et non pas à Lambèse, qu'eut lieu le martyre de *Marien* et de *Jacques*. Mais pourquoi cette épithète de *Lambesitanus* appliquée à une prison de Cirta ? C'est que les noms sont une affaire de caprice et de hasard. Lambèse était une ville de Numidie, et elle était assez importante pour avoir servi de patronne à des édifices publics. Il y avait sans doute une prison de Lambèse à Cirta; il y avait peut-être une prison de Cirta à Lambèse, comme nous voyons une prison de Clichy et un pont de Constantine à Paris, comme il y avait une ville en Afrique qui s'appelait *Cella Picentina*.

Il est peu de faits historiques dont le théâtre ait été décrit en termes plus précis. Des indications aussi claires donnent le désir de visiter les lieux et l'espoir de tout remettre en place. Par un heureux concours de circonstances, la topographie bizarre de Constantine resserre encore le champ des conjectures.

Les deux hauteurs si connues qui dominent les rives du Roumel sont les seules auxquelles la description puisse s'appliquer, car il n'en existe pas d'autres en amont et en aval. La rivière entre presque aussitôt dans sa crypte profonde, qui dispense de toute recherche de ce côté.

C'est au bord du Roumel, entre le Koudit-Ati et le

Mansoura, un peu avant l'entrée du fleuve dans le gouffre où il disparaît, qu'il faut placer la scène dont nous avons rapporté les circonstances.

Ce fut souvent le but de nos promenades durant notre séjour à Constantine, et nous fûmes frappés de la ressemblance des lieux avec l'image que nous nous en étions faite. Nous allions souvent nous placer sur les derniers gradins du Koudit-Ati; du haut de cet amphithéâtre naturel où une foule avide venait, il y a seize cents ans, s'enivrer d'un hideux spectacle, nous assistions par la pensée, avec un sentiment profond de douleur et de reconnaissance, à cet épisode sanglant de nos premiers siècles.

Un matin nous avions gravi plus tôt que de coutume les pentes roides de la colline. Nous nous étions assis sur un reste de construction antique, et nous admirions, aux premiers rayons du soleil, les riches découpures de l'horizon. Nos yeux se portaient tour à tour sur cette ville magique qui, naguère encore, émouvait tant de cœurs, et qui semble avoir le privilége d'étonner les regards les plus impassibles, sur ce fleuve où tant d'hommes purs avaient été baptisés dans leur sang, et sur cette vallée silencieuse que les siècles de ferveur et de foi animent encore de leurs souvenirs.

Il existait sur la rive opposée un rocher peu élevé; quoiqu'il régnât sur une assez grande longueur, il n'avait point encore attiré notre attention, parce qu'aux heures habituelles de nos visites il était éclairé de face et ne réfléchissait qu'une clarté uniforme; mais en ce moment les rayons, qui tombaient dans une direction oblique, dessinaient, avec une fidélité minutieuse, toutes les aspérités de la surface. Parmi les jeux d'ombre et de lumière que le soleil y formait, nous crûmes distinguer une disposition régulière de lignes, qui n'était pas l'effet du hasard. Nous descendîmes aussitôt pour examiner de plus près, et ce ne fut pas sans surprise que nous trouvâmes l'inscription suivante gravée sur le roc :

```
IIIP NON PI PASSIONEM ARE UR
ORVM HORTENSIVM MARIANI ET
IACOBI AATIIAP IN RVSTICI CRISPI
IA MLIVNI SIORIS SILBANI ECI PT
DISCIDTI EMORA MIN IN CONSPECTV OII
IAPVM NOMINA SCITISS VFECIT IN OXV
```

A côté, une petite chapelle avait été pratiquée dans le rocher. L'inscription est souvent fruste ; certaines lettres paraissent ne pas appartenir à la langue latine ; d'autres sont des signes de convention. Mais les mots MARIANI ET IACOBI et PASSIONEM, parfaitement nets et lisibles, ne permettent pas de douter que l'inscription soit relative au martyre de ces deux saints hommes ; et l'on sera convaincu qu'elle a pour objet de consacrer la place que leur sang avait rougie, si l'on compare la configuration actuelle du sol à la description qu'en donnent les actes. Cette place serait donc la partie de la rive droite du fleuve qui fait face à l'inscription.

Nous pensons avoir démontré que le martyre avait eu lieu à Cirta, et le monument que nous en trouvons à Constantine établit d'une manière incontestable l'identité de ces deux villes.

Nous ne sommes pas encore complétement fixés sur le sens de certaines parties de cette inscription. Mais quelques documents semblables que nous avons rencontrés, ceux que nous espérons trouver encore, rapprochés des traditions ecclésiastiques et comparés entre eux, nous fourniront plus tard, sur ces époques de proscription et les usages qui leur sont propres, la matière d'un travail que nous désirons ne pas morceler.

Quoi qu'il en soit, s'il est vrai qu'il s'élève parfois, du silence même des pierres, une voix secrète qui fait penser, s'il est des âmes capables de l'écouter et de la comprendre, pour elles le rocher qui vit tomber les têtes de Marien et de Jacques sera l'objet d'une pieuse vénération. Les siècles de conviction sont loin de nous; mais les hommes qui donnent leur vie pour gage de leur foi, qui meurent pour la sainte cause de la vérité, ces hommes-là sont, comme elle, de tous les temps et de tous les pays, et il faudrait être insensible à tout ce qu'il y a d'imposant dans la lutte qu'ils soutiennent

NOTES ET ÉCLAIRCISSEMENTS. 325

pour voir sans une émotion religieuse la place qui fut arrosée de leur sang.

CARETTE,
Membre de la commission scientifique de l'Algérie,
chevalier de la Légion d'honneur.
1840.

LETTRE

DE M. MANZONI A M. POUJOULAT SUR L'EMPLACEMENT DE CASSICIACUM.

Monsieur,

Je ne suis ni assez barbare pour ignorer le nom de l'auteur de l'*Histoire de Jérusalem*, ni assez érudit pour qu'il me fût possible de satisfaire par moi-même aux questions qu'il me fait l'honneur de m'adresser. Malheureusement les recherches que j'ai faites auprès de plus savants que moi n'ont abouti qu'à me faire ignorer en connaissance de cause ce qu'il m'intéresserait plus que jamais de connaître de la manière la plus positive.

Une tradition assez répandue, et même la seule qui existe sur ce sujet, place le *Cassiciacum* de saint Augustin à *Cassago*, village à environ huit lieues nord-est de Milan. J'avais toujours soupçonné cette tradition de n'être née, comme tant d'autres, que longtemps après l'événement, et d'une ressemblance telle quelle de nom; mes recherches ne m'ont rien fait trouver qui pût donner même le prétexte de lui assigner une autre origine. Le plus ancien et même le seul document dont on ait pu me donner connaissance est une note du dix-septième siècle, insérée dans les registres de la paroisse, où il est dit, *memoriæ proditum esse*, que saint Augustin avait séjourné dans le pays; cette note ajoute même (ce qui d'ailleurs ne pourrait infirmer en rien la tradition principale, si elle avait d'autres attestations de son ancienneté) que l'on conservait dans l'église une pierre sur laquelle le grand saint avait célébré.

La transformation de *Cassiacum* en *Cassago* m'a toujours paru forcée, et j'ai de la peine à croire que cette terminaison en *ago*, qui se trouve dans une quantité de noms de bourgs et de villages de l'ancienne Gaule cisalpine, comme celle en *ac* dans l'ancienne transalpine, et qui est une altération naturelle de *acum*, ait pu dans ce cas se substituer à *iciacum*, en faisant disparaître une syllabe d'un son aussi marquant. Dans une carte chorographique du Milanais au douzième siècle, qui se trouve dans *Giulini, Memorie spettanti alla storia, etc., della città e campagna di Milano*, tome ixe, il y a quelques noms ayant cette désinence; il n'y en a aucun, à une exception près, dont je devrai faire mention tout à l'heure, qui ait subi une mutilation semblable: *Biliciagum* est devenu *Belinzago*; *Ambreciacum*, *Imberfago*; et non *Belago*, *Imbrago*. Ces noms enfin suivent l'analogie commune à tous ceux qui terminent également en *ago*, c'est-à-dire que cette désinence n'y remplace que *acum* ou *agum*, *iacum* ou *iagum*, sans absorber aucune consonne ; par exemple, *Carnagum*, *Carnago*; *Magniagum*, *Magnago*; *Bantiacum*, *Barzago*; *Meiragum*, *Moirago* (noms dans lesquels, par parenthèse, on reconnaît tout de suite *Carnac*, *Banjac*, *Ménéac*, *Moréac* et *Mauniac*), etc., etc.

J'avais depuis longtemps été frappé de la ressemblance bien plus forte qui se trouve entre *Cassiciacum* et le nom d'un autre village de Lombardie, *Casciago*, surtout de la manière que ce nom se prononce dans le patois milanais, et qui n'est pas et ne pourrait être rendue par l'orthographe italienne. Le second *c* ne s'y confond pas avec l'*s* qui le précède, mais y conserve le son qui lui est propre, comme s'il était au commencement d'un mot séparé : *Cass-ciago*. Ainsi, il n'y avait d'autre changement qu'un *i* supprimé, et pour ainsi dire rendu muet ; ce qui est assez ordinaire au milanais, et à d'autres patois de la haute Italie. D'après cela, je ne savais m'expliquer comment *Cassiciacum* put se trouver accolé à *Cassagum*, dans la table que Gialini a annexée à sa carte chorographique (page 127); d'autant plus que dans le seul document qu'il rapporte (page 69, 70) on ne trouve que *Cassagum*. Je me suis adressé à M. Cossa, homme d'une érudition rare pour l'étendue et pour la capacité, qui est adjoint à la bibliothèque de Brera, et l'a été pendant quelques années à l'*Archivio diplomatico*. M. Cossa, qui a justement profité de son séjour dans cet établissement (qui renferme environ soixante et dix mille parchemins, dont le plus ancien est du huitième siècle) pour faire une étude approfondie de la chorographie du Milanais dans le moyen âge, m'a assuré que le nom de *Cassiciacum* ne se trouve dans sa forme entière dans aucun des diplomes qu'il a examinés; que *Cassago* n'y est que sous le nom de *Cassagum*, et que *Casciago* y est nommé *Casciacum*, *Castiacum*, et moins souvent *Casciagum*, *Castiagum*. Il est d'avis que Giulini, quoique en général très-exact, s'est laissé entraîner cette fois par l'autorité de la tradition à ajouter arbitrairement le nom de *Cassiciacum* à celui de Cassagum. Il croit aussi que la ressemblance du nom constitue une forte probabilité pour *Casciago*, mais il n'espère pas que l'on puisse trouver quelque donnée plus positive.

Au reste la probabilité est encore augmentée par le peu que saint Augustin dit, ou laisse entendre, de la localité. D'abord, l'aménité et la *montuosité* qu'il attribue d'une manière indirecte, mais claire, à *Cassiciacum*, conviennent parfaitement à *Casciago*. Par la description qui m'en a été faite par plus d'une personne (car, à mon regret, je n'ai pu me porter sur les lieux), *Casciago*, situé sur une proéminence, au pied d'un groupe d'assez hautes montagnes, a pour horizon à l'ouest le Mont-Rose, et la suite des Alpes jusqu'à leur jonction avec les Apennins, qui s'étendent au sud; au sud-est, une vaste échappée où la vue se perd; à l'est et au nord-est, les montagnes du Bergamasque et du lac de Côme ; et en dedans de ce magnifique cadre, une partie du lac Majeur, quatre autres petits lacs plus rapprochés ; à l'entour, un groupe de collines très-variées et très-pittoresques ; plus loin, la plaine presque entière, semée, comme les collines, de villes, de bourgs et de villages, dont plusieurs au moins devaient exister du temps de saint Augustin, puisqu'ils portent des noms dont la racine ou la désinence, ou l'une et l'autre, sont évidemment gauloises. *Cassago*, au contraire, quoique situé dans le *Monte di Brianza*, territoire assez riche en beaux sites, ne jouit que d'une vue médiocre, étant placé sur le penchant d'une colline peu élevée et qui ne domine qu'une vallée assez étroite.

A Milan il n'y a malheureusement aucune trace des lieux que la conversion de saint Augustin aurait dû illustrer à jamais. Près de la basilique ambrosienne il y a une petite église dédiée au grand saint, dans l'endroit où l'on a cru assez longtemps qu'il avait reçu le baptême. Mais cette opinion, tout à fait arbitraire et contraire à l'usage de ce temps, de n'admettre qu'un baptistère dans chaque ville (V. Sassi, *Archiepiscoporum Mediolanens. Series*, etc., t. I, page 83, et les auteurs qui y sont cités), est abandonnée de tout le monde; et une description assez moderne qui voudrait bien attester le fait ne trompe plus personne.

Je suis mortifié, monsieur, de n'avoir pas su mieux répondre à la confiance dont vous avez daigné m'honorer, et de ne pouvoir, pour ma part, que maintenir une petite brèche dans l'édifice auquel j'aurais été heureux de pouvoir apporter une petite pierre. Heureusement la matière et l'ouvrier répondent d'avance qu'il n'y aura dans cet édifice que des choses de ce genre à regretter.

Veuillez, monsieur, présenter à M. l'abbé Cœur mes remercîments d'un souvenir qui me touche autant qu'il m'honore, et agréer les sentiments de haute et respectueuse considération avec lesquels j'ai l'honneur d'être,

Votre très-humble et très-obéissant serviteur,

ALEXANDRE MANZONI.

Milan, 11 juillet 1843.

P. S. J'oubliais la circonstance plus caractéristique. Il y a à *Casciago* un torrent qui est souvent à sec, mais qui a pu avoir assez d'eau dans la saison où saint Augustin se trouvait à *Cassiciacum*. *Silicibus irruens* le peint tout à fait ; et *angustiis canalis intertrusa* ne contredit point, puisque, dans quelque endroit, le torrent est assez serré entre deux rochers. Il y a aussi une petite vallée, d'une pente assez rapide, et couverte encore de prairie, qui va très-bien avec *ad pratum descendere, in pratuli propinqua descendere*. Il n'y a, à ce qu'on m'assure, à *Cassago*, d'eau courante en aucune saison.

DISCOURS

OU RELATION DE SYMMAQUE.

Dans notre récit du premier séjour de saint Augustin à Rome, on a vu le fils de Monique conduit chez le préfet Symmaque, et lui offrant des garanties de capacité pour la chaire de Milan qu'il sollicitait. Cette rencontre du jeune homme qui devait écrire *la Cité de Dieu* et du plus zélé défenseur du paganisme est tout à fait curieuse. Le discours pour le rétablissement de l'autel et de la statue de la Victoire, renfermé dans le dixième livre de ses lettres, est l'œuvre la plus mémorable de Symmaque; il nous représente un énergique et solennel effort de ce monde païen dont saint Augustin devait achever la démolition. Il importe que nos lecteurs aient ce discours sous les yeux. Nous le donnerons en entier[1]. Symmaque s'adresse, au nom du sénat, aux empereurs Valentinien II, Théodose et Arcadius, mais la requête ne fut présentée qu'à Valentinien :

« Très-illustres empereurs,

» Aussitôt que notre amplissime sénat vit que les lois

---

[1] Nous empruntons la version de M. Beugnot, *Histoire de la destruction du paganisme*, tome I. M. Beugnot nous permettra-t-il de lui dire qu'il nous a paru injuste envers saint Ambroise dans l'appréciation des réponses du grand évêque de Milan à Symmaque?

avaient dompté le vice, et que la gloire des derniers temps était rehaussée par de bons princes, il suivit l'impulsion d'un siècle si heureux, donna cours à sa douleur trop longtemps comprimée, et me chargea une seconde fois de servir d'organe à ses plaintes. Naguère les méchants[1] nous ont fait refuser l'audience du divin prince, parce qu'ils savaient bien que justice serait rendue. Je m'acquitte d'une double mission ; comme votre préfet, je défends les intérêts publics ; comme envoyé, je viens appuyer le vœu des citoyens. Il n'y a dans cette situation rien qui doive étonner, car depuis longtemps vos sujets ont cessé de croire que dans leurs débats ils pouvaient triompher par l'appui des courtisans. L'amour des peuples, leur respect, leur dévouement, valent mieux que la puissance. Qui souffrirait des luttes privées au sein de la république ? Le sénat poursuit avec raison ceux qui mettent leur autorité au-dessus de la gloire du prince. Notre sollicitude veille près de votre Clémence ; mais peut-on trouver mauvais que nous défendions les institutions de nos ancêtres, les droits et l'avenir de la patrie, aussi vivement que la gloire de notre siècle, qui sera d'autant plus grande que vous ne permettrez rien contre les usages de nos pères ?

» Nous redemandons l'état religieux qui si longtemps a servi d'appui à la république. Des princes ont appar-

---

[1] Allusion à saint Ambroise, qui avait décidé Gratien à ne pas recevoir la première députation.

tenu à la fois aux deux religions, aux deux partis ; celui qui vint après eux honora les cérémonies nationales ; son successeur ne fit rien contre elles. Si la religion des anciens princes n'est plus un bon exemple, que la prudence des derniers en soit un.

» Quel homme serait assez l'ami des barbares pour ne point redemander l'autel de la Victoire ? Indifférents sur l'avenir, nous dédaignons les présages du malheur. Si l'on néglige la divinité, que l'on respecte au moins son nom. Votre Éternité doit beaucoup à la Victoire ; elle lui devra encore davantage. Ceux qui n'avaient pas connu ses faveurs ont méprisé sa puissance ; mais vous, vous ne déserterez pas un patronage que vos triomphes doivent vous faire aimer. Cette divinité a été consacrée par tous les hommes, et personne ne peut cesser d'honorer celle qu'il est si utile d'invoquer.

» Si le respect pour la Victoire n'existe plus, au moins devrait-on s'abstenir de toucher à l'ornement de la curie. Souffrez, je vous en supplie, que nous puissions léguer à nos successeurs celle que dans notre jeunesse nous avons reçue de nos pères ; le respect de la coutume est une chose grande ; ce que fit le divin Constance heureusement dura peu. Gardez-vous d'imiter les choses qui ont été promptement révoquées. Nous cherchons l'éternité de votre gloire et de votre divinité, afin que le siècle futur ne trouve rien à corriger dans ce que vous aurez fait. Où jurerons-nous d'obéir à ces lois et d'exécuter vos ordres? quelle crainte religieuse retiendra l'homme pervers prêt à rendre un faux témoignage? Dieu est pasteur; nul refuge pour des perfides; mais afin de prévenir le crime, la religion est nécessaire.

» Cet autel est le dépositaire de la concorde publique, cet autel reçoit la foi des citoyens, et nos sentences n'ont jamais plus d'autorité que quand l'Ordre a juré devant lui. Un asile sacrilége va donc être ouvert aux parjures; les illustres princes permirent cet attentat, eux dont l'inviolabilité repose sur un serment public. Mais, dit-on, le divin Constance en a fait autant; imitons toute autre chose dans la conduite de ce prince; assurément il n'aurait pas agi de la sorte si un autre avant lui n'eût déserté le droit chemin. Les fautes des anciens doivent profiter à ceux qui viennent après eux, car l'amélioration naît de la critique d'un exemple antérieur. Le destin voulut qu'un prédécesseur de votre Clémence n'évitât pas l'injustice en des matières encore nouvelles; une semblable excuse ne serait pas valable pour nous, si nous suivions un exemple réprouvé par nos consciences. Que notre éternité choisisse donc dans la vie du même prince des exemples qu'elle pourra s'approprier plus dignement. Il n'enleva aux vierges sauvées aucun de leurs priviléges; il donna le sacerdoce aux nobles, et ne refusa pas aux Romains les sommes nécessaires à la célébration de leurs cérémonies religieuses; il parcourut les régions de la ville éternelle, suivi par le sénat satisfait; il considéra avec intérêt les temples, lut les noms des dieux, inscrits sur leur fronton, s'informa de l'origine de ces édifices, loua la piété de leurs fondateurs, et, quoique d'une religion différente, il les conserva à l'empire : à chacun ses coutumes, à chacun ses rites.

» L'esprit divin a gardé aux villes certains gardiens. Comme, en naissant, chaque mortel reçoit une âme, de même chaque peuple reçut ses génies protecteurs. Cette chose était utile, et c'est l'utilité qui attache les dieux à l'homme. Puisque toute cause première est enveloppée de nuages, d'où peut-on faire descendre la connaissance des dieux, si ce n'est de la tradition et des annales historiques? Si une longue suite d'années fonde l'autorité de la religion, conservons la foi de tant de siècles, suivons nos pères qui si longtemps ont avec profit suivi les leurs.

» Il me semble que Rome est devant vous, et qu'elle me parle en ces termes :

« Excellents princes, pères de la patrie, respectez ma
» vieillesse ; je la dois à une sage religion ; respectez-la
» afin qu'il me soit permis de suivre mon ancien culte :
» vous n'aurez point à vous en repentir. Laissez-moi
» vivre selon mes désirs ; car je suis libre. Ce culte a
» rangé le monde sous nos lois. Ces mystères ont re-
» poussé Annibal de nos murailles ; les Sénonais du
» Capitole. Quoi ! je réformerais dans mes vieux jours
» ce qui naguère m'a sauvée ! J'examinerai ce qu'il
» convient d'établir. La réforme de la vieillesse est tar-
» dive et insultante. »

» Nous demandons la paix par les dieux de la patrie, par les dieux indigètes. Il est juste de regarder comme communes à toute la société les choses que chacun trouve. Nous sommes éclairés par les mêmes astres, nous avons tous un même ciel, un même monde nous environne. Qu'importe par quels moyens chacun poursuit la recherche de la vérité ? On ne parvient pas toujours par un seul chemin à la solution de ce grand mystère. Il appartient aux oisifs de discuter sur de telles choses. En ce moment nous offrons, non le combat, mais la prière.

» Qu'a produit à notre trésor sacré la révocation des priviléges des vierges vestales ? Ce que des princes très-économes accordaient, on le refuse sous de très-généreux empereurs. L'honneur seul donne quelque prix à cette solde, la chasteté. De même que les bandelettes sont l'ornement de leur tête, ainsi l'exemple des charges publiques est l'insigne du sacerdoce. Telles ne réclament que ce vain mot d'immunités, car la pauvreté la met à l'abri des dépenses, et ceux qui les dépouillent sont les plus empressés à leur payer un tribut de louanges. L'innocence consacrée au salut public est plus respectable quand elle ne reçoit aucune récompense. Purifiez votre trésor de cette augmentation ; que sous de bons princes il s'accroisse par les dépouilles des ennemis et non par celles des pontifes. Quel profit peut jamais effacer l'injustice ? Le malheur des personnes auxquelles on veut ravir d'anciens priviléges est d'autant plus grand que l'avarice n'est point dans nos mœurs. Sous des empereurs qui respectent le bien d'autrui et résistent à la cupidité, nos ennemis cherchent moins à nous appauvrir qu'à nous insulter. Le fisc retient les biens légués par la volonté des mourants aux vierges et aux pontifes; je vous en supplie, ô ministres de l'équité! restituez à la religion de votre ville son héritage privé. Les citoyens dictent sans crainte leurs testaments, ils savent que sous des princes généreux ce qu'ils ont signé est respecté; que cette félicité du genre humain vous soit précieuse. Ce qui arrive en ce moment commence à inquiéter les mourants. On se demande si la religion des Romains n'est plus placée sous la sauvegarde des droits du peuple. Quel nom donner à cette spoliation qui n'est autorisée par aucune loi et par aucune clause? les affranchis sont mis en possession des legs qu'on leur a faits, on ne refuse pas aux esclaves les justes avantages provenant des testaments, et de nobles vierges, les ministres des rites divins, sont seuls exclus du droit d'hérédité! A quoi sert de vouer au salut public un corps sans tache, de fortifier l'éternité de l'empire par des secours célestes, d'environner de vertus amies vos armes et vos aigles, de faire pour tous les citoyens des vœux efficaces, si l'on ne jouit pas même du droit commun? l'esclavage n'est-il pas préférable? On porte préjudice à la république, car l'inquiétude ne lui a jamais réussi.

» Ne croyez pas que je défende seulement ici les droits de la religion : tous les maux du genre humain ont été enfantés par de semblables attentats. Les lois de nos ancêtres honoraient les vierges vestales et les pontifes, en leur accordant des revenus modiques et de justes privilèges ; ils en jouirent jusqu'à l'instant où de vils trésoriers détournèrent les éléments destinés à la chasteté sacrée, pour les donner à de misérables porteurs de litières. La famine se fit bientôt sentir, une triste récolte vint trahir l'espoir des provinces. La faute n'en était pas à la terre ; nous n'avons rien à reprocher aux astres ; ce n'est pas la nielle qui a détruit le blé, ni l'ivraie qui a étouffé les moissons ; c'est le sacrilége qui a desséché le sol. Il fallut périr parce qu'on avait refusé à la religion ce qui lui était dû. Si l'on trouve un autre exemple d'une semblable calamité, je consens à attribuer ce que nous avons souffert aux vicissitudes des temps. Les vents aggravèrent cette stérilité. Les hommes demandèrent leur nourriture aux arbres des forêts, et la misère conduisit de nouveau les paysans autour des chênes de Dodone. Arriva-t-il jamais rien de pareil du temps de nos ancêtres, où l'honneur public nourrissait les ministres de la religion ? Quand l'aumône était commune au peuple et aux vierges saintes, vit-on les hommes secouer les chênes, ou arracher de la terre les racines des herbes pour pourvoir à leur subsistance ? Vit-on la fécondité ordinaire des provinces impuissante à réparer leurs pertes accidentelles ? L'enfance des pontifes assurait le produit des terres, car ce qu'on donnait était moins une largesse qu'un préservatif. Peut-on douter que l'on ait toujours donné pour assurer l'abondance universelle ce que nous réclamons en ce moment pour faire cesser la misère publique?

» On dira peut-être que l'état ne doit pas solder une religion qui lui est étrangère. Les bons princes n'admettront pas que les choses attribuées par le public à une classe particulière d'individus puissent jamais appartenir au fisc. La république se compose de tous les citoyens, et ce qui vient d'elle profite à chaque individu. Vous avez pouvoir sur toutes choses, mais vous conservez à chacun le sien, et la justice a plus d'empire sur vous que la licence. Consultez donc votre munificence, et dites si elle refuse de regarder comme publiques les choses que vous avez transférées à d'autres personnes. Les biens qui ont été donnés une fois à la gloire de Rome cessent d'appartenir aux donateurs, et ce qui dans l'origine était un bienfait, devient avec le temps une dette. On cherche à jeter de vaines terreurs dans votre esprit divin, lorsqu'on dit que si vous ne cédez pas à l'avidité des ravisseurs vous serez complices des donateurs. Que votre clémence soit favorable aux mystères tutélaires de toutes les religions, et particulièrement à ceux que vos ancêtres protégèrent autrefois, qui nous défendent aujourd'hui et que nous révérons.

» Nous redemandons cet état religieux qui conserva l'empire dans les mains de votre divin père, et procura des héritiers de son sang à cet heureux prince. Du haut de son palais céleste ce divin vieillard vit couler les larmes des pontifes; il serait méprisé, puisqu'on viole les usages qu'il avait librement conservés. Ne suivez pas l'exemple de votre divin frère; dissimulez un acte que sans doute il ignorait devoir déplaire au sénat. Il restera prouvé que la légation n'a été repoussée que parce qu'on craignait qu'elle ne le mît dans la nécessité de rendre un jugement public.

» Le respect des temps passés veut que vous ne balanciez pas à révoquer une loi qui n'est pas digne d'un prince. »

LETTRE A M. POUJOULAT,

SUR LA LANGUE ET LES MONUMENTS PUNIQUES.

Dans l'*Histoire de saint Augustin*, il est plus d'une fois question de la langue punique; au temps du grand évêque d'Hippone, le punique était la langue du peuple des campagnes, qui ne comprenait pas le latin. Nous avons désiré connaître quelles sont les opinions de la science moderne sur cet idiome africain; M. de Saulcy, à qui nous nous sommes adressé, nous a répondu par la lettre suivante pleine de détails curieux, et qui résume avec une netteté parfaite et beaucoup de sagacité tout ce qui a été dit et pensé là-dessus.

Monsieur,

J'aurais vivement désiré que mes recherches sur les

monuments de la langue punique m'eussent mis à même de répondre d'une manière complète aux diverses questions que vous avez bien voulu m'adresser. Il n'en est malheureusement pas ainsi, et je suis fort loin de croire que la science moderne puisse aujourd'hui dire le dernier mot sur un idiome dont quelques débris seulement sont parvenus jusqu'à nous. Les textes à comparer sont en très-petit nombre, et toujours sans valeur historique ; ils ne présentent d'ailleurs que des formules votives ou funéraires, dont l'examen ne peut jeter qu'une assez faible lumière sur le caractère de la langue dans laquelle ils sont conçus ; l'étude de l'idiome punique est donc encore à son berceau, on peut hardiment le dire ; de même qu'à en juger par les fragments sans intérêt qui nous restent de cet idiome, on est presque en droit d'affirmer que tous les efforts que l'on fera par la suite pour arriver à en éclaircir l'histoire resteront à peu près stériles, si le hasard ne fait surgir du sein de la terre africaine quelque monument épigraphique d'une importance réelle. Quoi qu'il en soit, monsieur, je m'estime heureux de pouvoir, tant bien que mal, répondre quelques mots à vos trois questions, qui m'ont vivement et longuement préoccupé moi-même. Et si mes réponses vous semblent peu dignes de l'importance de ces questions, veuillez, je vous en prie, n'en accuser que ma faiblesse et mon ignorance, que vous excuserez, j'en suis sûr, en faveur de la bonne volonté avec laquelle j'eusse fait mieux si cela m'eût été possible.

1° Quelles sont les opinions de la science moderne sur la langue punique?

A notre illustre abbé Barthélemy appartient l'honneur d'avoir le premier porté le flambeau de la saine critique dans l'étude des monuments de la langue phénicienne et punique. A la même époque, l'Anglais Swinton s'occupait activement du même problème philologique, et dans la lutte toute littéraire que la nature de ces travaux pouvait seule rendre tolérable, ces deux émules se distinguaient, le Français par une urbanité toujours exquise, l'Anglais par une aigreur de ton souvent inqualifiable. Tous les deux, du reste, discernèrent et suivirent la seule marche qui pouvait les amener à de bons résultats, c'est-à-dire qu'ils demandèrent à la langue hébraïque le sens des mots phéniciens et puniques qu'ils parvenaient à déchiffrer.

Après eux, vinrent Louis Dutens et Francisco Perez Bayer, qui furent à leur tour suivis dans la même voie par Tychsen, Akerblad et Bellermann; mais les efforts de ces savants ne réussirent pas à dissiper entièrement les ténèbres qu'ils avaient courageusement attaquées. Vers 1820 commença pour les études phéniciennes et puniques une nouvelle ère qui devait heureusement n'être que de peu de durée. Kopp et Hamaker tentèrent d'expliquer, toujours à l'aide de l'hébreu, les monuments épigraphiques phéniciens et puniques; mais l'incroyable facilité avec laquelle ces savants accordaient au même signe alphabétique, une, deux, et quelquefois plusieurs valeurs totalement distinctes, fit qu'ils publièrent des traductions capables de dégoûter à tout jamais de cette étude difficile quiconque se serait senti le désir de l'entreprendre. En Danemark, Lindberg, à la même époque, luttait avec toute la rectitude de son esprit contre l'adoption de ces étranges interprétations. Vint alors le savant Gesenius, dont le bon sens se révolta contre les versions extravagantes de ses devanciers ; tous les monuments publiés et expliqués avant lui, il les reprit sans exception ; mais le livre qu'il publia sur la langue phénicienne et punique, tout en faisant justice des rêveries qui avaient discrédité le genre de recherches auxquelles il se livrait avec ardeur, ce livre précieux ne doit être considéré que comme un riche arsenal philologique où ont été accumulés tous les matériaux nécessaires à l'interprétation des monuments, sans que l'auteur ait su profiter pour lui-même de ces riches matériaux qu'il avait pris tant de peine à rassembler. Il n'était pas possible que la profonde érudition de notre maître à tous, le savant Étienne Quatremère, laissât subsister des erreurs qu'il avait si bien le droit de combattre et le pouvoir de dissiper. Le *Journal des Savants* enrichit donc ses colonnes de plusieurs mémoires, malheureusement trop courts pour les amis des études orientales, mais toujours si substantiels et si convaincants, qu'à partir de leur apparition la seule route à suivre pour arriver à l'éclaircissement des textes phéniciens et puniques fût bien définie et bien tracée. Dans un article où il avait rendu compte d'un mémoire d'Akerblad sur une inscription bilingue découverte à Athènes, le baron Silvestre de Sacy avait formellement énoncé le doute que la langue phénicienne et punique eût eu avec la langue hébraïque autant d'affinité qu'on l'avait supposé jusqu'alors. M. Quatremère a surabondamment démontré que cette affinité était réelle, et ce n'est qu'en s'attachant à ce principe absolu qu'on est arrivé à la connaissance à peu près parfaite aujourd'hui de la plupart des textes épigraphiques parvenus jusqu'à nous. C'est ainsi que le docteur Judas, secrétaire du conseil de santé des armées, en reprenant en sous-œuvre le fameux passage punique du *Pœnulus* de Plaute, a trèsbien éclairci, à l'aide de l'hébreu, les points que les recherches de Gesenius lui-même avaient laissés dans l'obscurité. Tout le monde est donc aujourd'hui d'accord sur l'origine de la langue phénicienne et punique ; elle n'était qu'un dialecte fort rapproché de l'hébreu, ainsi que nous allons le constater en nous occupant de la deuxième question.

2° Quelles sont les opinions qui semblent le plus voisines de la vérité ?

En répondant à la première question, j'ai dit que c'était dans la connaissance de la langue hébraïque qu'il fallait chercher presque exclusivement la connaissance de la langue punique. L'unanimité d'opinion de tous les savants qui depuis un siècle ont adopté et respecté ce principe, pourrait, jusqu'à un certain point, en démontrer la justesse. Il vaut mieux cependant prouver par quelques citations positives qu'en posant ce principe *à priori*, et indépendamment de toute explication d'un texte punique quelconque, on a eu parfaitement raison.

Saint Jérôme et saint Augustin se sont chargés de constater surabondamment l'affinité très-grande des langues punique et hébraïque. Augustin vivait en Afrique à une époque où l'idiome punique était le seul en usage parmi des populations entières; Augustin n'hésite pas à se reconnaître issu de la race punique; son témoignage est donc sur ce point d'une portée incontestable. Or nous lisons dans les *Quæstiones in Judices* (*lib.* VII, *quæst.* 16) : *Istæ linguæ (hebræa et punica) non multùm inter se differunt.* Puis, *Contra litteras Petiliani* (*lib.* II, *cap.* 104) : *Hunc (Christum) Hebræi dicunt Messiam, quod verbum linguæ punicæ consonum est, sicut alia permulta et pœne omnia.* Au premier livre des *Locutiones in Genes.*, 8, 9, nous lisons : *Locutio est quam propterea hebræam puto, quia et punicæ linguæ familiarissima est, in quâ multa invenimus hebræis verbis consonantia.*

Saint Jérôme, *In Jerem.*, 5, 25, dit : *Quarum (civitates Tyrus et Sidon) Carthago colonia; unde et Pœni sermone corrupto quasi Phœni appellantur. Quarum lingua linguæ hebrææ magna ex parte confinis est.* Enfin *Priscien, lib.* v, *p.* 123, dit : *Maxime cum lingua Pœnorum, quæ ChaldϾ vel HebrϾ similis est et Syrœ, non habeat neutrum genus.*

Je ne multiplierai pas ici les citations de ce genre que Gesenius a eu soin de réunir dans le chapitre de son savant livre, intitulé *Linguæ indoles et historia* (§ 2, p. 331, 332), le peu que je viens de transcrire suffisant pour démontrer que les savants ont eu parfaitement raison de chercher à l'aide de la langue hébraïque l'explication des textes phéniciens et puniques parvenus jusqu'à eux. Mais faut-il en admettant comme bien constatée cette première affinité qui peut seule nous donner la clef des textes puniques à expliquer, faut-il abandonner tout mot qui ne sera pas littéralement inscrit dans les lexiques hébraïques? Non, sans doute. Nous ne pouvons avoir la prétention de posséder la collection complète des mots de l'hébreu. Dès lors nous devons, le cas échéant, chercher si les idiomes congénères ne peuvent nous accorder la lumière que l'hébreu nous refuse, et puisque la langue phénicienne n'était qu'un dialecte de l'hébreu, comme le syriaque, le chaldéen et l'arabe, il peut fort bien arriver qu'un radical phénicien ou punique se retrouve dans l'un de ces trois derniers langages, quoiqu'il ait disparu du premier, par des causes qu'il serait impossible de préciser. De plus il paraît fort naturel d'admettre que l'idiome punique, c'est-à-dire le phénicien transplanté dans un pays où il dut vivre côte à côte, d'une part avec l'idiome égyptien, d'une autre part avec l'idiome berbère ou libyque, fit forcément quelques emprunts à ces deux langages différents, qui eux-mêmes présentent entre eux quelques traces incontestables d'affinité.

3° Que sait-on des monuments puniques? a-t-on traduit les inscriptions trouvées sur ces monuments?

Nous voici arrivés à la question la plus délicate. Les monuments épigraphiques de la langue punique découverts jusqu'à ce jour se rangent tous sans exception dans trois classes bien distinctes; ce sont : 1° des monnaies frappées, soit en Afrique, soit dans les colonies puniques de la Sicile, de l'Espagne, de Malte, de Cossura et d'Iviça; 2° des épitaphes découvertes à Carthage même, ou dans le pays environnant, comme à Thougga, en Algérie, à Guelma et à Constantine, à Malte, et en Sardaigne; 3° des inscriptions votives déterrées également à Carthage, en Algérie et à Malte.

Un seul texte était historique; il ornait la frise d'un arc de triomphe élevé à Tripoli, et décrit par le chevalier Badia, qui voyagea sous le nom d'Aly-bey, de 1803 à 1807, en Afrique et en Asie. Malheureusement nous ne connaissons qu'un fragment de cette inscription, et les quelques mots qui en restent ne sauraient suffire pour la restituer.

L'étude la plus superficielle de ces divers monuments nous fait reconnaître deux écritures très-distinctes, qui furent successivement employées pour représenter les mêmes articulations alphabétiques. Gesenius regardait ces deux écritures comme appartenant à des provinces différentes ; en cela il se trompait, car il est facile de constater sur les monnaies d'Iviça les mêmes mots représentés dans les deux systèmes alphabétiques, à des époques vraisemblablement rapprochées. A quel moment cette modification essentielle de l'alphabet punique eut-elle lieu? C'est ce qu'il n'est pas possible de décider : ce que l'on peut seulement affirmer, c'est que sous le règne de Juba, roi de Mauritanie, les légendes monétaires offraient déjà les signes de l'écriture la plus récente. Je dois ajouter de plus que je ne connais aucun monument de cette écriture relativement moderne, trouvé, soit à Carthage même, soit à Malte.

Ainsi que je l'ai dit plus haut, les textes puniques connus sont : 1° numismatiques, et par conséquent fort brefs, car ceux-là ne contiennent que des noms propres d'hommes ou de lieux, très-rarement accompagnés de titres honorifiques ; 2° funéraires, et dans ce cas ils sont conçus dans le style le plus simple, le plus concis et le plus modeste ; 3° votifs, et alors ils ne contiennent que le nom de la divinité ou des deux divinités auxquelles le monument votif est élevé. Ce sont en premier lieu la toute-puissante Tanit, qu'une inscription bilingue assimile à l'Ἄρτεμις des Grecs, et en second lieu Baal Hammon, le dieu solaire par excellence. Quelques inscriptions de ce genre, surtout celles découvertes dans la province de Constantine, à Guelma, ne mentionnent que Baal Hammon. Enfin, une dernière inscription trouvée tout récemment à Constantine même ne contient que le nom Baal.

Quant à l'explication de ces inscriptions, elle est aujourd'hui certaine, et il n'est plus possible de contester la réalité des succès obtenus par les savants, qui, en allant toujours au plus simple, ont, dans ces dernières années, procédé au déchiffrement des textes numismatiques et lapidaires de la langue punique. Des travaux importants sur le même sujet sont en ce moment en cours d'exécution, et tout doit faire espérer que les monuments de cette langue que la terre restituera dorénavant, seront promptement et facilement interprétés.

Je viens, monsieur, de répondre de mon mieux à l'honorable confiance que vous avez bien voulu me témoigner; je regrette vivement d'être resté si fort au-dessous de cette confiance; mais je me console en pensant que vous serez assez indulgent pour ne me tenir compte que de ma bonne volonté, en perdant de vue la stérilité de mes efforts.

Veuillez agréer, monsieur, etc.

F. DE SAULCY.

ERRATA.

A la page 28, le mot de *prélat* nous a échappé en parlant de saint Ambroise ; ce mot est trop moderne, et nous ne croyons pas qu'il convienne de s'en servir pour désigner les évêques des premiers siècles.

Page 112, *au lieu de :* on choisirait pour retraite un site où la nature eût à la fois de doux souvenirs et une imposante grandeur, *lisez :* on choisirait pour retraite un site où la nature eût à la fois de doux sourires et une imposante grandeur.

Page 169, *au lieu de :* co-substantiel, *lisez :* consubstantiel.

Page 178, *au lieu de :* pour la justice des autres, *lisez :* par la justice des autres.

Page 192, *au lieu de :* l'Église par laquelle il avait été si providentiellement tiré de l'erreur, *lisez :* pour laquelle il avait été si providentiellement tiré de l'erreur.

Page 209, *au lieu de :* si nous ne voulions croire que ce que nous comprenions, *lisez :* si nous ne voulions croire que ce que nous comprenons.

Page 213, *au lieu de :* des juifs qui croyaient Jésus-Christ pendu à une croix, *lisez :* des juifs qui voyaient Jésus-Christ, etc.

Page 230, *au lieu de :* s'extasieraient de l'agrément de la voix, *lisez :* s'extasieraient sur l'agrément de la voix.

TABLE DES MATIÈRES.

Lettre de Monseigneur l'archevêque de Paris............	v
Réponse de l'auteur.................................	ix
Introduction......................................	xiii
Chapitre premier. L'enfance et la jeunesse de saint Augustin jusqu'à son voyage à Rome............................	1
Chap. II. Saint Augustin à Rome, à Milan; les préliminaires de sa conversion. — Il est converti........................	21
Chap. III. Retraite d'Augustin à Cassiciacum, aux environs de Milan; peinture de sa vie avec sa famille et ses amis; les trois livres contre les académiciens..................	43
Chap. IV. Les deux livres de *l'Ordre*...................	65
Chap. V. Suite des livres de l'Ordre. — Le livre de la Vie bienheureuse. — Les deux livres de Soliloques. — Le livre de l'Immortalité de l'âme. — Correspondance...............	83
Chap. VI. Baptême de saint Augustin. — Mort de sainte Monique à Ostie.....................................	113
Chap. VII. Saint Augustin se rend de nouveau à Rome. — Son retour en Afrique. — Le livre des quatre-vingt-trois questions. — Les livres des mœurs de l'Église catholique et des mœurs des manichéens.............................	127
Chap. VIII. Correspondance entre saint Augustin et Nébride. — Mort d'Adéodat. — Les six livres sur la musique. — Le livre de la véritable Religion.............................	150
Chap. IX. Continuation du même sujet.................	167
Chap. X. Correspondance de saint Augustin en 390. — Il est ordonné prêtre de l'église d'Hippone. — Description d'Hippone. — Son état présent. — Lettre de saint Augustin à l'évêque Valère.......................................	187
Chap. XI. Divers travaux de saint Augustin contre les manichéens. — Le concile d'Hippone. — Lettre de saint Paulin de Nole...	208

Chap. XII. Le Traité du libre arbitre.................... 225
Chap. XIII. Avénement de saint Augustin à l'épiscopat. — Les donatistes. — Lettres de saint Augustin à Proculéien, à Eusèbe, à Simplicien.................... 235
Chap. XIV. Lettre à Glorius, etc. — Conférence avec Fortunius à Tubursum.................... 250
Chap. XV. Zèle de saint Augustin pour la prédication. — Conduite des évêques vis-à-vis du polythéisme. — Les quatre livres de l'Accord des Évangélistes. — Le livre des choses qu'on ne voit pas. — Le livre sur la manière de catéchiser les ignorants. — Sur le travail des moines.................... 263
Chap. XVI. Trois livres contre la lettre de Parménien. — Les sept livres du baptême contre les donatistes.................... 277
Chap. XVII. Les trente-trois livres contre Fauste le manichéen. — Les Confessions.................... 289
Chap. XVIII. Nature de ce travail. — Crispinus de Calame. — Concile de Carthage en 401. — Les livres sur le Mariage et sur la Virginité. — Les trois livres contre Pétilien. — Le livre de l'Unité de l'Église. — Dangers que court saint Augustin avec les circoncellions.................... 303
Notes et Éclaircissements.................... 315
Mémoire sur les martyrs de Constantine, par M. Carette...... 315
Lettre de M. Manzoni sur l'emplacement de Cassiciacum..... 325
Discours de Symmaque.................... 331
Lettre de M. de Saulcy sur la langue et les monuments puniques. 340

FIN DE LA TABLE.

www.ingramcontent.com/pod-product-compliance
Lightning Source LLC
Chambersburg PA
CBHW052130230426
43671CB00009B/1186